培优系列教材·电子商务专业

电子商务基础与应用

主　编　汤　俊

副主编　韩红宇　郑　丹　佟　玲

電子工業出版社

Publishing House of Electronics Industry

北京•BEIJING

内 容 简 介

本教材对电子商务的相关知识进行了系统介绍，主要包括电子商务概述、电子商务技术、电子商务模式、网络营销推广、电子商务运行、客户关系管理和电子商务应用等七个部分。本教材在讲解电子商务基础知识的同时，还安排了丰富的“微调查”“微知识”“微案例”，以开拓学生的视野。另外，本教材在每章的章首设计了“开篇案例”，以激发学生的学习兴趣；在章尾设计了“知识自测”和“拓展训练”，以培养学生的知识应用能力。

本教材可以作为高等职业学校电子商务、移动商务、市场营销、工商企业管理和现代物流管理等专业相关课程的教材，也可以供学习电子商务基础知识的社会人士使用。

图书在版编目（CIP）数据

电子商务基础与应用 / 汤俊主编. —北京：电子工业出版社，2023.7

ISBN 978-7-121-45959-7

Ⅰ. ①电… Ⅱ. ①汤… Ⅲ. ①电子商务 Ⅳ. ①F713.36

中国国家版本馆 CIP 数据核字（2023）第 129745 号

责任编辑：张云怡　　　　特约编辑：田学清
印　　刷：中煤（北京）印务有限公司
装　　订：中煤（北京）印务有限公司
出版发行：电子工业出版社
北京市海淀区万寿路 173 信箱　　　邮编 100036
开　　本：787×1092　1/16　印张：15.5　字数：358 千字
版　　次：2023 年 7 月第 1 版
印　　次：2024 年 8 月第 2 次印刷
定　　价：49.80 元

凡所购买电子工业出版社图书有缺损问题，请向购买书店调换。若书店售缺，请与本社发行部联系，联系及邮购电话：（010）88254888，88258888。

质量投诉请发邮件至 zlts@phei.com.cn，盗版侵权举报请发邮件至 dbqq@phei.com.cn。

本书咨询联系方式：（010）88254573，zyy@phei.com.cn。

前　言

近年来，在我国政府的大力推动下，电子商务在各行各业都得到了快速发展，电子商务信息、营销、支付、技术、培训等服务型企业不断涌现，传统行业和企业也正逐渐成为电子商务应用的主角。学习电子商务基础知识，掌握电子商务基本技能成为传统企业转型升级的必修课。

本教材是为高等职业学校财经商贸类专业的学生学习电子商务知识而编写的基础入门教材，在系统介绍了电子商务运行所涉及的要素、流程等基本理论、知识的同时，通过案例深入浅出地介绍了电子商务的应用情况，还兼顾技能训练。本教材总体上有以下特点。

（1）有机整合学习内容，促进学生系统理解相关知识。按照“认识电子商务发展－了解电子商务技术－掌握电子商务运行－开展电子商务应用”的逻辑，将电子商务的学习内容重构为电子商务概述、电子商务技术、电子商务模式、网络营销推广、电子商务运行、客户关系管理、电子商务应用，帮助学生构建完整的知识体系。

（2）合理组织教学资源，激发学生学习的主观能动性。除基本理论知识外，本教材还安排了“开篇案例”“微调查”“微案例”“微知识”“知识自测”“拓展训练”，从课前、课中、课后构建全方位的教学资源。课前将电子商务领域发生的现象或事件作为引导案例，提出需要解决的问题，明确思考的方向，引出课中的主要学习内容，然后在课后进行巩固。

（3）巧妙融入素质元素，专业教育与素质教育协同育人。本教材每一章设置知识目标、技能目标和素质目标，并开设“素质园地”，挖掘专业、课程背景下的素质元素，力争做到润物无声。

本书由汤俊担任主编，由韩红宇、郑丹、佟玲担任副主编。

在本教材编写过程中，我们参考了诸多相关文献，汲取了众多专家、学者的研究成果，在此对这些文献资料的原创作者致以诚挚的谢意。由于时间仓促，编者水平有限，书中难免有疏漏之处，恳请读者批评指正。

编　者

2022 年 7 月

目　录

第一章

电子商务概述

学习目标

知识目标

1．熟悉电子商务的概念和分类；

2．掌握电子商务的基本框架；

3．了解电子商务的发展阶段和电子商务的现状；

4．熟悉电子商务对社会经济产生的影响；

5．了解电子商务的相关法律内容和税收问题。

技能目标

1．能够清晰地描述电子商务在某一行业的应用情况；

2．能够准确指出不同电子商务企业对应的分类及应用情况；

3．能够清晰梳理某一行业电子商务的发展脉络；

4．能够根据电子商务的发展现状预判电子商务细分市场未来的发展方向；

5．能够有效避免网购中的陷阱；

6．能够利用电子商务法律知识维护自己的网上消费权益。

素质目标

1．树立学生奋发图强、勇于拼搏的精神；

2．从电子商务发展历程理解中国的快速发展，增强民族自豪感；

3．具有遵规守纪的意识，能够遵守信息和电子商务方面的法律法规；

4．遵守道德规范，懂得合法使用信息资源和开展商务活动；

5．自觉抵制不良信息，注意保护个人、他人的信息隐私。

知识导图

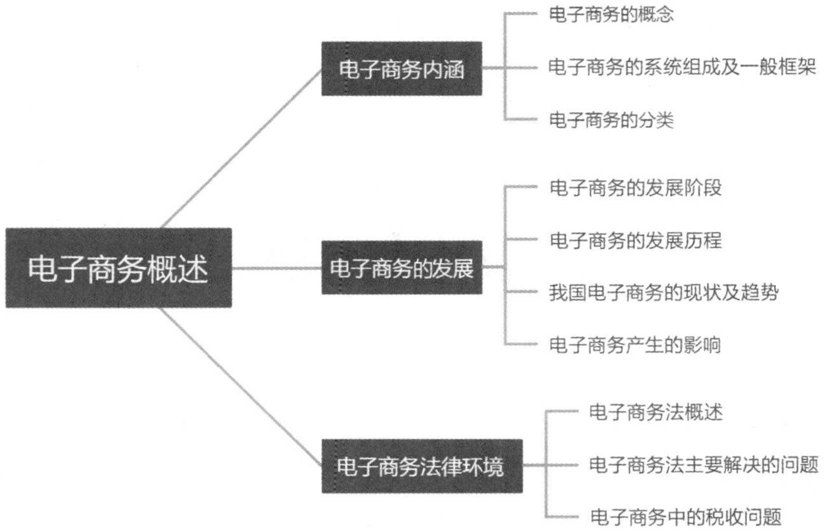

开篇案例

大学生闯荡大朗镇：从零开始到年销 5000 万元，新电商助力实现创业梦

2020 年 9 月，位于中国南端的广东省东莞市大朗镇，恢复了往日的忙碌。大朗镇是远近闻名的“全球毛织之都”，产业发展历史可追溯至 20 世纪 80 年代，目前全镇共有毛织企业超过 1 万家，电脑缝织机超过 10 万台，毛织产品年销量近 8 亿件，“全球每 6 件毛衣就有 1 件出自大朗镇”。

因为突如其来的新冠肺炎疫情，2020 年上半年，大朗镇的毛织衣物出口市场受到了极大的冲击。而眼下，秋冬季节临近，内销旺季即将来临，对于不少大朗镇人来说，下半年是翻身之战。

相比较之下，已经开通了网店的朱海涛则显得从容很多。2019 年 8 月，原本主要做服装工厂的朱海涛第一次尝试在线上销售，开通了拼多多店铺。看似一个不经意间的决定，最终拯救了朱海涛。新冠肺炎疫情期间，像大多数的大朗镇工厂一样，自家工厂的出口生意开始呈断崖式下跌，一度从往年的 20 万单锐减为几百单。幸好在拼多多上开了网店，靠着网店的飞速发展，朱海涛顺利地挺过了艰难时期。

经过一年时间，朱海涛已经成为拼多多上毛衫类目的核心商家之一。即使在淡季，他的网店每个月的订单也能达到七八十万单。并且，通过直播等方式，他的网店已经拥有 16.2 万名粉丝，复购率达到了 23%。从制造型工厂出发，朱海涛离他的品牌梦也越来越近。朱海涛只是大朗镇乃至广东地区从代工厂转型做自主品牌的万千普通创业者之一。如今，旺季即将到来，他已经做好了大干一场的准备，“年底每个月的销售额起码达百万元”。

案例思考：

1. 究竟什么是电子商务？
2. 电子商务和传统的线下销售模式有哪些本质的区别？
3. 电子商务究竟能给企业和社会经济带来哪些方面的影响？
4. 目前有哪些常见的电子商务平台？

案例启示：

回头去看，朱海涛的成功并非无迹可寻。核心有两点：

第一，依托大朗镇毛织产业的核心优势，把工厂定位为开发型工厂，不断革新产品，提高产品质量和工艺，为消费者提供好货不贵的高性价比商品；

第二，选择了高速成长中的新电商平台，抓住了平台直播、秒杀、百亿补贴等优质活动，与平台毛衫类目和拼多多平台一同成长。

他的经验和经历值得工厂型企业借鉴。

（案例来源：大学生闯荡大朗镇：从零开始到年销 5000 万元，新电商助力实现创业梦．羊城晚报，2020-09-03。）

第一节　电子商务内涵

一、电子商务的概念

电子商务正在飞速发展，目前还没有一个比较全面、有权威性、能够为大多数人接受的概念。各种组织都在依据自己的理解和需要来为电子商务下定义。

加拿大电子商务协会给出的电子商务的定义：电子商务是指通过数字通信进行产品和服务的买卖及资金的转账，它还包括企业间和企业内利用电子邮件、电子数据交换（Electronic Data Interchange，EDI）、文件传输、传真、电视会议、远程计算机联网所实现的全部功能（如市场营销、金融结算、销售及商务谈判）。

经济合作与发展组织（Organization for Economic Cooperation and Development，OECD）有关电子商务的定义：电子商务是发生在开放网络上的包含企业间（Business to Business，B2B）、企业和消费者间（Business to Consumer，B2C）的商业交易。

美国政府在《全球电子商务纲要》中比较笼统地给出了电子商务的定义：电子商务是指通过互联网进行的各项商务活动，包括广告、交易、支付、服务等活动，全球电子商务将会涉及全球各国。

全球信息基础设施委员会（Global Information Infrastructure Committee，GIIC）电子商务工作委员会对电子商务的定义如下：电子商务是将电子通信作为手段的经济活动，通过电子商务人们可以对带有经济价值的产品和服务进行宣传、购买和结算，不受地理位置、资金或零售渠道的影响，公有或私有企业、政府、社会团体等组织，以及一般公民都能自由参与。电子商务能使产品和服务在世界范围内交易，并能向消费者提供多种多样的选择。

国际商业机器公司（IBM）对电子商务的定义包括三个部分：内联网、外联网、电子商务，它所强调的是网络计算机环境中的商业化应用，不仅是硬件和软件的结合，也不仅是通常意义下强调交易的狭义的电子商务，而是把买方、卖方、厂商及其合作伙伴在互联网、内联网和外联网中结合起来的应用。它同时强调这三部分是有层次的：只有先建立好内联网，以及比较完善的标准和各种信息基础设施，才能将其扩展到外联网，最后扩展到电子商务。

惠普公司提出了电子商务、电子业务、电子消费和电子化世界的概念。

对电子商务的定义：电子商务是通过电子化手段来完成商业贸易活动的一种方式，电子商务使人们能够以电子交易为手段完成商品和服务等的交换，是商家及其客户之间的联系纽带。它包括两种基本形式：商家之间的电子商务及商家与最终消费者之间的电子商务。对电子业务的定义：电子业务是一种新型的业务开展手段，基于互联网的信息结构，使企业、供应商、合作伙伴和客户之间可以共享信息。电子业务不仅能够有效地促进现有业务的实施，还能够对市场等动态因素做出快速响应并及时调整当前的业务进程。更重要的是，电子业务本身也为企业创造出了更多、更新的业务运作模式。对电子消费的定义：电子消费是指人们使用信息技术进行娱乐、学习、工作、购物等一系列活动，使家庭的娱乐方式越来越多地向互联网方向转变。

通用电气公司（GE）对电子商务的定义：电子商务是指通过电子方式进行商业交易，分为 B2B 电子商务和 B2C 电子商务。其中，B2B 电子商务是指以 EDI 为核心技术，以增值网（VAN）和互联网为主要手段，实现了企业间业务流程的电子化，配合企业内部的电子化生产管理系统，提高了企业从生产、库存到流通（包括物资和资金）各个环节的效率；B2C 电子商务以互联网为主要服务提供手段，实现了公众消费和服务提供方式，以及相关付款方式的电子化。

美国学者瑞维 • 卡拉科塔（Ravi Kalakota）和安德鲁 • B. 惠斯顿（Andrew B. Whinston）在他们的著作《电子商务的前沿》中指出，电子商务是一种现代商业方法。这种方法通过改善产品和服务质量、提高服务传递速度，满足政府、组织、厂商和消费者降低成本的需求。

美国学者埃弗雷姆 • 特班（Efraim Turban）在其著作《电子商务：管理与社交网络视角》中指出，电子商务是指通过包括互联网在内的计算机网络来实现商品、服务或信息的购买、销售与交换的过程。电子业务是广义的电子商务，除买卖商品和服务外，还包括客户服务、与商务伙伴之间的合作、网上学习、企业内部的电子交易等。

《中国电子商务蓝皮书 2001》对电子商务的定义：电子商务是指通过互联网完成的商

务交易。交易的内容可以分为商品交易和服务交易，交易是指货币和商品的易位，交易要有信息流、资金流和物流的支持。

中国电子商务研究中心对电子商务的定义：电子商务是指政府、企业和个人利用计算机与网络技术实现商品买卖和资金结算的过程。电子商务是各参与方之间以电子方式而不是以物理交换或直接物理接触方式完成的所有形式的业务交易。

艾瑞咨询对电子商务的定义：从广义上说，电子商务是指以电子设备为媒介进行的商务活动；从狭义上说，电子商务是指以计算机网络为基础进行的各种商务活动，包括商品和服务的提供者、广告商、消费者、中间商等有关各方行为的总和。

从上述定义可以看出，人们从不同角度给出了电子商务的定义。在这些定义中，全球信息基础设施委员会电子商务工作委员会和惠普公司给出的概念最广，它们强调电子商务包括一切使用电子手段进行的商业活动。从这个意义上来讲，电话购物、电视购物，以及超级市场中使用的 POS 机都可以归入电子商务的范围。但大多数定义还是将电子商务限制为使用计算机网络进行的商业活动。因为只有在计算机网络，特别是互联网普及的今天，电子商务才能得到如此广泛的应用，商业模式也才能发生根本性的转变。

我们综合以上定义，把电子商务分为狭义和广义两种概念。

1. 狭义电子商务

狭义电子商务（Electronic Commerce，简称 EC）是指通过使用互联网等电子工具（这些工具包括电报、电话、广播、电视、传真、计算机、移动通信等）在全球范围内进行的商务贸易活动。

这个表述是指在互联网开放的网络环境下，买卖双方互不谋面地进行各种商务活动、交易活动、金融活动和相关的综合服务活动，它是一种新型的商业运营模式，包括消费者的网上购物、企业之间的网上交易、在线电子支付、网上客户服务、网络营销、网络广告、网上调查等内容。

2. 广义电子商务

广义电子商务（Electronic Business，简称 EB）是指通过使用互联网等电子工具，使企业内部、供应商、客户和合作伙伴之间共享信息，实现企业间业务流程的电子化，配合企业内部的电子化生产管理系统，提高企业从生产、库存到流通各个环节的效率。

这个表述是将所有商务活动的业务流程电子化，不仅包括了企业商务活动中面向外部的业务流程，如网络营销、电子支付、物流配送等，还包括企业内部的业务流程，如企业资源计划（Enterprise Resource Planning，ERP）、客户关系管理、供应链管理（Supply Chain Management，SCM）、人力资源管理、市场管理、生产管理、研发管理及财务管理等内容。

广义电子商务包含的内容较为广泛，狭义电子商务所包含的内容是广义电子商务包含的内容的子集。广义与狭义电子商务的包含关系如图 1-1 所示。

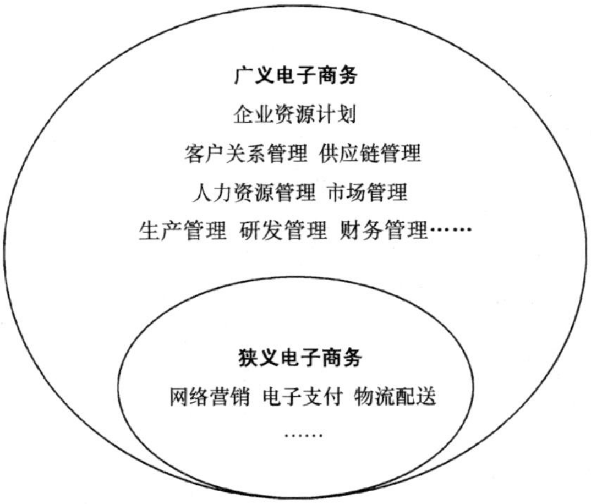

图 1-1　广义与狭义电子商务的包含关系

一般来说，大部分学者采用狭义电子商务来阐述相关的电子商务概念，而大部分国际跨国公司采用广义电子商务来进行相关的电子商务应用实践。我国大多数普通高等学校电子商务专业都是按照狭义电子商务的概念来设置课程的。

二、电子商务的系统组成及一般框架

（一）电子商务的系统组成

电子商务包括电子商务网络系统、供应方、需求方、认证机构（Certificate Authority，CA）、网上银行、物流中心、电子商务服务商等，如图 1-2 所示。

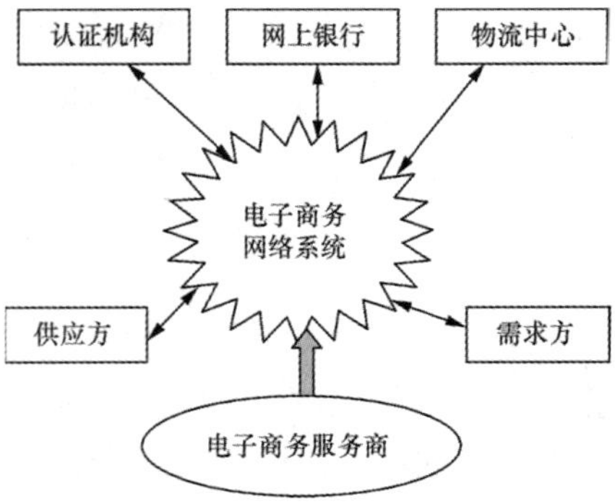

图 1-2　电子商务的系统组成

（1）电子商务网络系统包括互联网、内联网和外联网。互联网是电子商务的基础，是商务、业务信息传送的载体；内联网是企业内部商务活动的场所；外联网是企业与企业之间，以及企业与政府之间开展商务活动的纽带。

（2）供应方和需求方统称为电子商务用户，包括个人用户和企业用户。个人用户使用个人计算机、个人数字助理等接入互联网；企业用户通过建立企业内联网、外联网和企业管理信息系统，可对人力、物力、财力、供应、销售、储存等进行科学管理。

（3）认证机构是法律承认的权威机构，负责发放和管理数字证书，以使网上交易各方能够相互确认身份。数字证书是一个包含证书持有人个人信息、公开密钥、证书序列号、有效期、发证单位的电子签名等内容的数字凭证文件。

（4）网上银行可在互联网上开展传统的银行业务，并为客户提供 24 小时实时服务。通过网上银行，客户可以进行在线支付、在线转账等。

（5）物流中心接受商家的送货要求，组织运送无法在网上直接发送的商品，跟踪商品的运输进度，将商品送到消费者手中。

（6）电子商务服务商在这里专指提供网络接入服务、信息服务及应用服务的信息技术厂商，如互联网服务提供商（Internet Service Provider，ISP）、互联网内容服务商（Internet Content Provider，ICP）、应用服务供应商（Application Service Provider，ASP）等。

（二）电子商务的一般框架

电子商务的一般框架是指实现电子商务从技术到一般服务层所应具备的完整的运作基础。完整的电子商务体系体现在全面的电子商务应用上，而这需要有相应层面的基础设施和由众多支撑条件构成的环境。这些环境要素从整体上可分为四个层次（网络层、信息发布与传输层、电子商务服务层、电子商务应用层）和两大支柱（国家政策及法律规范、技术标准和网络协议）。电子商务的一般框架如图 1-3 所示。

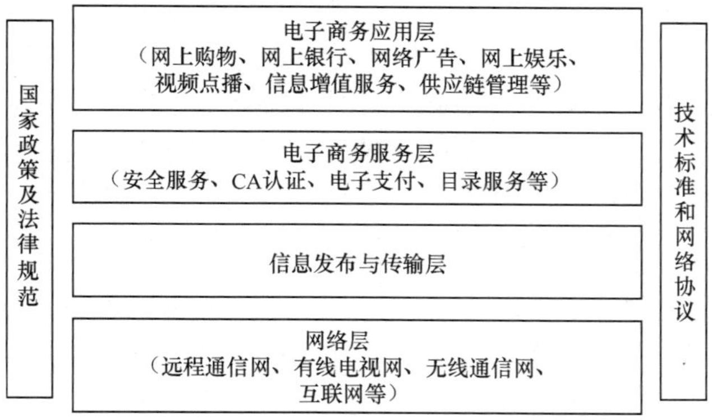

图 1-3　电子商务的一般框架

1. 网络层

网络层是指网络基础设施，是实现电子商务的最底层的基础设施。它是信息传输系统，是实现电子商务的基本保证。网络层包括远程通信网、有线电视网、无线通信网和互联网等。因为电子商务的主要业务是基于互联网的，所以互联网是网络基础设施中最重要的部分。

2. 信息发布与传输层

网络层决定了电子商务信息传输使用的线路，信息发布与传输层则解决了如何在网络上传输信息和传输何种信息的问题。目前，互联网上常用的信息发布方式是在万维网上用超文本标记语言（Hyper Text Markup Language，HTML）的形式发布网页。从技术角度来看，电子商务的整个过程就是围绕信息的发布与传输进行的。

3. 电子商务服务层

电子商务服务层是为电子商务提供的网上商务活动服务的，包括安全服务、CA 认证、电子支付、目录服务等。其中，CA 认证是电子商务服务层的核心，因为 CA 认证保证了电子商务交易的安全。它通过为参与交易者签发数字证书，来确认电子商务活动中各方的身份，然后通过加密和解密的方法保证网上信息交换与交易的安全。

4. 电子商务应用层

电子商务应用层是指电子商务在生产、流通和消费等领域的实际应用，主要包括网上购物、网上银行、网络广告、网上娱乐、视频点播、信息增值服务、供应链管理，以及在互联网基础上开展的企业知识管理和市场调研、网络营销活动等。

5. 国家政策及法律规范

开展商务活动必须遵守国家政策及法律规范。电子商务产生后，其引发的问题和纠纷不断增加，原有的法律规范已经不适应新的发展环境，制定新的法律规范并形成成熟、统一的法律体系，已成为世界各国（地区）发展电子商务活动的必然趋势，我国的电子商务相关法律也在不断地建设和完善当中。

6. 技术标准和网络协议

技术标准定义了用户接口、传输协议、信息发布标准等技术细节。它是信息发布与传输的基础，是网络信息一致性的保证。就整个网络环境来说，技术标准对于保证兼容性和通用性是十分重要的。

网络协议是计算机网络中为进行数据交换而建立的规则、标准或约定的集合。对于处在计算机网络中两个不同地理位置上的企业来说，要进行通信，就必须按照通信双方预先约定好的规程进行。这些预先约定好的规程就是网络协议。

三、电子商务的分类

（一）按照交易过程要素的数字化程度分类

一个交易过程主要包括三个要素，即销售的商品（或服务）、交易、配送。按照交易过程三个要素的数字化程度，即从实体到数字的转变，把电子商务分为完全电子商务和不完全电子商务。如果商品的交易、配送的全过程都是通过互联网完成的，就是完全电子商务；如果其中一个环节不是通过互联网完成的，就是不完全电子商务。

传统商务的这三个要素都是通过实体（不通过互联网）完成的，完全电子商务的三个要素都是数字化（通过互联网）的。不完全电子商务是数字化和实体的混合，如果其中有一个要素是数字化的，就可以认为它是电子商务，但属于不完全电子商务。例如，从当当网购买一本纸质书，属于不完全电子商务，因为商品配送要靠物流公司来完成。然而，从当当网购买一本电子书，下订单并在线支付后，就可以将其直接下载到自己的计算机或阅读器中阅读，商品及其付款和传输都是数字化的，则属于完全电子商务。

（二）按照交易主体的性质分类

交易主体按照性质可以分为企业、政府组织、消费者等，基于不同的组合，可以将电子商务分为以下几类。

1. B2B 电子商务

B2B 电子商务是指所有参与者都是企业或其他组织的电子商务。例如，制造商通过计算机网络向批发商或零售商销售商品等。用于企业间开展电子商务交易的计算机网络可以为买卖某一方所有或多方共同所有，也可以为第三方所有。

我国提供 B2B 电子商务交易的第三方平台代表有阿里巴巴、慧聪网、中国化工网、环球资源网、敦煌网等。

2. B2C 电子商务

B2C 电子商务是指企业向消费者提供产品或服务的电子商务。例如，当当网向消费者直接销售书籍、日用品等。这种模式也称为电子零售。

我国提供 B2C 电子商务交易的平台代表有京东商城、唯品会、当当网等。国外这类平台的典型代表是亚马逊。

3. 消费者与企业间电子商务

消费者与企业间（Consumer to Business，C2B）电子商务是指消费者向企业提供产品或服务的电子商务，或者个体消费者通过计算机网络寻求供应方，让供应方对产品或服务进行报价。美国的 Priceline 就是提供这种服务的网站。

4. 消费者间电子商务

消费者间（Consumer to Consumer，C2C）电子商务是指消费者直接与其他消费者进行交易的电子商务。例如，个人在淘宝集市上出售产品或服务。

我国提供 C2C 电子商务的平台有淘宝网、转转、闲鱼等。国外这类平台的典型代表是 eBay。

5. 企业与政府间电子商务

企业与政府间（Business to Government，B2G）电子商务是指企业面向政府提供产品或服务的电子商务。例如，政府部门通过计算机网络采购办公设备或服务等。

6. 消费者与政府间电子商务

消费者与政府间（Consumer to Government，C2G）电子商务是指消费者向政府部门提供产品或服务的电子商务。

（三）按照交易使用的网络类型分类

按照电子商务交易所使用的网络类型，可以将电子商务分为基于 EDI 网络的电子商务、基于互联网的电子商务、基于内联网的电子商务、基于移动网络的电子商务和基于社交网络的电子商务五种。其中，基于移动网络的电子商务是指在无线网络环境中进行的电子商务交易和活动，称为移动电子商务。基于社交网络，利用互联网社交工具销售产品或服务的经营行为，称为社交化电子商务，是新型电子商务的重要表现形式之一。

（四）按照交易主体所属关境分类

按照交易主体所属关境，可以将电子商务分为跨境电子商务和境内电子商务。其中，跨境电子商务是分属不同关境的交易主体通过电子商务平台达成交易，进行支付结算，并通过跨境物流运送商品、完成交易的国际商业活动。

第二节　电子商务的发展

一、电子商务的发展阶段

电子商务的发展根据使用网络的不同可分为三个阶段：基于 EDI 的电子商务阶段、基于互联网的电子商务阶段和移动电子商务阶段。

（一）基于 EDI 的电子商务阶段

EDI 于 20 世纪 70 年代产生于美国，是将业务文件按一个公认的标准从一台计算机传输到另一台计算机的电子传输方式。由于 EDI 技术能大大减少纸质票据，因此人们也形象地将基于 EDI 的电子商务称为“无纸贸易”。

EDI 技术将电子交易活动从金融领域扩展到其他领域，使企业范围也不断扩大，囊括了制造业、零售业等多种类型的企业，股票交易系统、旅游预订系统等应用也相继出现并得到广泛应用。EDI 技术减少了纸质票据并增加了自动化工作流程的模式，已经具备了电子商务的主要特征，可以视为电子商务的初级阶段。

（二）基于互联网的电子商务阶段

20 世纪 90 年代，互联网在全球得到迅速普及和发展。1999 年年底，全球互联网用户达到了 15 亿人，大量企业开始开拓互联网业务，更多的商业应用开始融入互联网领域，电子商务开始成为互联网的热点应用并得到了广泛认可。

我国《2015 年政府工作报告》中首次提出“互联网+”行动计划，电子商务是“互联网+”行动计划的核心内容之一。“互联网+”不仅是场技术变革，还是一场思维变革。站在“互联网+”的风口上，O2O、互联网金融、智能制造、智慧城市等细分领域的创新应用和实践遍地开花。互联网与传统产业的融合发展，不但推动了经济稳步增长，促进了产业结构创新升级，而且加快了国家综合竞争新优势的形成，为我国在新一轮全球竞争中脱颖而出创造了机会。

（三）移动电子商务阶段

移动电子商务就是利用手机、个人数字助理及掌上电脑等移动终端进行的 B2B、B2C、C2C 或 O2O 的电子商务。它将互联网、移动通信技术、短距离通信技术及其他信息处理技术进行了结合，使人们可以在任何时间、任何地点进行各种商贸活动，如在线电子支付及各种交易活动、商务活动、金融活动和相关的综合服务活动等。2014 年之后，我国 4G 网络快速普及，2019 年 11 月 1 日正式上线 5G 商用套餐，标志着中国正式进入 5G 商用时代。

二、电子商务的发展历程

（一）全球电子商务的发展历程

从 20 世纪 70 年代初到 1995 年为电子商务的起源阶段，电子商务的一些早期雏形开始出现。1995 年之后，互联网产业化运营和商业化应用的大幕正式拉开。近二十多年被认为是电子商务发展最快的二十多年，通常又被细分为快速发展期、放缓洗牌期和稳步发展期三个阶段。

1. 快速发展期（1995—2000 年）

在这一时期，基于互联网的电子商务受到了高度重视，单纯依赖 EDI 技术的局面逐步改变。1995 年，世界上第一个互联网购物中心建立，英国国民威斯敏斯特银行、米德兰银行和英国电信公司实现了网上支付。亚马逊于 1994 年成立，雅虎于 1995 年成立，谷歌于 1998 年成立，电子商务开始成为各国经济活动的热点，大量资金流入电子商务行业，2000 年全球电子商务的交易额高达 3549 亿美元。

2. 放缓洗牌期（2000—2003 年）

伴随着飞速发展，电子商务的问题逐渐暴露出来。2000 年，在纳斯达克市场上市的企业共有 5500 家左右，包括微软、戴尔、雅虎、亚马逊等世界级高科技企业。2000 年 3 月 20 日，投资的不断增长导致相关企业规模增长过快，网络泡沫问题越来越突出，商品的生产与供应大大超过了市场的实际需求，导致库存增加、利润降低，纳斯达克市场崩盘，超过 1/3 的网站销声匿迹。

3. 稳步发展期（2003 年至今）

在这个阶段，大批网民接受了网络购物方式，B2B 电子商务模式高速发展，大型企业全面采用电子商务，许多中小型企业也从中分到了一杯羹。在这一基础上，电子商务稳步发展的环境也不断成熟，配套的物流、支付等问题也基本得到了解决，全球范围内的电子商务异彩纷呈。

（二）中国电子商务的发展历程

中国电子商务与全球电子商务的发展基本上同步，从 1995 年开始，我国电子商务经历了从工具、渠道、基础设施到经济体的演进，这不是简单的新旧替代，而是不断进化、扩展和丰富的生态演进过程。

1. 工具期（1995—2003 年）

这个时期，中国电子商务以 B2B 电子商务模式的探索和发展为主。1995 年，马云创办中国黄页，是最早为企业提供网页创建服务的互联网公司；1997 年，垂直网站中国化工网成立；1999 年，8848、携程网、易趣网、阿里巴巴、当当网等电子商务网站先后创立；到 2000 年，电子商务网站达到了 700 家。但随着互联网泡沫的破灭，8848 等电子商务企业倒闭，随后电子商务经历了一个比较漫长的“冰河时期”。

2. 渠道期（2003—2008 年）

这个时期，我国电子商务的应用由企业向个人延伸。2003 年，我国的电子商务迎来大发展，经历了一系列重大事件：2003 年 5 月，阿里巴巴集团成立淘宝网，进军 C2C 市场；2003 年 12 月，慧聪网上市，成为国内 B2B 电子商务首家上市公司；2004 年 1 月，京东涉足电子商务领域；2007 年 11 月，阿里巴巴成功上市。据 2007 年 12 月统计，我国当年网络零售交易规模达 561 亿元，网络销售不断扩张，并延伸至供应链环节，促进了物流快递和网上支付等支撑服务行业的兴起。

3. 基础设施时期（2008—2013 年）

电子商务引发的经济变革，促使信息技术广泛运用于经济活动，越来越多的企业和个人通过新商业基础设施降低交易成本、共享商业资源、创新商业服务，极大地促进了电子商务的迅猛发展。2008 年 7 月，我国网民数量达到了 2.53 亿人，成为全球“互联网人口”第一大国；2010 年，国家明确提出大力扶持电子商务；2011 年，团购网站迅猛发展，上演了“千团大战”局面，中国团购用户数超 4220 万人；2012 年，淘宝网和天猫的交易额突破 10 000 亿元，“双 11”当天交易规模达 362 亿元；2013 年，阿里巴巴和一批物流企业组建了“菜鸟网络”，计划在 8～10 年内建立智能物流骨干网络。

4. 经济体时期（2013 年至今）

2013 年，我国电子商务交易规模突破 10 万亿元大关，网络零售交易规模达 1.85 万亿元，超越美国成为全球第一大网络零售市场。2014 年 6 月，我国网络购物用户规模达到 3.32 亿人，我国网民使用网络购物的比例为 52.5%。2014 年，我国快递业务量接近 140 亿件，跃居世界第一。2019 年，《中华人民共和国电子商务法》正式实施。2019 年上半年，我国网络零售额达 195 209.7 亿元，占社会消费品零售总额的 24.7%。移动电子商务用户规模超过 7 亿人，移动终端和支付技术的进步使电子商务在网民中的渗透率进一步提升，电子商务体系在中国已发展成熟，用户规模逐渐触达网民规模的“天花板”。

三、我国电子商务的现状及趋势

（一）网络购物用户规模不断扩大

近二十年来，电子商务高速发展，市场规模持续增长，自 2013 年起，我国已连续 9 年成为全球最大的网络零售市场。截至 2021 年 6 月，我国网络购物用户规模达 8.12 亿人。

近年来，随着电子商务行业的蓬勃发展，农村市场的电子商务需求不断释放，地域网络消费鸿沟进一步缩小，助力我国经济形成国内国际双循环发展新格局。2018.6—2021.6 网络购物用户规模及使用率如图 1-4 所示。

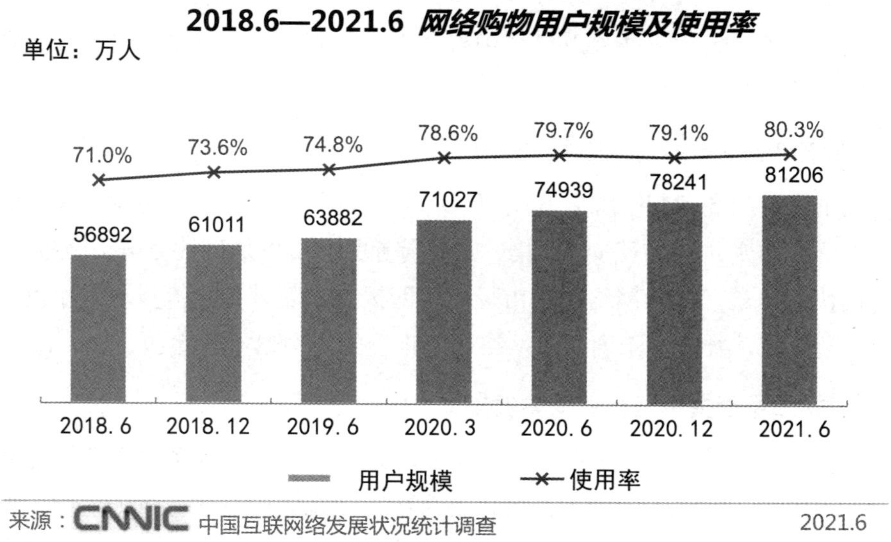

图 1-4　2018.6—2021.6 网络购物用户规模及使用率

（二）农村电子商务的潜力得到有效释放

扩大内需是国内大循环的战略基点，农村市场成为扩大内需的重要增长点。数据显示，2021 年上半年，全国农村网络零售额达 9549.3 亿元，同比增长 21.6%。在供给侧，政府、企业等多方参与下沉市场数字化基础设施建设，优化传统的农产品供应链模式，助力农产品向外地销售，如京东、阿里巴巴、苏宁等将供应链、物流等零售新基建不断向下延伸，通过溯源体系、技术输出、品牌赋能、渠道拓展等措施促进农产品上行。在需求侧，通过不断改善农村的消费环境带动农村消费，促进工业品下行。全国建制村已经全部实现了直接通邮，解决了农村居民网络购物过程中的物流配送难题。

（三）O2O 步伐加快

O2O 是 Online To Offline 的缩写，即线上到线下，是指将线下的商务机会与互联网结合，让互联网成为线下交易的平台。与 B2C 的不同之处在于，O2O 更侧重于服务性消费，如餐饮、电影、旅游、健身、酒店等，消费者往往需要到现场才能获得服务。目前，最为大家熟知的 O2O 电子商务企业代表当属饿了么与美团网，分别主打外卖餐饮市场和生活服务类市场。其盈利来源主要是向入驻平台的商家收取广告费、服务费及产品销售返利。随着 O2O 电子商务的流行，线上企业加速布局线下。天猫、京东、当当网等纷纷开设实体店。另外，线下企业主动拥抱互联网。永辉超市等通过与线上企业合作或自身发展电子商务，探索商业模式转型升级。线上和线下正逐步打通渠道、供应链、数据、场景等多方面，为消费者提供全方位、不间断、跨时空的服务，打造零售新生态。

（四）新业态、新模式层出不穷

租车、租房、租设备等分享经济新业态，众创、众包、第四方物流等协同经济新业态，团购点评、体验购物、主题酒店等体验经济新业态百花齐放，争奇斗艳。分享经济使消费者之间可以通过互联网直接建立联系，提升了闲置资源的利用效率。滴滴快车分享了闲置的汽车运力，人人快递分享了闲置的人力资源。体验经济促使线下企业通过互联网与消费者开展互动，打破了信息壁垒，使消费渠道更加畅通。

（五）传统电子商务纷纷试水社交电子商务

社交电子商务的高效获客和裂变能力吸引了众多企业加入，从 2018 年开始，社交电子商务成为资本的宠儿，拼多多、云集、蘑菇街等的上市更是将社交电子商务推上风口。其行业规模快速增长，成为网络购物市场的一匹黑马。随着社交流量与电子商务交易的融合程度不断深入，社交电子商务占网络购物市场的比例也不断增加。

（六）短视频及直播带货行业蓬勃发展

近年来，短视频及直播用户数量快速增长。适逢各大电子商务平台遭遇流量瓶颈，纷纷积极寻求变革，尝试电子商务内容化的突破，短视频及直播带货成了电子商务新热点。直播电子商务的产业链主要是由供应链、平台端和消费者构成的。供应链主要包括商品供应方，如厂商、品牌商等，以及内容创作方，如主播、多频道网络（Multi-Channel Network，MCN）等。平台端包括电子商务平台，如淘宝网、京东、蘑菇街等，以及直播平台，如抖音、快手、淘宝直播等。其运营模式为厂商或品牌商对接电子商务平台提供货源，对接 MCN 机构或主播，确定直播方案，引入直播平台进行内容输出，最终引导消费者在电子商务平台进行购物。

（七）社区电子商务异军突起

社区电子商务包含两层含义，即社区基础上的电子商务和社区化的电子商务。社区基础上的电子商务即基于社区的范围开展电子商务活动，是先有社区，后有电子商务的。这一类型社区电子商务的代表平台包括谊品生鲜、兴盛优选和食享会等，还有每日一淘和考拉精选等。社区基础上的电子商务运营模式主要为“社区门店+送货上门+渠道合伙人+门店合伙人”，通过整合渠道资源，做好门店管理，利用合伙人制度来实现利益共同体。社区化电子商务是指围绕电子商务平台研究如何把这个平台做得社区化，即先有电子商务再发展社区。社区化的电子商务一般以用户地理位置较近的社区为团体，由团长通过微信群、小程序的形式组织团购，商家通过社区团购省去了中间环节，直接将商品交付给团长，而用户则直接到团长那里提取商品即可。

（八）生鲜电子商务在探索中前行

生鲜电子商务是指利用电子商务的手段在互联网上直接销售生鲜类产品。从 2014 年开始，生鲜电子商务进入快速发展时期，先后成立了一大批生鲜电子商务平台，包括每日优鲜、盒马鲜生、苏鲜生、叮咚买菜、美团优选等，都是目前大众所熟知和使用频率较高的生鲜电子商务平台。其运营模式为生鲜电子商务平台利用冷链物流（冷藏车）提前将产品配送至前置仓存储待售（前置仓即更靠近消费者的小型仓储单位，一般设置在消费者集中的社区附近），消费者下单后，由前置仓经营者组织完成包装和"最后一公里"的上门配送。生鲜电子商务通过自采自购，使消费者直接跟供应商对接，压缩了整个流通环节，提高了溢价能力，也降低了流通成本。

四、电子商务产生的影响

（一）电子商务对社会经济的影响

电子商务对社会经济的影响有以下五个方面。

1. 电子商务促进了经济模式的改变

首先，电子商务使经济模式由物质资源密集型转向信息资源密集型，这种转变促使生产要素重新配置和组合。其次，商务模式由封闭型转向开放型。作为网络经济代表的电子商务，波及范围广、辐射作用强，这样就使许多服务业具有转移性，使许多社会性服务行业信息化、便捷化。最后，电子商务的出现促使经济市场由实物市场转向虚拟市场，消费者与企业可以通过网络建立联系，并随时进行交易。

2. 电子商务促进了经济信息化的进程

国民经济信息化是指以信息作为基本的生产要素，提高物质、能源的使用效率和劳动、资本的投入产出效益。具体来说，国民经济信息化就是通过对信息技术的推广、渗透及电子商务的应用来实现信息经济。在电子商务的运营过程中，企业能够运用现代信息网络技术开展商务活动，这对企业的信息化水平提出了新的要求，促进了企业经济结构的战略性调整，推进了国民经济信息化的进程。

3. 电子商务促进了第三产业结构的调整

电子商务的发展与产业结构的调整相伴随，其中对第三产业的影响最大。电子商务促使了以服务为主的新行业（如网络交易中心、电子商场、电子商务咨询、信息服务公司）的产生，促进了原有行业的变化，尤其是促进了传统行业与电子商务的融合。电子商务的出现使第三产业的内部结构不断调整，对第三产业的发展及结构的变化产生了深远的影响，与此同时也使第三产业在国民经济中的比重不断提高。

4. 电子商务促进了商务活动和企业经营方式的改变

电子商务的商业模式不同于传统的商务活动，不再需要交易双方直接见面，而是在计算机网络平台上开展商务活动，使商家与顾客的联系都在网上进行，为交易双方提供了方便、快捷的体验。在网络经济时代，企业所面临的将是顾客需求和购买行为的全新变化，所以企业需要全面转向以顾客为中心的思维方式，要从最终客户的角度来重新设计作业流程，而传统的经营方式已无法满足这种要求。为了保持竞争优势，越来越多的企业开始发展电子商务，这也促进了企业商务活动和经营方式的改变。

5. 电子商务将转变政府的行为

政府承担着大量的社会、经济、文化的管理和服务职能，尤其是作为宏观调控与管理者，在调节市场经济运行、防止市场失灵方面有着重要作用。在电子商务时代，当企业应用电子商务进行生产经营、银行实现金融电子化，以及消费者实现网上消费的同时，这也对政府管理行为提出了新的要求。电子政府也称网上政府，将随着电子商务的发展而成为一个重要的社会角色。

（二）电子商务对企业的影响

电子商务作为一种竞争战略，可以在一定程度上加强企业的竞争优势。

1. 电子商务对企业采购的影响

第一，电子商务能使企业通过互联网快捷地在众多的供应商中找到合适的合作伙伴，及时了解供应商的产品信息，如价格、交货期、库存等，并可以获得较低的价格。第二，通过电子商务，企业可以加强与主要供应商之间的协作关系，并形成一体化的信息传递和信息处理体系，从而降低采购费用，采购人员也可以把更多的精力和时间集中在价格谈判及改善与供货商的关系上。

2. 电子商务对企业生产加工过程的影响

第一，电子商务将生产企业和消费者联系在一起，使消费者的需求信息得以迅捷地传达给生产企业，这样就使生产方式由大批量、规格化的典型工业化生产方式向顾客需求拉动型生产方式转变。第二，电子商务缩短了生产与研发的周期。第三，电子商务降低了企业库存，提高了库存管理水平。

3. 电子商务对企业销售的影响

第一，电子商务可以降低企业的交易成本。第二，电子商务使企业销售突破了时间与空间的限制。第三，电子商务减轻了企业对实物基础设施的依赖。传统企业的创建一般需要实物基础设施的支撑，如仓库、店铺、办公楼、展厅等；而电子商务的虚拟性可减轻企业对这些实物基础设施的依赖。第四，全方位展示产品，给消费者提供更全面的信息。

4. 电子商务对企业客户服务的影响

第一，电子商务使企业与客户互动方便，改善了企业的客户服务质量。第二，电子商务使企业可以为客户提供个性化服务。企业可以根据客户需求提供特定的产品和服务，具有很强的针对性和时效性，可极大地满足客户需求。通过互联网和大数据，企业能够以低廉的成本为客户提供个性化服务。

（三）电子商务对消费者的影响

如今，电子商务已经成为一种生活常态，并对我们的生活产生了巨大的影响，具体表现在以下几个方面。

1. 改变消费者获取信息的方式

在电子商务方式下，人们除从电视、广播、书籍和报纸等传统媒体中获取信息以外，还可以从网络媒体上获取所需的信息。网络通过大量的，每天至少有数千人乃至几十万人访问的网站，实现了真正的大众传媒的作用，它比任何一种方式都更快、更直观、更有效。而且网络传播信息有着双向性的特点，消费者可根据自己的需要获取信息，且没有时间、地域的限制。

2. 改变消费者的购物方式

电子商务的推广使网上购物成为现实。只要消费者打开电脑，敲一敲键盘，或者打开手机 App 就能进入网上商店，查看商品信息，从中挑选自己想要的商品，然后查看商品的规格和性能。随着多媒体技术的应用，消费者还可以在屏幕上看到商品的照片甚至三维图形。对于选定的商品，消费者只需调出订单进行付款。订单确认后发出，商家可以立即收到订单，随即送出或寄出消费者购买的商品。消费者只需要拥有一个网络账号，就可以在任何地点、任何时间不间断地享受银行业务服务，包括储蓄、转账、查账、信用卡、证券、交易、保险和财务管理等业务服务。

3. 改变消费者的教育方式

网络与电子商务带来了教育方式的改变。随着互联网的广泛应用、电子商务的推广，网络学校应运而生，这是一种现代远程教育的方式。它以计算机通信技术和网络技术为依托，采用远程实时多点、双向交互式的多媒体现代化教学手段，可以实时传送视频、声音、图像、电子课件和教师板书，使身处两地的师生能像现场教学一样进行双向视听问答，是一种跨越时间和空间的教育方式。

4. 改变消费者的娱乐、休闲方式

如今，人们可以足不出户地在网络上购买、观看各个国家制作的新旧电影和电视节目，可以购买并欣赏自己喜欢的音乐家、歌手演奏和演唱的新旧曲目，可以在网络上得到令人爱不释手、种类繁多的游戏，而且可以通过网络与地球上任何一个地方的人同时在一款游戏中“打”得昏天黑地，一决胜负。如果你愿意，你可以在网络这个广阔的天地中找到志趣相投的朋友，对感兴趣的问题推心置腹地聊个痛快。网络甚至可以让你找到终身伴侣。在网络上，你还可以做现实生活中无法做的事情，如可以喂养你喜欢的宠物，可以种花、植树，可以成为一介农夫辛勤地播种、耕耘以获得丰收的喜悦，当然这一切都是虚拟的，是网络给人们提供的新的休闲方式。

微案例

盒马鲜生

盒马鲜生是阿里巴巴对线下超市完全重构的新零售业态。盒马鲜生是超市，是餐饮店，也是菜市场，但这样的描述似乎又都不准确。盒马鲜生多开在居民聚集区，消费者可到店购买，也可以在盒马 App 上下单。阿里巴巴为盒马鲜生的消费者提供会员服务，用户可以使用淘宝或支付宝账户注册，以便消费者从最近的商店查看和购买商品。盒马鲜生甚至可以跟踪消费者的购买行为，借助大数据提出个性化的建议。

与传统零售的最大区别是，盒马鲜生运用大数据、移动互联、智能物联网、自动化等技术及先进设备，实现了人、货、场三者之间的最优匹配，从供应链、仓储到配送，盒马鲜生有自己的完整物流体系。盒马鲜生的供应链、销售、物流是完全数字化的。从商品的到店、上架、拣货、打包到配送等，作业人员都是通过智能设备去识别和作业的，简易高效，而且出错率极低。整个系统分为前台和后台，可以实现在消费者下单 10 分钟之内分拣打包，20 分钟完成 3 公里以内的配送。不过，这也使盒马鲜生的前期投入成本大增。公开报道显示盒马鲜生的单店开店成本在几千万元左右。

第三节　电子商务法律环境

一、电子商务法概述

（一）电子商务引发的法律问题

电子商务的发展之所以会引发法律问题，与其特点有很大关系。计算机网络技术和电子商务的特点突破了现有的商务和法律关系，以及人们对这些关系的理解。

1. 电子商务实现了信息化、无纸化交易

在电子商务的交易中，传统记载交易双方意愿和交易内容的纸张被电子信息这一新的介质所代替。这些电子信息可以借助相应的计算机和网络方便地读取。传统交易中订立合同的形式受到挑战，这就要求用法律来确定电子商务中通过数据传递来订立合同这一新的合同形式的法律地位及其作为证据时的证据种类和证据效力。同时，通过这一新的合同形式进行交易，交易双方不直接接触，对身份进行确认就需要用法律来规范。另外，交易形式的变化对合同主体、意愿表示、消费者权利保护等也会产生影响，这些也需要法律的明确。

2. 计算机网络技术的发展使信息的复制和传递变得极为简洁

计算机网络技术一方面降低了信息传递的成本，从而促进了交易，加快了经济的发展；另一方面，有版权的作品可能在几秒钟内被完全复制并向全世界散播，传统的知识产权问题在电子商务时代越发凸显。

3. 电子商务时代信息更丰富、收集更容易

人们利用计算机网络技术可以轻而易举地收集各种信息，一些经济组织为获得更多的利益违法购买消费者的各种私人信息，于是出现了一些利用自己掌握的信息或未经允许收集来的关于消费者或商家的信息获利的网站。这时出现了如何保护个人隐私、收集或利用这些信息是否侵害消费者的权利、个人对自己的私有信息拥有哪些权利、个人对企业或组织又有哪些访问权等问题，这些都需要由法律来明确。

4. 电子商务突破了空间和时间的局限性

从空间概念上看，电子商务依靠互联网所形成的新的空间范围没有地域限制。从时间概念上看，电子商务没有时间上的限制。这就需要新的国际立法，需要各国合作来协调不同地区，甚至是跨国范围的税收及司法管辖等问题。

（二）广义的电子商务法

广义的电子商务法与广义的电子商务概念相对应，是所有调整以数据电文形式进行的商事活动的法律规范的总和。广义的电子商务法的内容极其丰富，可以分为调整以电子商务为交易形式的商事活动的法律规范，以及调整以电子信息为交易内容的商事活动的法律规范两类；其表现形式可以是法的效力渊源的各种形式，包括宪法、法律、行政法规、地方性法规、部门规章、地方政府规章、自治条例和单行条例、特别行政区的法律、国际条约等，其中较多的是法律，如《中华人民共和国电子商务法》（以下简称“《电子商务法》”）、《中华人民共和国电子签名法》（以下简称“《电子签名法》”）等，以及部门规章，如《信息网络传播权保护条例》等。

（三）狭义的电子商务法

从便于立法和研究的角度来看，狭义的电子商务法是调整以数据电文为交易手段，通过信息网络产生的，因交易形式而引起的商事关系的规范体系。

从效力渊源角度来看，狭义的电子商务法在我国是指《电子商务法》。这部法律的出台历时五年，历经四审。2013 年 12 月 7 日，随着电子商务法律问题的日渐突出，全国人大常委会正式启动了立法进程。2018 年 8 月 31 日，经第十三届全国人大常委会第五次会议表决通过，于 2019 年 1 月 1 日开始施行。

二、电子商务法主要解决的问题

对于电子商务发展过程中出现的主要问题或矛盾，《电子商务法》做出了相应的规定。

1. 电子商务经营者应依法办理市场主体登记

《电子商务法》规定，电子商务经营者应依法办理市场主体登记。个人网店经营者、

微商、代购等属于电子商务经营者，应依法办理市场主体登记，受《电子商务法》的约束。但是，个人销售自产农副产品、家庭手工业产品，个人利用自己的技能依法从事便民劳务活动和零星小额交易活动无须进行登记。例如，个人在微信朋友圈内销售农家自产土鸡蛋、自制手工艺品无须进行登记。

2. 商家销售的商品有问题，平台承担连带责任

对关系消费者生命健康的商品或者服务，电子商务平台对平台内经营者（商家）的资质资格未尽到审核义务，或者对消费者未尽到安全保障义务，造成消费者受到损害的，依法应承担连带责任。

3. 明确商家承担运输责任和风险

电子商务经营者委托物流企业对实物商品进行投递运输时，实物商品在投递运输过程中的所有权还在商家的控制下，商品在途的风险和责任由商家承担。

4. 网络搭售商品不得设置为默认选项

《电子商务法》规定，电子商务经营者搭售商品或者服务时，应当以显著方式提醒消费者注意，不得将搭售商品或者服务作为默认同意的选项。例如，用户在网上预订机票时，网站经常会搭售酒店优惠券、接送机优惠券、航空险等，看似贴心的服务，有些却是暗地里搭售，让消费者在不知情的时候购买了搭售产品。《电子商务法》实施后，这些行为被禁止。

5. 消费者付款成功后，商家不得随意毁约

商家应当负有诚实守信、切实履行合同的义务，消费者付款成功后，商家不得以各种理由或借口随意毁约。同时，该规定的设立也为消费者依法维权提供了有力保障。例如，消费者在“双 11”下的订单，商家如果以弄错折扣为由拒绝发货，在《电子商务法》实施后，消费者就可以据此追究商家的违约责任。

6. 评价应真实，“刷好评”、擅自“删差评”将被严惩

为了提升网店的信用度，不少商家采取“刷好评”“删差评”等方式，来提升店铺的好评率。《电子商务法》实施后，“刷好评”、擅自“删差评”将被严惩。这将确保消费者评价能发挥良好的作用，促使平台经营者及平台内经营者诚实经营。

7. 破解“押金”难退难题，退款方式将被明确

在预订酒店时，往往需要消费者先交纳押金，但随着电子商务的发展，押金难以退还的问题逐渐凸显，甚至屡屡出现押金退还程序复杂、条件苛刻、退款不及时等情形，严重损害了广大消费者的合法权益。《电子商务法》规定，消费者申请退还押金，符合押金退还条件的，电子商务经营者应当及时退还。

微案例

消费者的维权

原告为家庭，计划于2019年春节期间出游巴厘岛，在某App上成功预订了2019年2月7日至12日共计6天5晚的巴厘岛××酒店的“四卧别墅”，合计21 462.67元，随后原告支付了全款，并于2018年8月30日预订了往返机票。被告（××酒店）于2018年11月下旬联系原告，告知原告所订房源已满，无法安排原告按照订单入住原房型，希望原告取消订单，原告拒绝取消行程和酒店订单。被告于2018年11月26日以邮件告知原告两种解决方案，一种是免费取消订单，支付订单金额的50%作为赔偿；另外一种是原单退款，安排免费入住“园景别墅（一卧室）”。原告同日回复被告邮件表示拒绝。次日，原告在回复被告邮件时告知被告当日××网中可查询原告所预订房型依然有房可订，但价格已上涨8倍，说明被告房型已满的理由不实。2018年12月9日，被告再次以邮件告知原告前述的两种解决方案，原告予以拒绝并同时告知被告其所预订的房型在预订时间段内仍有房，被告所述房型已满的理由不实。2019年1月28日，被告提出第三种解决方案，免费取消订单并赔付不超过总金额100%的赔偿金。原告当日回复邮件并告知被告，被告所称的预订房型已满的情况不属实，仍能从其他网站上预订，但价格已高达117 861元，并催促被告尽快履行合同。2019年1月30日，原告再次查询××网，结果显示，原告所预订的酒店可以预订的房型包括“三卧室园景公寓别墅”，这意味着被告可在只降低一级标准解决问题的情况下，故意降低了三级标准解决问题，是极不诚信的表现，此时其他同等酒店和房型的价格已经是原告预订金额的6～8倍。此后，被告未再提出可以使原告按照预订规划和级别完成行程的其他补救措施等有效变更方式。在此情况下，原告于2019年2月1日被迫与案外人深圳市××旅行社有限公司签订了《委托代办单项业务合同》，委托××旅行社代为预订酒店“××度假村”并支付酒店费用90179.25元。基于此，被告违约行为导致原告多支付了68716.58元。

北京市朝阳区人民法院2019年9月19日做出一审民事判决，一审民事判决书（2019）京0105民初63054号显示，原告提出诉讼请求：判令解除原、被告间服务合同关系；判令被告返还原告酒店预付款21 462.67元；判令被告赔偿原告损失68 716.58元；判令被告支付原告律师费20 000元、公证费2000元。

北京市朝阳区人民法院经审查认为，当事人应当按照合同约定全面履行自己的义务。本案中，原告在被告经营的平台预订房间，被告亦进行了确认，双方据此成立了服务合同关系，则被告应按订单内容向原告提供相关房间。现因被告未能按约履行其义务，原告据此要求解除合同，被告亦同意解除合同，北京市朝阳区人民法院对此不持异议。

（案例来源：中国经济网，经改编。）

微案例

淘宝网起诉买家恶意退款

2018 年 10 月，淘宝网接到卖家反映，部分买家出现大量仅退款及虚假物流单号，其中广东男子宏某的退款记录颇为瞩目，不到 4 个月总计退款 205 860.56 元。广州男子宏某因此被淘宝网起诉至法院。

根据淘宝网起诉，宏某系淘宝网注册会员，通过自己身份信息注册的淘宝账号，以“假货”“商品品牌与实际不符”等理由向卖家发起仅退款申请，并根据卖家的不同态度及回应，以直接发起仅退款、虚假物流等各种手段达到退款不退货的目的，以谋取非法利益。经初步统计，2018 年 4 月 23 日至 2018 年 8 月 16 日，宏某控制的账号订单总计 4276 笔，发起的恶意退款订单 3896 笔，退款成功 3787 笔，总计退款金额 205 860.56 元。

在这些退款纠纷中，有的卖家妥协同意了被告仅退款的要求，有的卖家没有同意，被告则通过虚假退货的方式进行退货，在被告虚假退货的订单中，有些是提供了虚假物流单号，有些是发了空包，有些则是利用了卖家的疏忽。

淘宝网认为，宏某的恶意退款行为属于滥用会员权利，严重违反了服务协议，干扰淘宝网平台的经营秩序，给淘宝网造成了经济上的损失和商誉上的严重负面影响，应当赔偿损失，遂起诉至法院要求赔偿损失并承担相关的律师费。

根据法院审理，宏某至少控制 8 个淘宝账号。法院审理认为，宏某发起的仅退款申请明显不符合正常人的购物习惯，其申请仅退款比例远远高于淘宝网正常商品交易的平均水平，且退款理由重复单一，其实施的行为足以界定为滥用淘宝网平台会员权利，其反常的退款行为损害了诚信合法经营的淘宝网卖家声誉，干扰了淘宝网的正常运营秩序，并让淘宝网为处置被告的不实投诉多支出了人力、物力资源。

宏某对此应承担侵权责任，法院依法做出判决。

（案例来源：新京报，经改编。）

三、电子商务中的税收问题

电子商务作为一种新型的商业运营模式，在促进经济发展、拓展税源的同时，其本身具有的交易双方的隐蔽性、交易地点的不确定性及交易对象的复杂性等特征，给我国现行的税收制度带来了许多难题。

（一）电子商务征税面临的难题

1. 新的交易形式使传统税收制度中的纳税环节、纳税地点、国际税收管辖权等无法适用于新的环境

传统的税收制度通过能够控制的要素，如纳税人住所、营业机构所在地、收入来源等行使税收管辖权，但这些在电子商务中是难以确定的。例如，政府通过住所来确认居民，对居民行使税收管辖权，然而电子商务的发展使经济活动与特定地点之间的关系弱

化，从而很难控制和管理通过互联网提供的贸易或服务。

2. 课税凭证的电子化、无纸化，加大了税收征管和稽查的难度

传统的税收征管和稽查是建立在有形的凭证、账册和各种报表的基础上的，通过对其有效性、真实性、逻辑性和合法性等的审核，达到税收征管和稽查的目的。而电子商务的各种报表和凭证，都是以电子的形式出现和传递的，这使税收征管和稽查变得十分被动。

首先，电子商务的税收法律体系尚不完善，由于电子商务网络交易具有虚拟性的特点，而基于有形交易基础之上的现行税收征管体系尚无法完全解决电子商务税收的基本概念、税收征管手段等基本问题，因此有必要先对电子商务的纳税义务人、课税对象、纳税义务发生地、征收环节等税法基本要素的内涵和外延进行界定和明确，以明确纳税主体，划定征收范围，规定纳税期限，合理确定纳税义务发生地和纳税流程。

其次，网络交易涉税信息还不完善，给税收征管带来了障碍。目前，B2C、C2C 电子商务交易中，存在大量交易不开具发票的现象；另外，电子商务为提高交易排名等特定目的又存在大量虚构交易行为。由于现行的监管手段以“以票控税”为主，涉税信息的缺乏将导致对网络交易实现的税收收入规模、已纳入正常税收管理的税源规模、税源分布情况及税收流失规模等缺乏准确的判断。于是，在底数不清、情况不明的前提下，很难对是否加强对网络交易的税收征管、如何分类分级加强税收征管等做出正确有效的决策。

（二）《电子商务法》对税收的规定

《电子商务法》明确规定，电子商务经营者应当依法办理市场主体登记；应当依法履行纳税义务，并依法享受税收优惠；依照规定不需要办理市场主体登记的电子商务经营者在首次纳税义务发生后，应当依照税收征收管理法律、行政法规的规定申请办理税务登记，并如实申报纳税。个人卖家属于电子商务经营者，自 2019 年 1 月 1 日起应当依法办理市场主体登记，也应当依法履行纳税义务。

税收范围包括跨境税收、经营者普通交易税收。缴纳主体包括电子商务平台、平台内经营者。这也意味着通过电子商务渠道进行各种方式的交易都需要纳税。

《电子商务法》要求电子商务经营者依法向消费者提供发票，其目的除堵塞税收漏洞外，更多地则是营造公平的电子商务竞争环境，尤其是在当前许多电子商务经营者将不提供发票作为主要避税手段的情况下，《电子商务法》把提供发票作为电子商务经营者应尽的基本义务，在客观上能起到堵塞税收漏洞的作用，既有助于找准反逃税的切入点，又有助于营造各经营主体公平竞争的环境。

微案例

2021 年 12 月，浙江省杭州市税务局稽查局查明，网络主播黄薇（网名：薇娅）在 2019 年至 2020 年期间，通过隐匿个人收入、虚构业务转换收入性质虚假申报等方式偷

逃税款 6.43 亿元，其他少缴税款 0.6 亿元，依法对黄薇做出税务行政处理处罚决定，追缴税款、加收滞纳金并处罚款共计 13.41 亿元。

国家税务总局坚决支持杭州市税务部门依法严肃处理黄薇偷逃税案件。同时，要求各级税务机关对各种偷逃税行为，坚持依法严查严处，坚决维护国家税法权威，促进社会公平正义；要求认真落实好各项税费优惠政策，持续优化税费服务，促进新经济新业态在发展中规范，在规范中发展。

财税、法律界专家学者认为，税务部门做出的处理处罚决定体现了税法权威和公平公正，再次警示网络主播从业人员，网络直播非“法外之地”，要自觉依法纳税，承担与其收入和地位相匹配的社会责任。

（案例来源：国家税务总局官网，有改编。）

素质园地

“新四大发明”

2017 年，北京外国语大学丝绸之路研究院发起了一次留学生民间调查。来自“一带一路”沿线的多国青年评选出了他们心目中中国的“新四大发明”：高铁、支付宝、共享单车和网购。事实上这四种没有一种是中国发明的，但是中国在推广应用方面领先，对国外影响力较大。

“出门不用带钱包，就带手机”，“外卖、快递都非常快”，“高铁很棒，更加舒适，而且可以在旅途中用网络处理一些事情，让旅途更加充实”。受访的外国青年们纷纷表示，“新四大发明”也是他们最想带回祖国的生活方式。Peter 很直接地称“我爱中国”。他说，中国的“新四大发明”不仅改变了中国人的生活，也刷新了他对中国的认识。Peter 说，在罗马尼亚只能通过几个网站购买一些电子产品和食物，生活用品根本无法网购，且送货的速度非常慢；而中国的网购太方便了，下单之后最快一个小时就能拿到。在中国很多地方都可以用手机付款，只要扫描二维码就可以了。

“新四大发明”是中国经济快速发展的佐证，彰显了国家硬实力。

知识自测

一、名词解释题

狭义电子商务；广义电子商务；O2O；B2B；B2C；C2C

二、单项选择题

1．电子商务的核心是（　　）。

A．计算机网络技术　　B．数据库技术

C．网络　　D．商务

2．电子数据交换的简称是（　　）。

A．EB　　B．EDI　　C．NET　　D．EC

3．生产类企业网上采购是一种典型的（　　）电子商务活动。

A．B2C　　B．B2B　　C．C2C　　D．B2G

4．电子商务发展不会带来（　　）的影响。

A．消费者的消费习惯改变　　B．整个社会的消费能力明显降低

C．行业之间的边界模糊化　　D．购物越来越便捷

5．广义电子商务对应的标准英文是（　　）。

A．Electronic Business　　B．Electronic Commerce

C．E-mail　　D．E-Internet

6．阿里巴巴网站的类型是（　　）。

A．B2B　　B．C2C　　C．B2C　　D．B2G

7．最早的网上 B2C 公司是（　　）。

A．英国的网上服装店　　B．美国的网上商城亚马逊

C．英国的网上书店亚马逊　　D．美国的网上书店亚马逊

8．我国最早产生的电子商务模式是（　　）。

A．B2B　　B．C2C　　C．B2C　　D．B2G

9．国际现代商业的最新形式是（　　）。

A．EDI 商务　　B．移动电子商务

C．内联网商务　　D．网站电子商务

10．我国第一部关于电子商务的综合性法律是（　　）。

A．电子合同法　　B．《电子签名法》

C．域名保护法　　D．《电子商务法》

三、多项选择题

1．（　　）是电子商务概念的组成要素。

A．交易主体　　B．电子市场　　C．交易事务　　D．交易手段

2．按商业活动运作方式分类，电子商务可以分为（　　）。

A．直接电子商务　　B．B2B 电子商务　　C．B2C 电子商务

D．间接电子商务　　E．C2C 电子商务

3．电子商务中的任何一笔交易都包括（　　）等。

A．物流　　B．资金流　　C．信息流　　D．现金流

4．电子商务框架结构包括（　　），其中电子支付属于（　　）。

A．网络层　　B．技术支持层

C．电子商务服务层　　D．国家政策及法律规范

E．技术标准和网络协议　　F．电子商务应用层

5．1969—1995 年，电子商务的发展基本上可以分为（　　）等阶段。

A．基于电子数据处理系统的电子商务

B．基于 EDI 的电子商务

C．基于互联网的电子商务

6．1995 年以后，互联网产业化运营和商业化应用的大幕正式拉开，全球电子商务的发展通常被划分为（　　）。

A．快速发展期（1995—2000 年）　　B．放缓洗牌期（2003—2008 年）

C．稳步发展期（2003 年至今）　　D．爆炸性增长期（2003 年至今）

7．中国电子商务与全球电子商务基本上同步发展，从 1995 年开始，我国电子商务的发展经历了（　　）。

A．工具期（1995—2003 年）　　B．渠道期（2003—2008 年）

C．基础设施时期（2008—2013 年）　　D．经济体时期（2013 年至今）

8．电子商务发展过程中，《电子商务法》主要解决了以下（　　）问题。

A．商家销售的商品有问题，平台承担连带责任

B．明确商家承担运输责任和风险

C．评价应真实，“刷好评”、擅自“删差评”将被严惩

D．消费者付款成功后，商家不得随意毁约

四、判断题

1．电子商务就是商品的买卖活动。（　　）

2．在网上购买爱奇艺会员看付费视频属于完全电子商务。（　　）

3．电子商务能够改变企业商品研发、设计、制造和销售全流程。（　　）

4．电子商务不是简单的“电子+商务”，而是对原有商业模式的颠覆性改变。（　　）

5．狭义电子商务是指人们利用电子化手段进行以商品交换为中心的各种商务活动，也可称作电子交易。（　　）

6．电子商务的主要特征是利用互联网开展交易活动。（　　）

7．微商、代购不属于电子商务经营者，不需要办理市场主体登记。（　　）

8．通过电子商务渠道进行交易的各种方式都需要纳税，缴纳主体包括电子商务平台、平台内经营者。（　　）

五、简答题

1．为什么中国和美国的电子商务发展得如此迅速，而欧洲及世界其他地区的电子商务发展却相对缓慢？

2．电子商务对哪些传统行业造成了冲击？你认为电子商务在哪个行业中的应用前景较好？为什么？

3．天猫历年“双 11”销售额持续增长，你觉得电子商务增长速度如此快，跟哪些因素有关？

4．目前，电子商务涉及的法律问题主要有哪些？已经出台的电子商务法律有哪几部？

5．电子商务的基本组成要素中，每个要素的功能是什么？

拓展训练

分别进入淘宝网、京东商城、拼多多、阿里巴巴 1688，浏览各网站首页的主要内容和功能，就其交易模式、所经营的商品、下订单的方式、购物搜索、支付方式、物流配送等进行详细分析与比较，总结出这些网站的相同点和不同点，填入表 1-1。

表 1-1　电子商务网站对比

不同点	电子商务网站			
	淘宝网	京东商城	拼多多	阿里巴巴 1688
交易模式				
所经营的商品				
下订单的方式				
购物搜索				
支付方式				
物流配送				
相同点				

第二章

电子商务技术

学习目标

知识目标

1．了解 EDI 的通信流程；

2．了解互联网的基本知识；

3．了解移动互联网的基本知识；

4．了解物联网等新技术对电子商务的促进作用。

技能目标

1．能够描述出 EDI 的通信流程与其在相关领域的应用情况；

2．能够掌握互联网的一些应用，并试着应用在电子商务活动中。

素质目标

1．描述中国在移动互联网上的布局和从无到有直到赶超的整体历程，领会科技强国精神；

2．思考互联网及移动互联网对新兴经济体发展的促进作用。

知识导图

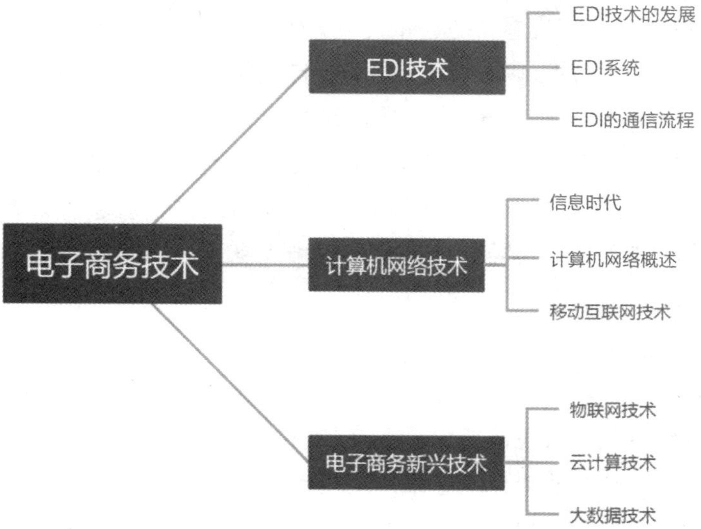

开篇案例

精彩、智慧、敏捷，5G 在冬奥会上绽放魅力光芒

从冬奥场馆建设到北京“鸟巢”开幕式，从高铁上的“5G 直播间”到“冰立方”的“子弹时间”，从“冰丝带”夺金瞬间到运动员的全方位保障……无处不在的 5G 网络让这届冬奥会增添了颇多科技味儿。

北京冬奥会既是来自世界各地的运动员竞技的舞台，又是科技创新成果造福人类的一次集中展示。5G 作为时代的“宠儿”，自然成为本届冬奥会引人注目的科技创新成果之一。

精彩瞬间靠的是 5G 的强大支撑能力

百年奥运史，让更多人看到奥运比赛、感受奥运精神是举办奥运会的重要意义。从 1956 年意大利北部城市科尔蒂纳丹佩佐举办的第七届冬奥会首次直播以来，人们对于“真实体验”的追求从未停止。

如今，在北京冬奥会赛区，“5G+8K”技术已应用到冬奥会各个比赛场馆中。得益于这项技术的应用，观赛人员只需下载相关 App，便可体验 180° 自由视角观赛，实时观看比赛的精彩瞬间，将冬奥健儿的一举一动尽收眼底。

但 8K 视频有着严格的带宽要求，需要 130Mbps 以上的传输带宽，4G 网络的传输速率峰值仅能达到 100Mbps，因此只有基于 5G 网络千兆级的体验速率才能保证视频回传质量。在本届冬奥会上，5G 信号覆盖了所有场馆和连接场馆的道路，甚至连京张高铁也被稳定、连续的 5G 信号覆盖。

这为超高清视频及各项智能服务等应用场景提供了必要的网络连接，进一步促成了云转播技术在本次冬奥会的大规模应用。5G 云转播的优势在于转播商不用把笨重昂贵的转播设备运到冬奥会现场，把导播、制作、剪辑、字幕等工作从传统的转播车上转移到云端上，在云端完成制播流程，真正实现奥运赛事高画质、低成本转播。

5G为观众带来精彩的观赛体验。依托5G网络，基于“云一馆一端”三层架构实现了毫秒级低时延多视角切换、4K画质的360°自由视角、“子弹时间”精彩回放、8K VR超高清直播等创新观赛应用，为观众带来了超高清的视觉盛宴。

5G让赛后采访变得更简单。在冬奥会的赛后采访环节中，中国联通无人混合采访技术精彩亮相，通过5G网络和远程遥控摄像系统，让分处不同区域的记者与运动员实现超低时延的跨空间“面对面”交流，在满足新冠肺炎疫情防控要求的同时，提供了高品质的音视频采访素材。

智慧应用 5G让办赛效率飞速提升

5G智能应用在冬奥场馆内外随处可见。智能送货机器人、智能配送柜、咖啡机器人……一些无人化的便利服务既减少了人员接触，大大降低了新冠肺炎疫情传播的风险，又减少了服务人员，让办赛变得更轻松、更便捷。

便捷的背后，是“5G+AI”运维远程协作平台和可视化综合指挥平台在发挥作用。据了解，这些应用使场馆运营保障人员数量减少了30%、场馆节能了20%、运维效率提升了40%。

5G冬奥列车也是一项智慧应用。在时速350千米的复兴号列车上，中央广播电视总台采用5G技术打造了全球首个超高清演播室，该演播室将高铁、5G、超高清视频直播技术合而为一，给观众带来极致的观赛体验。

5G背包让随时随地以4K超高清呈现每一个高光瞬间变成了现实。5G背包的重量与一本字典的重量相当，把转播台放进背包里，让记者说走就走，随走随拍毫不费力，灵活的5G背包改变了传统的转播方式，为观众提供了更加独特的观赛视角，同时也能让观众看到更多不同的奥运场景。

5G远程无人混合采访系统让运动员“闭环”也能接受媒体的采访，同时还能为屏幕前的我们展现实时面对面的“真实”场景。记者和运动员分处不同的楼层和区域，各自面对一块电视屏幕，利用5G网络，记者即可完成对运动员的采访，采访合成的高质量视频可直接用于电视节目制作。这样的远程采访让记者和运动员避免了近距离接触，对新冠肺炎疫情防控起到了极大作用。

敏捷保障 5G让一切清晰可见

首钢园区中国联通冬奥通信技术运行指挥中心是冬奥通信的智慧大脑，统筹着北京冬奥会两地三赛区全部奥运场馆及设施信息通信网络的调度和服务。

在北京冬奥会和冬残奥会期间，全部赛事的指挥运行网络、赛事媒体转播传送网络和赛会基础通信服务，都将通过奥运通信网络这列“高速列车”连接到场馆。而中国联通冬奥通信技术运行指挥中心正是这趟“高速列车”的“司机”，通过为媒体提供更大带宽的服务，将高清晰度的赛场画面传输到千家万户。

5G在提供医疗保障方面也大有作为。借助5G通信技术和实时图像采集技术，能够将受伤运动员的身体体征数据及现场情况实时回传，与后方医疗组通过视频实时交流，让医院后台的专家第一时间进行远程指导，并提前做好入院救治准备，及时完成对伤者的接力救治。

在出行方面，“5G+北斗”让出行更方便。基于5G网络打造的智能车联网系统，满足了冬奥会期间物资、设备、人员在复杂交通环境下的高效安全运输需求。此外，“5G+北斗”助力高精度定位、无人驾驶、车路协同、智慧边坡监测等功能的实现。

如今，国内自研芯片、终端、平台、应用等无人驾驶技术与车联网产业链关键要素已经形成闭环，在首钢园区的出租车、巴士、零售车、物流车四种车型上应用，实现了无人接驳摆渡、无人零售、无人配送等十大业务场景的示范运营，大大降低了疫情传播风险，为冬奥会提供了全方位保障。

案例思考：

如何理解下面这段话：“冬奥会的整个气质和夏奥会有很大的不同。夏奥会的时候，我们的心态是我们家里有非常多的好东西，几千年的沉淀，特别着急地想给世界各地的观众看一看”。14年过去了，“这届冬奥会无论是开幕式还是很多细节，都呈现了一种举重若轻的大国心态”。

案例启示：

2022年2月20日，为期16天的北京2022年冬奥会随着国家体育场“鸟巢”上空绚丽多彩的焰火正式落下帷幕。“北京冬奥会各项安排高效有序，让运动员舒适暖心，令各方印象深刻。”代表意大利政府赴华出席北京冬奥会闭幕式的意总理府体育事务国务秘书维扎利这样评价。“北京冬奥会全程展现出中国的高科技含量，从防疫、环保到循环经济，做到了最高标准的节能减碳，从中可见中国的繁荣昌盛及国富民强。”长期关注中国的泰国外商总会主席康树德表示。在新冠肺炎疫情形势下，中国成功举办冬奥会让全世界看到了不一样的未来。

冬奥会期间的闭环管理中，无人驾驶高铁、无人驾驶汽车、无人餐厅，这一切以领先世界的5G通信技术作为保障。这部分内容将在移动互联网技术一节进行详细介绍。

（案例来源：精彩、智慧、敏捷，5G在冬奥会上绽放魅力光芒. 人民邮电报，2022-02-21。）

第一节 EDI技术

一、EDI技术的发展

进入电气化时代，从摩尔斯发明电报机并于1844年5月24日拍发出世界上第一封电报开始，有线电报、无线电报、电话、传真、计算机、计算机网络、移动电话［无线，第一代（1G）使用模拟信号］、互联网、移动互联网［移动电话从第二代（2G）开始变成数字编码技术]，商务活动总是使用当时最先进的通信工具进行信息的交流、传递和管理。

据统计，在 20 世纪 60 年代，平均每做成一笔生意需要使用 30 份纸面单证，而全世界每年做成的生意有上亿笔，这样所有的贸易活动就会产生数十亿份的纸面文件。商务活动将贸易、运输、保险、银行和海关等环节从传统的纸质单据往来到“无纸交易”，是基于 EDI 技术实现的。EDI 是计算机网络在商业中的一种重要的应用形式。它以共同确认的格式在贸易伙伴的计算机之间传输数据，代替了传统的纸质单据，从而节省了大量人力和财力，提高了效率。EDI 使用国际公认的统一标准格式编制资料，通过通信网实现各单位计算机之间数据的自动交换和自动处理。

成熟于 20 世纪 80 年代中期的 EDI 电子商务一般被认为是电子商务发展的第一个阶段。EDI 起源于 20 世纪 60 年代的西欧和北美，是在计算机从用于科学计算到具备文件处理功能后，两个贸易伙伴之间就依靠计算机间的直接通信来传递具有特定内容的商务文件这样的形式展开的。20 世纪 60 年代末，美国的航运业首先使用 EDI 技术，这个时候的 EDI 是点对点、自发进行的一种商务活动。20 世纪 70 年代，随着数字通信网络的出现，基于网络应用的 EDI 技术和应用范围逐渐发展扩大，开始在某些行业内进行数据规范化工作，出现行业标准并建立行业 EDI。20 世纪 80 年代，由于 EDI 应用的快速发展，以美国国家标准学会（ANSI）为代表的机构开始建立国家层面的 EDI 标准，如 X.12 鉴定标准委员会的适用于各行各业的美国国家标准 ANSI X.12 标准。20 世纪 90 年代以来，电子数据交换在美国、英国、日本、新加坡等国的贸易活动中得到了快速发展，涉及化工、电子、汽车、零售和银行等行业。EDI 从专用网络扩大到互联网，演变为互联网 EDI，商务成本大大降低，满足了中小型企业的需求。表 2-1 是 EDI 标准的发展简史。

表 2-1　EDI 标准的发展简史

时　间	事　　件
1968 年	美国运输数据协调委员会（TDCC）首先在铁路系统使用 EDI，并提出用于运输业的报文和通信结构方面的标准
1970 年	英国贸易工业部（DTI）成立简化国际贸易程序组织（XITPRO），负责简化进/出口程序并着手起草文件
1978 年	美国会计研究基金会（ACRF）和 TDCC 联合成立了一个委员会负责开发事务处理和信息的数据互换
1980 年	美国国家标准化协会成立了 X.12 鉴定标准委员会（ASCX.12），下设 10 个分委员会，负责开发和制定美国 EDI 通用标准
1981 年	联合国欧洲经济委员会第四工作组推出了贸易数据元目录 TDED 和贸易数据交换指南 GT-DI
1985 年	ANSI 提出 X.12 系列标准，推广应用于北美地区
1986 年	ANSI 与欧洲标准协会、英国 EDI 标准组织等单位共同协调全球 EDI 标准
	WP4 正式提出《用于行政管理、商业和运输的电子数据互换》文件，即 EDIFACT 标准
	EXO/TCI54 分别通过 UN/TDED 及 UN/EDIFACT 为 7372-86《贸易数据元目录》
1987 年	ISO 正式通过《用于行政管理、商业和运输的 EDI 应用语法规则》，即 ISO9735-87

我国从 20 世纪 80 年代就开始关注 EDI 项目的布置，1991 年 9 月国务院电子信息系统推广应用办公室牵头成立“中国促进 EDI 应用协调小组”；1993 年开始实施的“三金工程”中的“金关工程”即对外贸易信息系统工程，就是 EDI 技术在外贸领域应用的试

点；1996 年 2 月，原中华人民共和国对外经济贸易部成立了国际贸易电子数据交换服务中心；1996 年 12 月，联合国贸易网络组织中国发展中心（CNTPDC）在北京成立；1996 年，北京海关与中国银行北京分行在中国首次开通电子数据交换通关电子划款业务。与此同时，各省、直辖市、自治区及中央部委也几乎都设立了专门的职能部门来负责协调 EDI 的应用推广工作。

二、EDI 系统

EDI 系统要具备以下三个基本特征：标准化、结构化的信息；使用计算机连接；完全自动化而非人工。数据标准化、EDI 软件和硬件及通信网络是构成 EDI 系统的三要素。

1. 数据标准化

EDI 标准是由各企业、各地区代表共同讨论、制定的，可以使各企业、各组织之间的不同格式的文件，通过共同的标准，实现交换的目的。

2. EDI 软件和硬件

实现 EDI 需要配备相应的 EDI 软件和硬件。EDI 软件能将用户数据库系统中的信息译成 EDI 的标准格式以供传输交换的需要。EDI 软件主要有转换软件、翻译软件、通信软件和 EDI 应用软件。所需的 EDI 硬件有计算机、外设及网络连接设备和线路。

3. 通信网络

通信网络是实现 EDI 的手段。EDI 的通信方式有多种，具体如下。

点对点（P2P）方式，企业按照 EDI 标准，进行信息的传递和终端处理，完成商务业务。这种方式只适合在贸易伙伴数量较少的情况下使用。随着贸易伙伴数量的增多，当多家企业直接利用电脑通信时，会由于计算机厂家不同、通信协议相异及工作时间不易配合等出现问题。

增值网（VAN）方式，增值数据业务公司利用已有的计算机和通信网络，在完成一般通信业务任务的同时，提供专门的 EDI 服务。

消息（信报）处理系统（MHS）方式，这是国际标准化组织（ISO）与国际电信联盟电信标准分局（ITU-T）联合提出的有关国际电子邮件服务系统的功能模型。

三、EDI 的通信流程

国外企业 A 如何向中国企业 B 下订单？

如果没有 EDI 系统，需要做如下准备：一名英语达到专业八级的人员+可无障碍使用英语与外国客户沟通+会使用邮件系统+了解国际贸易术语、看得懂英文单据+每天 15:00-24:00 守在电话/邮箱前等待订单通知+能顺利进入客户外文系统、录入订单确认与发货通知+录错发货数据后能够及时止损+能及时快速地将客户订单录入业务系统生成销售单以供生产排程。

那么，整个下单过程中企业 B 还是会面临如下问题：客户下了单，邮件没有收到；语言理解导致各种问题；无法及时确认发货导致交货延期；数据录入错误导致生产事故；长期加夜班，业务人员离职率高；时差问题导致客户结款缓慢……

有了 EDI 系统，那么企业 B：EDI 系统将单据转换为中文，轻易看懂数据；客户订单直接导入企业 ERP 系统，避免人工录入误差；及时安排生产与发货，避免生产事故与库存堆积；电子发票协助及时结款；即时生成发货贴纸（支持各种国际条码格式，如 GS1）；系统回执明确接收结果，避免纠纷……

20 世纪 60 年代，商务业务一般是由买家（发送方企业）发起的，经过前期沟通交流，买家把手写或打印的单证通过邮局或传真机发送给接收方企业，接收方企业把收到的单证进行手工或计算机的录入，完成这一次纸质单据的交流，以自己一方能够识别并处理的方式进行后续操作。纸质单据的邮政/传真传递示意图如图 2-1 所示。

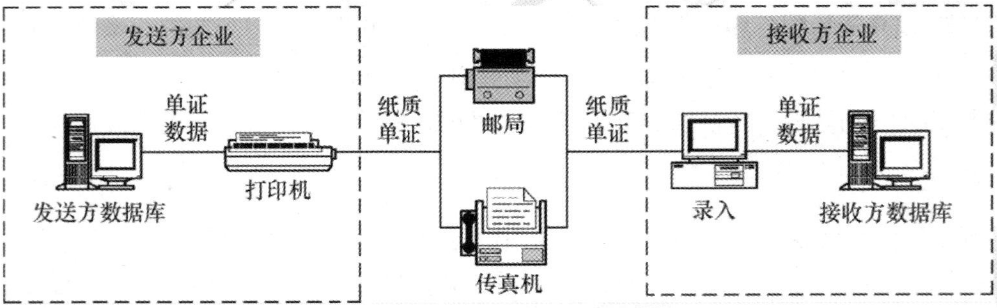

图 2-1　纸质单据的邮政/传真传递

20 世纪 80 年代的西方，企业中计算机的大规模应用已经展开，企业开始布置自己的管理信息系统（Management Information Systion，MIS）来完成某些环节的业务流程处理。EDI 业务一般仍是由买家发起的，通过 EDI 以数据形式生成并传输、处理参与贸易各方之间的商业文件。数据可以是针对这一次贸易实时编辑生成的，也可以是通过调用 MIS 里面的已有数据，提取的实时数据。以平面文件形式存在的数据要按照数据标准要求，进行结构化转换，“翻译”成符合 EDI 标准的文件才可以发送出去。接收方企业通过计算机网络接收后，经过逆过程，把接收到的数据以自己一方能够识别并处理的方式进行后续操作。EDI 标准数据文件传递流程如图 2-2 所示。

一般有四类功能的 EDI 系统：订货信息系统、电子金融汇兑系统、交互式应答系统、图形资料自动传输系统。

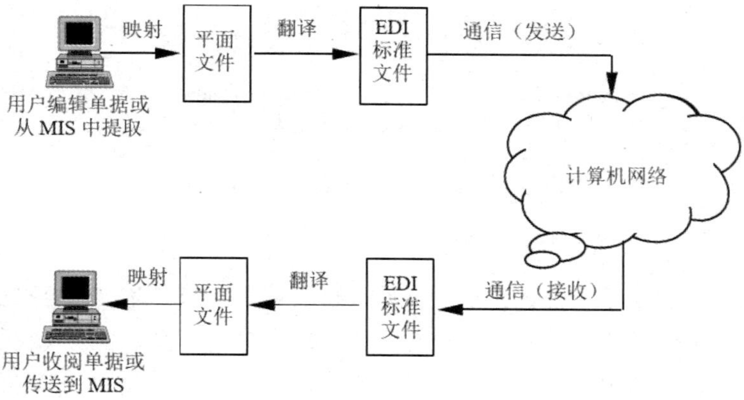

图 2-2　EDI 标准数据文件传递流程

第二节　计算机网络技术

一、信息时代

1946 年，世界上第一台数字电子计算机 ENIAC 投入使用，又经过大约 20 年的发展，数字电子计算机从完成数值计算这一初始任务，逐渐发展出信息处理这一功能并迅速进入国计民生的各个方面。晶体管和大规模集成电路，极大地降低了信息传播的费用，人类社会进入信息时代。

新科技革命以电子信息业的突破与迅猛发展为标志，主要包括信息技术、生物工程技术、新材料技术、海洋技术、空间技术五大技术。这些新技术正在从根本上改变我们的社会经济生活。

信息时代的一个伴生词是数字经济，关于这个内容，我们展开说一下。

随着计算机硬件和软件技术的发展，数据管理技术在 20 世纪经历了人工管理、文件系统、数据库系统三个阶段。

（1）人工管理阶段：20 世纪 50 年代以前，没有计算机，也就自然没有计算机的参与。

（2）文件系统阶段：20 世纪 50 年代后期到 60 年代中期，计算机从用于科学计算到参与数据管理。

（3）数据库系统阶段：20 世纪 60 年代后期开始，解决文件系统阶段数据管理各自为政、表述不一、互不统领的弊端，以一个统一的数据库完成对不同应用程序的调用，成为结构化处理数据的肇始并一直发展到现在。

数据描述是数据处理中的一个重要环节。从事物的特性到在计算机中的具体表示，实际上经历了三个领域、两级映射，即现实世界←→信息世界←→计算机世界（见图 2-3）。

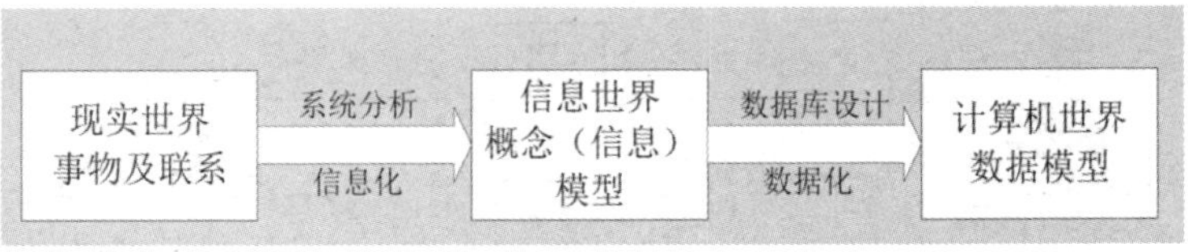

图 2-3　信息的三个世界的联系和转换

1. 现实世界←→信息世界的映射

唯物主义认为物质第一性，意识第二性，物质是世界的本原，先有物质，后有意识，物质决定意识，意识是物质的反映。现实世界存在的客观事物，经过人脑的认识和描述，转换为信息世界的概念性存在，信息世界的数据描述是人们将现实世界在人脑中的反映用文字和符号表示出来的。以哲学术语“实体”及其“属性”来描述这一转换，具体如下。

（1）实体（Entity）：客观存在并相互区别的事物。实体可以是具体对象，如一名教师、一所学校等；也可以是抽象的概念和联系，如学生的一次选课、一次借书等。

（2）实体集（Entity Set）：具有相同性质的同类实体的集合，如所有教师、所有选课等。

（3）属性（Attribute）：实体具有许多特性，每一个特性称为属性。每个属性有一个取值范围，即值域。例如，学生实体可以由学号、姓名、性别、年龄等属性组成，而每个属性都有一个取值范围，性别的取值范围只能是男或女，年龄的取值范围是大于 0 的一个整数。

普遍联系的观点是唯物辩证法的一个基本观点，在无限的宇宙中，联系不是个别事物之间暂时的、特殊的关系，而是一切事物、现象和过程所共有的客观的、普遍的本性；任何事物都不能孤立地存在，都同其他事物发生着联系。

在信息世界中，事物之间的联系可分为两类：一类是实体内部的联系，如组成实体的各属性之间的关系；另一类是实体之间的联系。这里我们主要考虑实体之间的联系。最常用的表示方法是用实体—联系方法（Entity-Relation Approach）来描述某一组织的信息模型。

2. 信息世界←→计算机世界的映射

信息在计算机世界中是以二进制数据集合形式存储的，也就是说，计算机能够处理、传输、存储的都是 0、1 组合的二进制代码，其数据描述需要用到以下术语。

（1）字段（Field）：标记实体属性的命名单位称为字段（或数据项）。它是可命名的最小信息单位，如职工号、姓名、职称等。

（2）记录（Record）：字段的有序集合称为记录。一般用一个记录描述一个实体。例如，一个职工记录由有序的字段集（职工号、姓名、职称等）组成。

（3）主键（Key）：能唯一标识文件中每个记录的字段或字段集，称为文件的主键。例如，职工号可以作为职工记录的主键。

（4）文件（File）：为了某一特定目的而形成的同一类记录的集合称为文件。文件是描述实体集的。例如，所有职工记录组成了一个工资单文件。

（5）数据库（Database）：按一定方式组织起来的逻辑相关的文件集合形成了数据库。

通过以上三个领域、两级映射，就建立起现实世界到计算机世界的双向联通，而信息技术的发展就是把越来越多已存在的和新生成的事物进行数字化。数字化带来的方便，如实时通信、随时随地购物、在线支付、第一时间掌握资讯等已不需要细说，更为重要的一点是数字化能够带来的新模式、新业态，或者说带来的巨大的社会进步，是任何人都无法准确描述但却都不会否认的。

近年来，互联网、大数据、云计算、人工智能、区块链等技术加速创新，日益融入经济社会发展各领域的全过程，各国竞相制定数字经济发展战略、出台鼓励政策，数字经济发展速度之快、辐射范围之广、影响程度之深前所未有，正在成为重组全球要素资源、重塑全球经济结构、改变全球竞争格局的关键力量。

综合判断，发展数字经济意义重大，是把握新一轮科技革命和产业变革新机遇的战略选择。一是数字经济健康发展，有利于推动构建新发展格局。构建新发展格局的重要任务是增强经济发展动能、畅通经济循环。数字技术、数字经济可以推动各类资源要素快捷流动、各类市场主体加速融合，帮助市场主体重构组织模式，实现跨界发展，打破时空限制，延伸产业链条，畅通国内外经济循环。二是数字经济健康发展，有利于推动建设现代化经济体系。数据作为新型生产要素，对传统生产方式变革具有重大影响。数字经济具有高创新性、强渗透性、广覆盖性，不仅是新的经济增长点，还是改造提升传统产业的支点，可以成为构建现代化经济体系的重要引擎。三是数字经济健康发展，有利于推动构筑国家竞争新优势。当今时代，数字技术、数字经济是世界科技革命和产业变革的先机，是新一轮国际竞争的重点领域，我们一定要抓住先机、抢占未来发展制高点。

二、计算机网络概述

计算机网络是计算机技术和通信技术相结合的产物。

（一）计算机网络的演进

计算机网络的发展，可以用《三国演义》开篇第一句话来描述：“话说天下大势，合久必分，分久必合”。计算机网络的演进一般分为以下三个发展阶段。

1. 具有远程通信功能的单机系统

早期的计算机体形硕大、价值不菲，只有政府部门、科研院所和大型机构才有财力购买、有地点安放、有专门人员操纵，昂贵的主机如果不是在时刻进行工作，就是对资源的极大浪费。在计算机内增加一个通信装置，使主机具备通信功能，将远程用户的输入、输出装置通过通信线路与计算机的通信装置相连。这样用户就可以在终端上键入自己的程序和数据，再由主机进行处理，处理结果通过主机的通信装置，经由通信线路返回给用户终端。

注意，这里只有主机设备才具有计算机的所有功能，而终端设备并不具备完整的计算机功能，是一个只具有输入、输出功能的终端。而所谓的“远程”范围也只限于机构内部，一般是在一个建筑物里，连接的线缆由机构自己铺设，无须借助公共线路。具有远程通信功能的单机系统如图 2-4 所示。

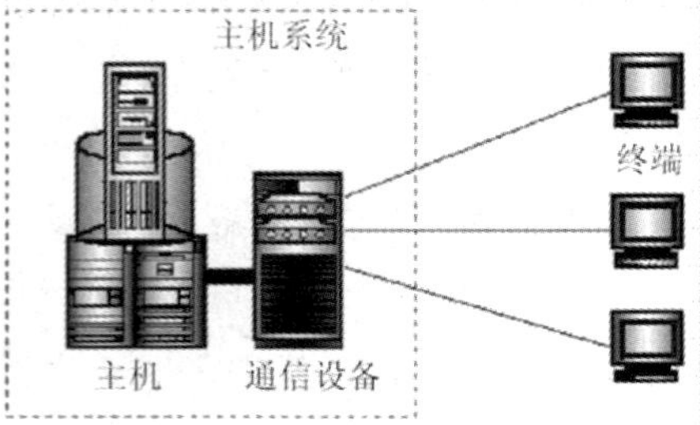

图 2-4　具有远程通信功能的单机系统

2. 具有远程通信功能的多机系统

简单的主机—终端方式，仍然不能最大效率地使用主机的算力，改进措施是在主机前设置一台通信处理机，专门负责与终端的通信工作，可以协助主机对信息进行预处理，让主机的时间全部花在数据处理上。这样就显著提高了主机数据处理的效率。在用户终端较集中的区域设置线路集中器。大量终端先通过低速线路连到集中器上，集中器按照某种策略分别响应各个终端，并把终端送来的信息按一定格式汇集起来，再通过高速传输线路一起送给前端处理机。具有远程通信功能的多机系统如图 2-5 所示。

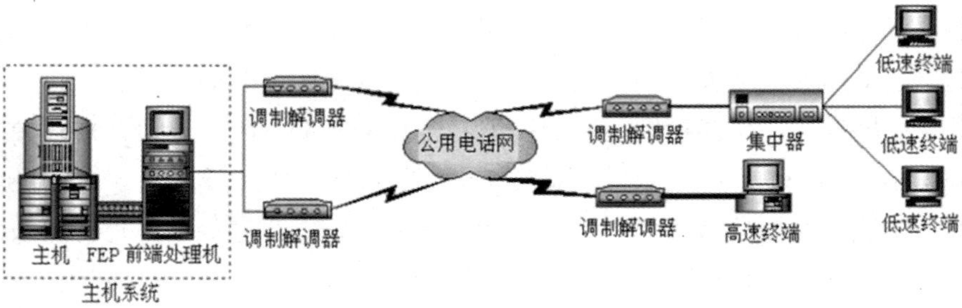

图 2-5　具有远程通信功能的多机系统

一切新兴事物都不是凭空出来的，都是在旧事物的基础上孕育发展而来的。所以，这一阶段虽然还不是真正意义上的计算机网络阶段，但已经为计算机网络的发展做了技术上和设备上的准备。

对于计算机网络来说，已经遍布全国甚至全球的公用电话线就是它所面对的旧事物，问题是普通电话线传送的是模拟信号，而计算机能够处理、传输、存储的都是 0、1 组合的数字信号。解决方案是使用一个叫作“调制解调器”的设备。调制解调器是调制器和解调器的缩写，它是一种计算机硬件。所谓调制，就是把数字信号转换成模拟信号；解调，即把模拟信号转换成数字信号。这样，它就能把计算机的数字信号翻译（调制）成可沿普通电话线传送的模拟信号，而这些模拟信号又可被线路另一端的另一个调制解调器接收，并重新翻译（解调）成计算机可懂的语言，这就完成了两台计算机设备间的通信。

3. 具有统一体系结构、国际化标准协议的计算机网络

使用已有的公用电话线这一通信子网，将分布在不同地理位置上的、具有独立功能的计算机及其外部设备，通过通信线路和通信设备连接起来，按照某种事先约定的规则

（通信协议）进行信息交换，以实现资源共享的系统称为计算机网络。具有统一体系结构、国际化标准协议的计算机网络如图 2-6 所示。

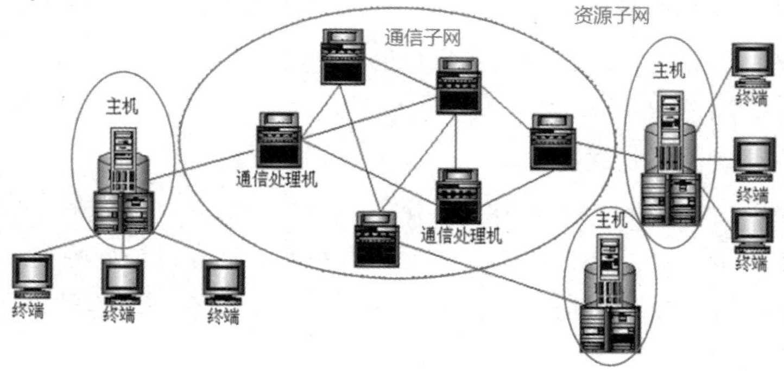

图 2-6　具有统一体系结构、国际化标准协议的计算机网络

遵循共同的规则——通信协议，使用有线或无线的通信介质，地理位置上分离的计算机就实现了互联互通。

以上脉络是从政府部门、科研院所和大型机构追溯的计算机网络发展历史。而从个人用户角度出发，计算机还有一条以苹果电脑、个人计算机、DOS/Windows 操作系统、X86 芯片体系为代表的计算机个人应用之路。在这一脉络里，一个追求计算机普及化、微型化的群体，孜孜不倦地进行着微型计算机应用的探索和实践，使“高高在上”的计算机终于“飞入寻常百姓家”。不算昂贵的苹果电脑或个人计算机这样的微型计算机，可以运行一些办公软件、商务软件或多媒体软件，用于日常办公和休闲。每一台微型计算机单独放置、单独运行，是一个“信息孤岛”，微型计算机间主要通过软盘进行数据交流。早期的苹果电脑和 IBM 电脑如图 2-7 和图 2-8 所示。

（a）需要外接电视的第一代苹果电脑（1976）　　（b）具有跨时代意义的第二代苹果电脑（1977）

图 2-7　苹果电脑

图 2-8　IBM 的追赶之作 IBM 电脑（1981）

后来把计算机全民普及的 20 世纪 80 年代称为个人计算机时代。这时，由于微型计算机的廉价和可用性，原来布置了大型机、中型机或小型机的机构因为设备的使用一般都有专门的目的，如科学运算、生产管理、票务管理等，它们也把视线转向微型计算机领域，购买和使用微型计算机作为其信息化的有效补充甚至是主力军，微型计算机的使用规模日益扩大。到了 20 世纪 90 年代，人们把这些微型计算机连接起来，构成局域网、城域网、广域网或者国际互联网。

（1）局域网（Local Area Network，LAN）是指由范围在几百米到十几千米内的办公楼群或校园内的计算机相互连接所构成的计算机网络。计算机局域网被广泛应用于连接校园、工厂及机关的个人计算机或工作站，以利于个人计算机或工作站之间共享资源（如打印机）和数据通信。

（2）城域网（Metropolitan Area Network，MAN）所采用的技术基本上与局域网相类似，只是规模要大一些。城域网既可以覆盖相距不远的几栋办公楼，又可以覆盖一个城市；既可以是私人网，又可以是公用网。城域网既可以支持数据和语音传输，也可以与有线电视相连。城域网一般只包含一到两根电缆，没有交换设备，因而其设计比较简单，是 20 世纪 80 年代末在局域网的发展基础上提出的，在技术上与局域网有许多相似之处，而与广域网区别较大，实际使用较少，一般只作为概念介绍。

（3）广域网（Wide Area Network，WAN）通常跨接很大的物理范围，如一个国家。广域网包含很多用来运行用户应用程序的机器集合，我们通常把这些机器叫作主机；把这些主机连接在一起的是通信子网。通信子网的任务是在主机之间传送报文。将计算机网络中的纯通信部分的子网与应用部分的主机分离开来，可以大大简化网络设计。

在实际应用中，局域网可与广域网互联，或者通过广域网与位于其他地点的广域网互联，这时局域网就成为广域网上的一个端系统。

（4）国际互联网是目前世界上最大的计算机互联网络，它是由那些使用公用语言互相通信的计算机连接而成的全球网络，一旦你连接到它的任何一个节点上，就意味着你的计算机已经连入互联网。互联网之所以获得如此迅猛的发展，主要归功于以下特点：它是一个全球计算机互联网络；它拥有大量的信息资料；最重要的是，互联网是一个大家庭，使人们能共享人类自己创造的财富（资源）。

（二）内联网和外联网

内联网（Intranet）又称企业内联网，是用互联网技术建立的可支持企事业内部业务处理和信息交流的综合网络信息系统，包括局域网和广域网。内联网主要运行在企业内部，可以连接到互联网；也可以局限于企业内部，独立运行。

与互联网相比，内联网具有如下优点：在网络安全方面具有更加有效的控制措施，克服了互联网安全保密方面的不足；内联网的信息传输速度一般比互联网快得多。

从企业或机构的角度来看，互联网是面向全球的，而内联网是面向企业或机构内部的。内联网可以说是互联网的企业版本，是一个企业内部的互联网。

外联网（Extranet）不仅是一种网络互联技术，也是一种管理思想。它不一定是构建在企业之间的实际网络，而是通过互联技术把内联网扩展到企业与企业之间，形成一个更大的虚拟企业网。企业可以在外联网上进行电子商务活动。外联网技术实际上是内联网的扩展。它采用互联网技术，通过专线或者互联网把企业与企业连接在一起，使企业与企业之间能够方便地获取内联网上共享的信息。外联网技术的提出和发展为跨企业供应链管理、ERP、虚拟企业等管理方式提供了技术上的保障。

（三）我国计算机网络的发展

1. 我国公用网的初步建立

（1）中国公用分组交换数据网（ChinaPAC）。

它于 1989 年 11 月通过试运行和验收，开始有三个分组节点（北京、上海、广州）和 8 个集中器。在北京、上海设有国际出入口。

（2）中国数字数据网（ChinaDDN）。

它是我国的高速信息国道。它是由光纤数字电路传输通道和数字交叉复用节点组成的数字数据传输网。目前，传输速率最高可达 150Mbps，用户速率可达 2Mbps。

2. 大型国有企业、机关专用计算机网络的建立

我国较早在铁道部（原）建立了自己的专用计算机网络，在 20 世纪 80 年代后期，还有一些国民经济的重要部门，如银行、民航、海关、证券、卫生等部门也建立了自己的计算机网络，如以北京的海关总署为中心连接全国 39 个海关的数据网、上海万国证券公司的全国资金清算网络系统、全国民航的订票系统、全国工商银行联网的 OA 系统等，它们采用了各种先进的网络技术和通信技术，为我国网络通信技术的发展创造了良好的条件。

3. 中小型企业、机关局域网的建立

除上述远程广域网外，20 世纪 80 年代，个人计算机的发展带动了局域网的大力发展。国内许多中小型企业、机关、大学、研究院都陆续安装了局域网。局域网的价格较低，所有权和使用权都属于本单位，便于开发、管理和维护，同时技术比较简单，便于人们理解和接受，所以发展很快。我国广大的公职人员、工程技术人员、产业工人等成为局域网的用户，局域网在我国得到了迅速普及和应用。

4. 我国“三金工程”的建成

国务院直接组织的“三金工程”于 1993 年下半年开始启动。“三金工程”指金桥工程、金卡工程和金关工程。金桥工程就是要建设我国社会经济信息平台。它是“三金工程”的基础。金卡工程是指电子货币工程，是银行信用卡支付系统工程。它是金融电子化和商业流通现代化的重要组成部分，与银行、内贸等部门紧密配合实施。金关工程是指国家对外经济贸易信息网工程，主要推广 EDI 技术，实现无纸贸易。

5. 我国互联网的建立

目前，我国可以与国际互联网连接的全国范围的主要互联网包括中国公用计算机互联网（ChinaNET）、中国教育和科研计算机网（CERNET）、中国科技网（CSTNET）、中国网通公用互联网（网通控股）（CNCNET）、中国联通互联网（UNINET）、中国国际经济贸易互联网（CIETNET）和中国移动互联网（CMNET）等。

三、移动互联网技术

移动互联网是移动终端和互联网发展的必然产物，是指移动终端与互联网相结合成为一体，使用户使用手机、平板电脑或其他移动终端设备，通过速率较高的移动网络，在移动状态下随时、随地访问互联网以获取信息，使用商务、娱乐等各种网络服务，是互联网的技术、平台、商业模式和应用与移动通信技术结合并实践的活动的总称。

（一）移动通信技术起步

大家公认通信手段无线化将大大提高效率，节省投入，并拓展应用空间。在电报行业，1844 年 5 月 24 日有线电报投入实用后，马可尼于 1895 年发明无线电报，公众认可马可尼无线电报实用化成功的那次试验距离为 3320 千米。

在电话行业，1891 年研发出可以发出直流拨号脉冲，控制自动交换机动作，选择被叫用户，自动完成交换功能的旋转拨号盘式自动电话机，可以作为固定电话全面使用的开始。

20 世纪 40 年代中期至 60 年代初期，美国、德国、法国、英国相继研制了公用移动电话系统，这个发展阶段恰好和电子技术从电子管向晶体管进而向集成电路、大规模集成电路的发展史“神”同步，而实验室研发和工业化量产是存在着时间差的，这就导致了移动电话系统无法在第一时间实现小型化，所以移动电话的第一个应用场景是把稍显粗笨的移动终端安装在汽车上，即汽车电话系统。

接下来，先是贝尔试验室在 20 世纪 70 年代提出了蜂窝通信网的概念。蜂窝通信网，即所谓小区制，由于实现了频率再用，大大提高了系统容量，可以说，蜂窝概念真正解决了公用移动通信系统要求容量大与频率资源有限的矛盾。随着大规模集成电路的发展，电子元器件的微型化成为可能。

手持式移动电话终于在 1983 年由摩托罗拉的工程师马丁 • 库帕团队率先研究出来：世界上第一部手持式移动电话——摩托罗拉 DynaTAC 8000X。一时间，这款移动电话成了富商、体育明星、娱乐明星彰显身份和时尚品位的利器。

第一部手持式移动电话为代表的第一代移动通信系统移动电话从无到有，实现了零的突破，是人类通信史上的里程碑。这是一款具有跨时代意义，但又注定是过渡性的产品。跨时代意义是说，它是一款深深影响人类历史进程的产品，通过它，人们可以随时随地进行信息的互联互通；所谓的过渡性是因为第一代移动电话只是实现了固定电话的可移动性，虽然这种可移动性已经是对固定电话的大大超越和提高，但其功能依然只是打电话，其通信机理也依然是固定电话的模拟信号方式，采用模拟技术和频分多址技术。

（二）数字蜂窝移动通信系统

1. 2.5G 无线技术：手机上网

第一代蜂窝移动通信网是模拟系统。模拟蜂窝网虽然取得了很大成功，但也暴露了一些问题。例如，频谱利用率低、移动设备复杂、费用较高、业务种类受限制及通话易被窃听等，最主要的问题是其容量已不能满足日益增长的移动用户需求。解决这些问题的方法是开发新一代数字蜂窝移动通信系统，数字无线传输的频谱利用率高，可大大提高系统容量。同时，数字网能提供语音、数据等多种业务服务，并与综合业务数字网（Integrated Services Digital Network，ISDN）等兼容。

20 世纪 80 年代中期，欧洲首先推出了泛欧数字移动通信网（GSM）体系。随后，美国和日本也推出了各自的数字移动通信体系。GSM 于 1991 年 7 月开始投入商用，之后成为全球应用最为广泛的一种 2G 移动通信标准技术。2G 虽然以数字语音传输技术为核心，但用户体验速率只有 10kbps，峰值速率为 100kbps，无法直接传送电子邮件、软件等信息，只具有通话和一些时间日期等信息传送的功能，所以 2G 的布置在当时只是解决了有没有的问题。真正进行数字通信的是 GSM 移动电话用户使用的通用无线分组业务（General Packet Radio Service，GPRS），它是一种介于 2G 和 3G 之间的无线技术，一般被称为 2.5G，GPRS 的传输速率可提升至 56kbps 甚至 114kbps。不要小看这个传输速率，在 20 世纪 90 年代，一般家庭使用调制解调器拨号上网，速率也只有 56kbps，企业使用 ISDN 方式，一般也只有“2B+D”，即“两路数字信道+一路模拟信道”，“128k+16k”的带宽而已。

1999 年，中国移动开始跟进 GPRS 技术。2001 年 7 月，中国移动在 15 省开始 GPRS 业务的小规模试用，2002 年 2 月，GPRS 在全国范围内扩大试用规模。2002 年 5 月，中国移动召开大型新闻发布会，宣布 GPRS 网络于“5 • 17 电信日”在全国 200 多个大中型城市正式投入商用，1.2 亿名中国移动的手机用户驶上无线互联的“高速公路”。稍早一些，中国联通已于同年 1 月推出 CDMA 网络并于 4 月初正式投入商用。

CDMA 最早用于军事领域，后来由于它的保密性好，随即美国用于民用通信，美国的高通公司占有 CDMA 专利技术的 90%以上。如果说 1G 技术是西方国家的独角戏，那么到了 2G 时代，中国通信业以中国移动和中国联通为代表的电信运营商在国家的支持下，以市场换技术，采用同时引进的策略，开始参与到移动通信核心技术领域。

2. 3G 时代：随时随地无线上网

2009 年 1 月 7 日，中华人民共和国工业和信息化部为中国移动（采用 TD-SCDMA 标准）、中国电信（采用 CDMA2000 标准）和中国联通（采用 WCDMA 标准）发放了 3 张第三代移动通信（3G）牌照，此举标志着中国正式进入 3G 时代。

其中，CDMA2000 标准是以美国高通北美公司为主导的，摩托罗拉、朗讯科技公司和后来加入的韩国三星都有参与的一种 3G 通信标准；而 WCDMA 标准，源于欧洲和日本几种技术的融合。

TD-SCDMA 标准是中国制定的 3G 通信标准，相对于另外两个 3G 标准 CDMA2000 和 WCDMA 来说，它的起步较晚。原标准研究方为西门子，为了独立出 WCDMA，西门子将其核心专利卖给了大唐电信，之后在加入 3G 标准时，原信息产业部（现工业和信息化部）官员以爱立信、诺基亚等电信设备制造厂商在中国的市场为条件，要求他们给予支持。1998 年 6 月 29 日，原中国邮电部电信科学技术研究院（现大唐电信科技产业集团）向国际电信联盟 ITU 提出了该标准。该标准将智能天线、同步 CDMA 和软件无线电（SDR）等技术融于其中。另外，由于中国庞大的通信市场，该标准受到各大主要电信设备制造厂商的重视，全球一半以上的电信设备制造厂商都宣布可以生产支持 TD-SCDMA 标准的电信设备。

也就是说在 2G 投入商用之前的 20 世纪 90 年代，中国政府就在进行着下一代移动通信技术的国际标准化布局，并在 3G 阶段完成了从观众到伴舞再到领舞者的角色转换。

应该承认，在三位领舞者中，TD-SCDMA 标准由于熟练度问题，技术水准相对来说还略显粗糙。虽有主场优势，中国移动的规模又远远超过中国电信和中国联通，但在 2011 年 10 月的一份评测中，TD-SCDMA 标准的表现仍然差强人意。当然，无论哪一项 3G 技术，比起 2G 网络提供的 10kpbs 速率和 2.5G 的 56kpbs 速率，都是巨大的进步。

3. 4G 时代：比拨号上网快近 2000 倍

如果把争夺移动通信产业发展制高点的过程比作一场长跑比赛，那么 2012 年 1 月 18 日，中国创造的 TD-LTE-Advanced 被国际电信联盟确定成为第四代移动通信（4G）国际标准，使我国首次在 4G 移动通信标准这一前沿实现了从追赶到引领的重大跨越。回顾通信产业近年来的发展，我国拥有了一支庞大的从事通信技术研发的人员队伍，华为公司数万名员工中有一半的人员从事研发工作；通信标准方面有了明显改善，在移动通信领域取得了以 TD-SCDMA、TD-LTE（TD 长期演进技术）为代表的突破；逐步扭转了过去通信设备以进口为主的局面，目前国内通信网络所用设备一半以上是国产的，对于某些类型的设备，国产的比例甚至更高。

2013 年 12 月 4 日，工业和信息化部正式向中国移动、中国电信和中国联通三大运营商发放了 TD-LTE 4G 牌照，中国 4G 网络正式大规模铺开。

4G 通信技术并没有脱离以前的通信技术，而是以传统通信技术为基础，利用了一些新的通信技术来不断提高无线通信的网络效率和功能，是集 3G 与 WLAN 于一体的一种超高速无线网络，一种不需要电缆的信息超级高速公路，使电话用户以无线及三维空间虚拟实境连线，从而实现快速传输数据，以及高质量音频、视频和图像的传输等。4G 最大的数据传输速率超过 100Mbps，这个速率是 2G 数据传输速率的 10 000 倍，是 20 世纪末家庭固话拨号上网数据传输速率的近 2000 倍，也是 3G 移动电话速率的 50 倍。4G 时代，中国成了双人舞舞者中的一个。

4. 5G 时代：万物互联

2018 年，华为更改了公司愿景，其致力于把每个人、每个家庭、每个组织带入数字世界，构建万物互联的智能世界：让无处不在的联接，成为人人平等的权利；让无所不及的智能，驱动新商业文明；所有的行业和组织，因强大的数字平台，而变得敏捷、高效、生机勃勃……

华为的愿景意义深远，华为本身致力于通信和信息通道持续不断的高效数字化进程，如今要联接每个人、每个家庭、每个组织。5G 的性能目标是提高数据速率、减少延迟、节省能源、降低成本、提高系统容量和实现大规模设备连接。全球 5G 生态下，将产生无数商业机会，涉及生活、技术、产业等方方面面。

2019 年 6 月 6 日，工业和信息化部正式向中国电信、中国移动、中国联通、中国广电发放了 5G 商用牌照，中国正式进入 5G 商用元年。

5G 网络的主要优点在于，数据传输速率远远高于以前，峰值理论传输速度可达 20Gbps，目前已达 10Gbps，比当前的有线互联网要快，是 4G 网络传输速率的 100 倍。另外，网络延迟较低（更快的响应时间），低于 1 毫秒，而 4G 为 30～70 毫秒。由于数据传输更快，5G 网络不仅将为手机提供服务，还将成为一般性的家庭和办公网络提供商，与有线网络提供商竞争。

更快的速率、更低的延迟，使 5G 作为一种新型移动通信网络，将不仅只是解决人与人通信的问题，为用户提供了增强现实（AR）、虚拟现实（VR）、超高清（3D）视频等更加身临其境的极致业务体验，还具备解决人与物、物与物通信问题的能力，满足移动医疗（利用 AR 技术进行远程手术）、车联网（自动驾驶）、智能家居、工业控制、环境监测等物联网实时应用需求。最终，5G 将渗透到经济社会的各行业、各领域，成为支撑经济社会数字化、网络化、智能化转型的关键新型基础设施。随着 5G 的发展，新服务、新业务将不断涌现，真正成为信息化时代的助推剂。

2021 年 11 月 16 日，在工业和信息化部召开的“十四五”信息通信业发展规划新闻发布会上，信息通信发展司司长谢存表示，目前，我国已建成 5G 基站超过 115 万个。

第三节　电子商务新兴技术

一、物联网技术

物联网（Internet of Things，IoT）是新一代信息技术的重要组成部分。顾名思义，物联网就是物物相连的互联网。这有两层含义：第一，物联网的核心和基础仍然是互联网，是在互联网的基础上延伸和扩展的网络；第二，其应用场景延伸和扩展到了物体与物体之间的联通。

（一）物联网的概念与基本特征

根据国际电信联盟的描述，物联网是指通过为各种日常用品嵌入一种短距离的移动收发器，使人类在信息与通信世界里获得一个新的沟通维度，从任何时间、任何地点的人与人之间的沟通连接扩展到人与物和物与物之间的沟通连接。

物联网的基本特征如下。

（1）全面感知，利用射频识别技术（Radio Frequency Identificetion，RFID）、传感器、定位器和二维码等手段随时随地对物体进行信息采集和获取。

（2）可靠传输，通过各种电信网络和互联网融合，对接收到的感知信息进行实时远程传送，实现信息的交互和共享，并进行各种有效的处理。

（3）智能处理，利用云计算、模糊识别等各种智能处理技术，对随时接收到的跨地域、跨行业、跨部门的海量数据和信息进行分析处理，提升对物理世界、经济社会各种活动和变化的洞察力，实现智能化的决策和控制。

（二）物联网的体系结构

物联网应用广泛，它将是继计算机、互联网与移动通信网之后世界信息产业的第三次浪潮。物联网的体系结构大致有感知层、网络层和应用层三个层次，如图 2-9 所示。

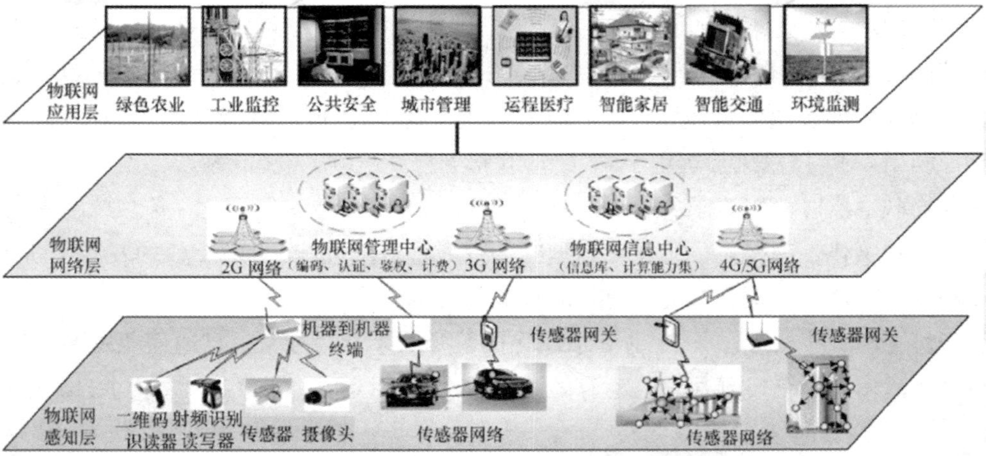

图 2-9 物联网的体系结构

（三）物联网的关键技术

1. 射频识别技术

射频识别技术是物联网中非常重要的技术。它是一种非接触式的自动识别技术，通过射频信号自动识别目标对象并获取相关数据，无须人工干预，可工作于各种恶劣环境中。射频识别技术可识别高速运动的物体并可同时识别多个标签，操作快捷方便。

射频识别技术标签布置成本、设备成本至今不能有效降低，是影响物联网大规模发展的一个根本原因。

2. 传感器技术

这也是计算机应用中的关键技术。绝大部分计算机处理的都是数字信号。自从有计算机以来就需要传感器把模拟信号转换成数字信号，只有这样计算机才能处理。

3. 网络通信技术

传感器依托网络通信技术实现了感知信息的传递。传感器的网络通信技术分为两类：近距离通信技术和广域网络通信技术。在广域网络通信技术方面，互联网、3G、4G、5G、卫星通信技术等实现了信息的远程传输，特别是以 IPv6 为核心的新一代互联网的发展，将使为每个传感器分配 IP 地址成为可能，也为物联网的发展创造了良好的网络基础条件。

4. 智能技术

智能技术是指在物体中植入智能系统，可以使物体具备一定的智能性，能够主动或被动地实现与用户的沟通，它也是物联网的关键技术之一。

（四）物联网技术在中国的发展

物联网在中国迅速崛起得益于我国在物联网方面的几大优势。

第一，我国早在 1999 年就启动了物联网核心传感网技术研究，研发水平处于世界前列。

第二，在世界传感网领域，我国是标准主导国之一，专利拥有量多。

第三，我国是能够实现物联网完整产业链的国家之一。

第四，我国无线通信网络和宽带覆盖率高，为物联网的发展提供了坚实的基础设施支持。

第五，我国已经成为世界第二大经济体，有较为雄厚的经济实力支持物联网发展。

二、云计算技术

（一）云计算的前世今生

从并行计算到串行计算，从分布式计算到集中式计算，还有 21 世纪初成为热点问题的网格计算，如何协调多个设备对一个综合问题进行求解，计算机科学领域一直孜孜不倦地进行着不懈的探索与研究。所以，云计算与其称为技术，不如说是计算机科学发展到一定阶段，应运而生的一种商务模式。2019 年 1 月 11 日，阿里巴巴在杭州召开 ONE 商业大会，阿里云智能首席技术官张建峰就做了这样的表述，“云不是技术问题，而是商业问题”。

并行计算是相对于串行计算来说的，是指同时使用多种计算资源解决计算问题的过程，是提高计算机系统计算速度和处理能力的一种有效手段。它的基本思想是用多个处理器来协同求解同一问题，即将被求解的问题分解成若干个部分，各部分均由一个独立的处理器来进行计算。并行计算系统既可以是专门设计的、含有多个处理器的超级计算机，又可以是以某种方式互连的若干台独立计算机构成的集群。并行计算完成数据的处理后，再将处理结果返回给用户。

并行计算因为面对的是单个的超级计算机或布置在一处的若干台独立计算机，不同单元之间的通信延迟和成本很低，主要探索解决多处理器同时工作的协同问题。

分布式计算是一种计算方法，和集中式计算是相对的。随着计算技术的发展，有些问题需要非常巨大的计算能力才能完成，如果采用集中式计算，需要耗费相当长的时间。分布式计算将该问题分解成许多小的部分，分配给多台计算机进行处理。这样可以节约整体计算时间，大大提高计算效率。不同于并行计算，由于客观上计算机分布的异地性特征，一般认为分布式计算中通信的延迟成本很高。

中国科学院对分布式计算的定义如下：在两个或多个软件中共享信息，这些软件既可以在同一台计算机上运行，又可以在通过网络连接起来的多台计算机上运行。分布式计算比起其他算法具有以下几个优点。

（1）稀有资源可以共享。

（2）通过分布式计算可以在多台计算机上平衡计算负载。

（3）可以把程序放在最适合运行它的计算机上。

其中，共享稀有资源和平衡负载是计算机分布式计算的核心思想之一。

网格计算是分布式计算的一种。如果某项工作是分布式的，那么参与这项工作的一定不只是一台计算机，而是一个计算机网络，这种“蚂蚁搬山”的方式具有很强的数据处理能力。网格计算的实质就是组合与共享资源并确保系统安全。

不探究技术细节，分布式计算中的处理子任务的各个计算节点只是在无偿地贡献自己的算力，无法使用其他计算节点的算力；而网格计算的各个计算节点可以在贡献自己算力的同时，通过平台来调用其他计算节点的算力，并且其他计算节点也根本不知道它在被调用。

（二）云计算

云计算是通过网络提供可伸缩的、廉价的分布式计算能力的一种技术。用户只需要在具备网络接入条件的地方，就可以随时随地获得所需的虚拟化资源，如网络、服务器、存储、应用软件、服务等。

云实质上就是一个网络，从狭义上讲，云计算就是一种提供资源的网络，使用者可以随时获取云上的资源，按需求量使用，并且可以看成是无限扩展的，只要按使用量付费就可以。云就像自来水厂一样，我们可以随时接水，并且不限量，只需按照自己家的用水量，付费给自来水厂。

从广义上说，云计算是与信息技术、软件、互联网相关的一种服务，这种计算资源共享池叫作云。云把许多计算资源集合起来，通过软件实现自动化管理，只需要很少的人参与，就能快速提供资源。也就是说，计算能力作为一种商品，可以在互联网上流通，就像水、电、煤气一样，可以方便地取用，且价格较为低廉。

总之，云计算不是一种全新的网络技术，而是一种全新的网络应用概念，云计算的核心概念就是以互联网为中心，在网站上提供快速且安全的云计算服务与数据存储服务，让每一个使用互联网的人都可以使用网络上的庞大计算资源与数据中心。网格计算与云计算的比较如表 2-2 所示。

表 2-2　网格计算与云计算的比较

	网格计算	云计算
目标	共享高性能计算能力和数据资源，实现资源共享和协同工作	提供通用的计算平台和存储空间，提供各种软件服务
资源来源	不同机构	同一机构
资源类型	异构资源	同构资源
资源节点	高性能计算机	服务器/个人计算机
虚拟化视图	虚拟组织	虚拟机
计算类型	紧耦合问题为主	松耦合问题
应用类型	科学计算为主，计算密集	数据处理为主，数据密集
用户类型	科学界	商业社会
付费方式	免费（政府出资）	按量计费
标准化	有统一的国际标准 OGSA/WSRF	尚无标准，但已经有了开放云计算联盟

（资料来源：引自 CSDN 博主「zhangxueyi」的原创文章，云计算与网格计算的区别，遵循 CC 4.0 BY-SA 版权协议。）

（三）云计算的三种模式

（1）公有云。公有云通常是指第三方提供商为用户提供的能够使用的云，公有云一般可通过互联网使用，可能是免费的或成本低廉，公有云的核心属性是共享资源服务。这种云有许多实例，可在当今整个开放的公有网络中提供服务。

（2）私有云。私有云是为一名用户单独使用而构建的，因而在数据安全性及服务质量上，用户自己可以有效地管控。构建私有云的基础是你要拥有基础设施并可以控制在此设施上部署应用程序的方式。私有云可以部署在企业数据中心的防火墙内，核心属性是专有资源。

私有云可以搭建在企业的局域网上，与企业内部的监控系统、资产管理系统等相关系统打通，从而更有利于企业内部系统的集成管理。

（3）混合云。混合云是公有云和私有云两种模式的结合。由于安全和控制等原因，并非所有的企业信息都能放置在公有云上，这样大部分已经应用云计算的企业将会使用混合云模式，选择同时使用公有云和私有云。

（四）国内市场主要云平台

国内市场主要有阿里云、华为云、腾讯云、百度智能云四家平台。

市场研究机构 Canalys 发布的报告数据显示，中国的云基础设施服务市场在 2020 年第一季度同比猛增 67.0%，支出达到 39 亿美元。阿里云、华为云、腾讯云、百度智能云四大云服务提供商共占 2020 年第一季度支出总额的 81.0%。阿里云以 44.5%的份额排名第一；华为云以 14.1%的份额排名第二；腾讯云以 13.9%的份额排名第三；百度智能云以 8.6%的份额排名第四。

2021 年第三季度，中国大陆的云计算基础设施服务支出同比增长 43%，达到 72 亿美元。四大本地云服务供应商仍旧主导着国内市场，占总支出的 80%。阿里云以 38.3%的份额引领着市场。互联网、金融服务和零售业推动了该企业 33.3%的年收入增长。华为云是第二大供应商，占市场份额的 17.0%。同比增长 49.1%，专注于新产品和解决方案的推出，包括与华为移动服务进一步的互通性。腾讯云位列第三，占市场份额的 16.6%，同比增长 49.5%。通过赢得与大型电子商务和金融客户的合作，腾讯云将持续加速发展。由于互联网、媒体、金融服务、能源、制造和公共部门的客户群不断扩大，百度智能云以 8%的份额位列第四，同比增长 64.7%。统计如表 2-3 所示。

表 2-3　国内著名云平台所占市场份额变化

	2020 年第一季度占支出总额的 81.0%	2021 年第三季度占总支出的 80%
阿里云	44.5%	38.3%
华为云	14.1%	17.0%
腾讯云	13.9%	16.6%
百度智能云	8.6%	8%

三、大数据技术

（一）大数据的前世今生

对大数据的认识同样类似于上面对云计算的描述，“大数据不是技术问题，而是商业问题”。大数据技术的演进过程可以简单叙述如下：20 世纪 50 年代人工智能；20 世纪 70 年代的决策支持系统和数据库领域从 OLTP（On-Line Transaction Processing，联机事务处理）到 OLAP（On-Line Analytical Processing，联机分析处理）的转化；20 世纪 90 年代的数据仓库和数据挖掘；如今智能分析系统及大数据分析。所以，大数据与其称为技术，不如说是计算机科学在数据分析领域发展到一定阶段，应运而生的一种商务模式。

1. OLTP 与 OLAP

数据库用于日常数据管理，主要完成实时的事务处理，通过对数据库数据的增、删、改基本操作，保持数据库的实时有效运行，以提供基本的查询功能。业务类系统主要供基层人员使用，进行一线业务操作，通常被称为 OLTP。数据分析的目标则是探索并挖掘数据价值，作为企业高层进行决策的参考，通常被称为 OLAP。

从功能角度来看，OLTP 负责基本业务的正常运转；而业务数据积累时所产生的价值信息则被 OLAP 不断呈现，企业高层通过参考这些信息不断调整经营方针，促进基础业务的不断优化。

2. 数据仓库和数据挖掘

数据仓库存放的是当前数据，强调的是实时有效性，当教务系统数据库里面的学生毕业了，超市的销售数据库完成了日结、月结，这样的历史数据已经不再参与实时工作，那么这些历史数据是不是已经不需要了，要及时清理掉，以免占用计算机存储空间，造成浪费呢？

数据仓库技术解决了这个问题，数据仓库的概念由比尔·恩门（Bill Inmon）于 1990 年提出，是决策支持系统和 OLAP 系统应用数据源的结构化数据环境。数据仓库研究和解决的是从数据库中获取信息的问题。数据仓库的特征是面向主题、集成性、稳定性和时变性，主要功能仍是将组织透过信息系统的 OLTP 经年累月所累积的大量资料，通过数据仓库理论所特有的资料储存架构，做系统的分析整理，以利于各种分析方法，如联机分析处理、数据挖掘的进行，进而支持，如决策支持系统、主管资讯系统的创建，帮助决策者能快速有效地自大量资料中，分析出有价值的资讯，以利于决策拟定及快速回应外在环境变动，帮助建构商业智能。

数据挖掘又称数据库中的知识发现（Knowledge Discover in Database，KDD），是人工智能和数据库领域研究的热点问题。数据挖掘是指从数据库的大量数据中揭示出隐含的、先前未知的并有潜在价值的信息的过程。数据挖掘是一种决策支持过程，它主要基于人工智能、机器学习、模式识别、统计学、数据库、可视化技术等，高度自动化地分析企业的数据，做出归纳性的推理，从中挖掘出潜在的有用的信息，帮助决策者调整市场策略，减少风险，做出正确的决策。

数据挖掘技术角度的定义：数据挖掘就是从大量的、不完全的、有噪声的、模糊的、随机的实际应用数据中，提取隐含在其中的、人们事先不知道的、但又是潜在有用的信息和知识的过程。

数据挖掘商业角度的定义：数据挖掘是一种新的商业信息处理技术，其主要特点是对商业数据库中的大量业务数据进行抽取、转换、分析和其他模型化处理，从中提取辅助商业决策的关键性数据。

（二）大数据

1. 什么是大数据

无法在一定时间内用常规软件工具对其内容进行抓取、管理和处理的大量而复杂的数据集合；数量大、获取速度快或形态多样的数据，难以用传统关系型数据分析方法进行有效分析，或者需要大规模的水平扩展才能高效处理；体量大、快速和多样化的信息资产，需用高效率和创新型的信息技术加以处理，以提高发现问题、做出决策和优化流程的能力。

综上，大数据，或称巨量资料，是指所涉及的资料量规模巨大到无法通过主流软件工具，在合理时间内达到撷取、管理、处理、整理成为帮助企业进行经营决策的数据。

大数据具有数据规模大、数据种类多、数据要求处理速度快和数据价值密度低的特点。

2. 大数据的“大”

史上的大数据问题由政府最先遇到，在中国，公元 2 年，《汉书 • 地理志》记全国 103 个郡国，人口 59 594 978 人。英国，1085 年威廉一世于圣诞节下令在英格兰进行一次土地调查。《末日审判书》是英国历史上留存下来的最早的公共档案记录，它记载了谁拥有土地或者居住在这块土地上、他们有什么牲畜、土地的价值是多少，以及应该交给君王多少税等。美国，《美国宪法》规定每 10 年进行一次人口普查，1880 年统计用了 8 年，预计 1890 年要 13 年，穿孔卡片制表机发明后，只需要 1 年。

数据量的增速情况是，自 1980 年以来，每 40 个月翻一番，数据量增速是 GDP 增速的 4 倍，数据处理能力的增速是 GDP 增速的 9 倍，2000 年人类 75%的信息是模拟数据，2007 年则降到 6%，现在不到 1%。

人类在 2010 年进入“ZB”时代，达到了 1.2ZB。在 CES 2020 英特尔新闻发布会上，英特尔公司首席执行官司睿博进行了开场演讲，解读了全球数据量的惊人增长。2015 年以来，全球数据量每年增长 25%，50%的数据来源于边缘端，全球约 560 亿台设备，相当于每个人有 7 台。到 2025 年，全球数据量估计达到 175ZB，相当于 65 亿年时长的高清视频内容。全球数据圈的总量及预测如图 2-10 所示。

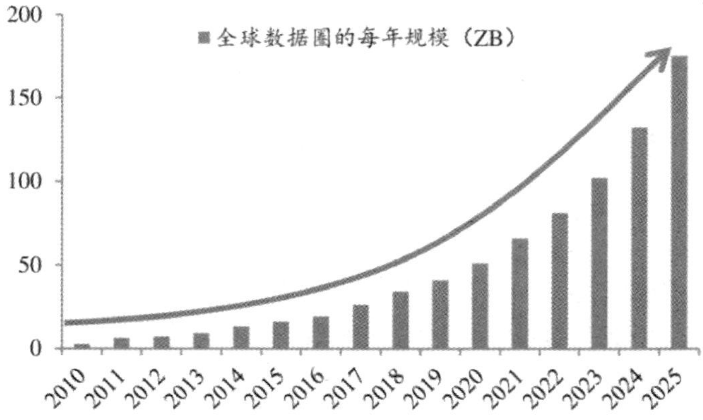

图 2-10　全球数据圈的总量及预测

这里，1024 KB =1 MB，1024 MB =1 GB，1024 GB =1 TB，1024 TB =1 PB，1024 PB =1 EB，1024 EB =1 ZB，1024 ZB =1 YB。

引爆这一轮大数据的原因是从流程电子化到数据资产化。

（1）数据更加丰富，更有分析价值。

（2）分析工具更加强大、成本更低。

（3）互联网商业上的成功。

数字数据的发展和演变如图 2-11 所示。

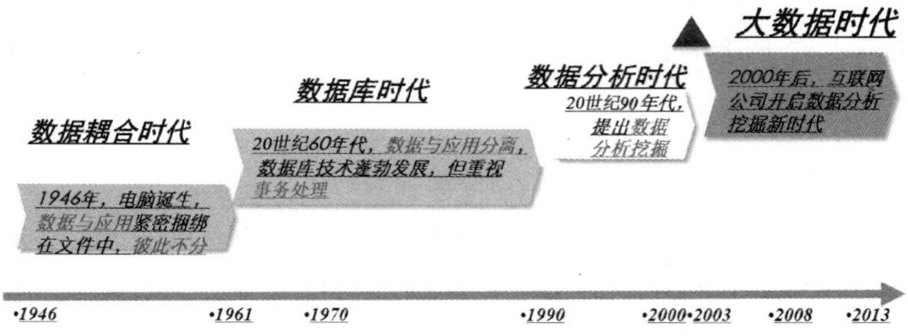

图 2-11　数字数据的发展和演变

据 IDC 白皮书预测，2018 年至 2025 年中国的数据圈将以 30%的年平均增长速度领先全球，比全球平均增长速度高 3%。预计在 2025 年中国数据圈将增至 48.6ZB，占全球数据量的 27.8%，成为最大数据圈。

3. 大数据的“数”

在数据、信息、知识构成的金字塔中，大数据技术的战略意义不在于掌握庞大的数据信息，而在于对这些含有意义的数据进行专业化处理。换而言之，如果把大数据比作一种产业，那么这种产业实现盈利的关键在于提高对数据的“加工能力”，通过“加工”实现数据的“增值”。这一点是史上数据理论的重大突破。

人类最早通过观察法认识世界，并在此基础上，对观察结果进行归纳和演绎；伽利略通过实验科学进行数据的比对生成；牛顿在前人的基础上，以运动学三大定律为代表，把物理世界数学化；图灵机和冯·诺依曼让通用自动计算成为可能，世界上的一切皆可量化。

统计学理论总是要用尽可能少的数据，证实尽可能大的事实，这制造出“张三和姚明平均身高后还是两个大个”“在和某亿万富翁平均收入后，还是两个亿万富翁”这样的段子。大数据分析强调的是对全部数据的，不设置前提条件的无指向分析。

通过对“数”的探究可以发现，一些基于经验和日常认知的观点和想法，被证明不见得是站得住脚的。例如，认为人类需要的是随机的智慧，行为是随机的、不可预测的、小概率事件，其实自然界和人类世界符合幂律分布，93%的人类行为是可预测的。又如，人类工作、娱乐等活动具有间歇性，总是在长时间休息后突然爆发，然后沉寂。再如，一个人出生的年、月、日、时 4 个时间用干支纪年法表示后，在中国古代称为“八字”。有观点认为，这个独一无二的时刻几乎决定了你一生的命运。但我们只要稍稍发散一下我们的思维，截至 2022 年，全球 230 个国家人口总数为 7 596 934 179 人，我们列出如下公式：7 596 934 179÷100 年÷365 天÷24 小时÷60 分，最终结果是 145，也就是说，大致推算世界上同年同月同日同时同分出生的人，差不多有 145 个。

4. 大数据的“据”

大数据的英文是 BigData，也就是说，数据这个词是不能拆分开的，我们在这里使用了一个文字游戏，在上文中，用“数”代表了“data”这个概念。下面主要讨论大数据可以做什么。

在农业社会，土地是最重要的资源。在工业时代，资本之所以能够不断发展壮大，前期依靠煤炭，后期依靠石油，能源在工业时代占据着举足轻重的地位。大数据是一种新资源。在信息时代，用户、数据的重要性怎么强调都不过分，可以说大数据等同于战略资源。

过去说“腹有诗书气自华”“看过什么，领会了什么”，你的内在只能从你的言行举止表现出来。现在，当你使用计算机或手机用浏览器或 App 进行各种工作、学习、生产、生活活动时，它也在记录着你的活动。每到年终，各个 App 的年度报告就会出炉，抖音年度报告如图 2-12 所示。

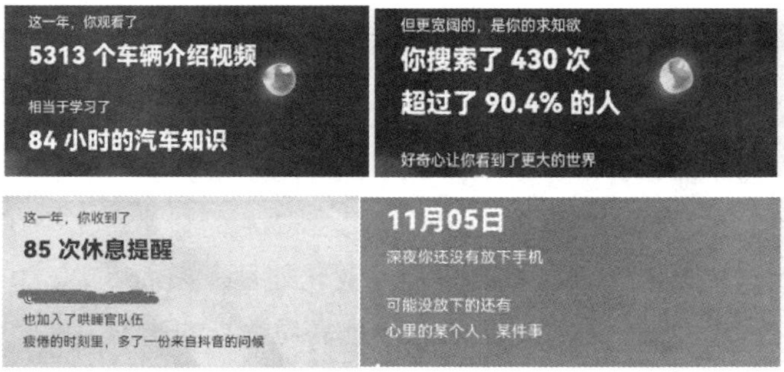

图 2-12　抖音年度报告

大数据的应用包括以下几个方面。

（1）美国 DNAnexus 为医疗机构和用户提供了基因数据的管理、分析和可视化能力。

（2）能源机构 Vestas 综合考虑温度、降水、风速、湿度、气压等因素，确定锋利涡轮机的最佳安置地。

（3）沃尔玛零售数据商业智能分析系统可以了解全球 4000 多家门店每天的销售情况，并辅助制定销售策略。

（4）日本小松公司对挖掘机的工作情况进行大数据分析，判断下一年度的市场需求。

（5）西班牙电信“智慧足迹”产品可提供基于位置的大数据分析。

（6）美国征信所 Equifax 对海量信息进行交叉分析，推出 70 余项新服务。

（7）阿里小贷基于对用户交易行为的大数据分析，为阿里面向中小型企业实施信用贷款提供支撑。

（8）德国电信利用大数据技术实施德国政府的无拥塞交通研究项目。

5. 我国的大数据政策

2012 年，美国、英国、日本等政府积极开放数据，并资助大数据研发。在中国，党中央、国务院高度重视大数据在推进经济社会发展中的地位和作用。2014 年，大数据首次被写入政府工作报告，大数据逐渐成为各级政府关注的热点，政府数据开放共享、数据流通与交易、利用大数据保障和改善民生等概念深入人心。此后国家相关部门出台了一系列政策，鼓励大数据产业发展。

素质园地

需求的拉动、技术的推动是电子商务发展的内外动力，而商务活动总是使用着当时最先进的包括通信、数据管理和信息集成等在内的各种新技术、新应用。

在移动通信从 1G 到 5G 的发展过程中，中国通过不懈奋斗，终于使“中国标准”成了移动通信技术“这条街最靓的仔”。

通信行业不同代际周期的更迭中，中国逐渐迎来从 1G 落后、2G 跟随、3G 突破、4G 并跑，到 5G 领先可期的通信领域全产业链发展机遇。

与此形成鲜明对比的是，正当全球多个国家已竞相展开 5G 网络技术开发，中国和欧盟投入了大量资金用于5G网络技术研发的时刻，信息技术的发源地美国却传来了不和谐的声音以致引起内部科技公司的抱怨和不满：2022年1月2日，美国电话电报公司（AT&T）和威瑞森通信公司（Verizon）联合致函美国交通部和联邦航空管理局，称将拒绝其提出的延迟推出新5G无线服务的请求。

知识自测

一、名词解释题

EDI；计算机网络；移动互联网；物联网；云计算；大数据

二、单项选择题

1．世界上第一个计算机网络是（　　）。

A．ARPANET　　B．ChinaNet　　C．Internet　　D．CERNET

2．IPv4 地址中，IP 地址分为四段，每一段使用十进制描述时其范围是（　　）。

A．0～128　　B．0～255　　C．-127～127　　D．1～256

3．物联网的核心和基础是（　　）。

A．无线通信网　　B．互联网　　C．有线通信网　　D．传感器网络

4．下列行为中，不属于移动应用的是（　　）。

A．使用微信聊天　　B．用台式计算机在家上网下载程序

C．用平板电脑在火车上看电子小说　　D．用手机在室外上网收发邮件

三、多项选择题

1．大数据的特点包括（　　）。

A．数据规模大　　B．数据种类多

C．数据要求处理速度快　　D．数据价值密度低

2．大数据在电子商务中的应用包括（　　）。

A．在物流模式方面　　B．在精准营销方面

C．在个性化推荐方面　　D．在规模化定制方面

3．物联网在电子商务中的应用包括（　　）。

A．在客户与市场分析方面　　B．在个性化推荐方面

C．在库存跟踪和管理方面　　D．在监控环境条件和设备维护方面

4．物联网电子商务体系具有（　　）等优势。

A．大大提高运行效率　　B．降低运营成本

C．提升客户体验　　D．提高运营成本

四、判断题

1．大数据的本质可以从信息的角度去理解。 （ ）

2．第四次信息革命是电子计算机与互联网的创造，是一次空前的伟大综合，其特点是所有信息全部归结为数据，表达形式为数字形式，只要有了 0 和 1 加上逻辑关系就可以构成全部世界。 （ ）

3．IoT 是物联网的简称。 （ ）

4．物联网能实现人和物之间的连接，但不能实现物与物的连接。 （ ）

5．物联网设备能够收集人们习惯和生活方式的数据，让电子商务企业能够精准分析用户。 （ ）

6．物联网能够为每位客户或一组客户提供个性化的方案。 （ ）

五、简答题

1．请举例说明你在生活中遇到的物联网或人工智能的案例。

2．互联网提供的服务主要有哪些？移动互联网技术有哪些？

3．查看 3 台不同计算机的 IP 地址，并分别指出各部分所代表的内容。

拓展训练

1．移动互联网技术使用体验。

设置如下场景：2022 年 2 月张同学开学返校，受新冠肺炎疫情的影响，张同学除提前在手机上的 12306 铁路订票 App 中预订回学校的火车票外，还要保证自己不是来自中高风险地区，要确保健康码绿色和行程卡无星号，可能还要进行核酸检测，以便在进校门时提供 48 小时核酸检测阴性证明。为了减少接触，张同学从火车站到学校的行程没有选择公共交通工具，而是在火车上使用某一出行 App 预约了网约车，一出火车站就有网约车等候并将其送抵学校。经过各种例行查验，终于进了校门。安顿好后，因为已经过了食堂开饭时间，张同学又用美团 App 叫了外卖。隔了一个假期，同学们又团聚在了校园，不禁想起过去通过网络预订景点或博物馆门票，到了地方，扫二维码查看或倾听相关介绍。出去聚餐时，利用手机点餐小程序点餐并付款的场景。

愿新冠肺炎疫情早日过去，同时环顾全球，也不禁对疫情大环境下，风景这边独好的祖国感到自豪和骄傲。

移动互联网的出现让人们体验到了一种全新的生活方式，移动互联网已经融入了人们的日常生活。

仿照上面场景，分别设计一个具体的购物场景和一个日常综合生活场景，阐述涉及的电子商务模式和对应的技术。

2. 生活中无处不在的各种电子商务模式给予了我们极大的便利，当我们习以为常时，首先，跳出来，想一下这种自然而然的方式是怎么产生又是怎么发展的。其次，思考一下，这种极大的便利里面，还有哪些不便利的地方等着我们去探索、去改进。以小组为单位，每个人轮流发表意见。组长综合大家的意见，形成一份讨论报告。

第三章

电子商务模式

学习目标

知识目标

1．熟悉商业模式的概念；

2．掌握商业模式的设计方法，了解商业模式创新的方法；

3．了解基本电子商务模式的特点、优势、分类、开设条件，熟悉相关电子商务平台；

4．了解新兴电子商务模式的特点、优势、分类、开设条件，熟悉相关电子商务平台；

5．掌握网上开店的流程；

6．掌握威客的运作原理。

技能目标

1．能够绘制精益画布并掌握九大模块的内容及其逻辑关系，并能够运用画布的知识分析企业的商业模式案例；

2．能够运用商业模式创新的维度、特点和方法，针对企业的实际情况提出企业商业模式的创新方向和方案；

3．能够开设 B2B、B2C、C2C 网店；

4．能够在常见的威客平台上注册成为威客，并完成一定的任务；

5．通够运用新兴电子商务模式开展电子商务业务。

素质目标

1．培养学生树立创新驱动发展的理念，培养创新精神；

2．注重学思结合、知行统一，在实践中“敢闯会创”。

知识导图

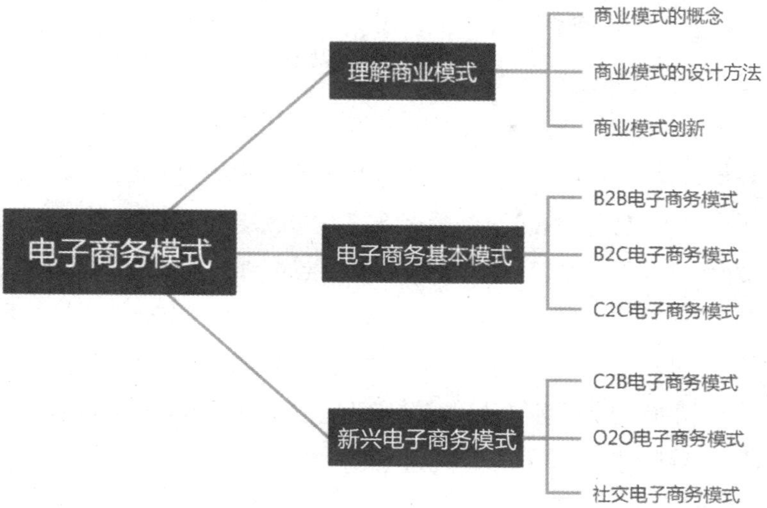

开篇案例

五大经典电子商务模式

从电子商务的发展趋势来看，我们可以把它分为传统电子商务模式、社交电子商务模式、跨境电子商务模式、内容电子商务模式和兴趣电子商务模式。接下来我们一起了解一下这几种电子商务模式。

一、传统电子商务模式

传统电子商务模式是指商家将商品通过平台展示给消费者，消费者通过平台下单购买的模式，如淘宝网、京东、唯品会、拼多多等平台使用的电子商务模式。传统电子商务模式是最常见的电子商务模式，也是最常规的电子商务途径，具有规则完善、竞争机制合理、运营风险低等优势。

二、社交电子商务模式

社交电子商务是社会化的电子商务，社交电子商务模式是以客户的社交关系来链接的销售模式，是指通过社交网络平台或电子商务平台的社交功能，将关注、分享、讨论、沟通互动等社交化元素应用到电子商务的购买服务中，以更好地完成交易。以拼多多为例，其将微信超 9 亿的流量转化为平台 3 亿多的流量。它最大的特点就是通过拼团、砍价、众筹等创新玩法，进行裂变传播，快速引入大批的流量然后进行转化，实现产品交易。在社交电子商务中，客户成了商家的导购，具有客户黏性高、营销成本低、需求把控精准的优势。

三、跨境电子商务模式

跨境电子商务是通过电子商务平台进行交易、通过跨境电子商务物流及异地仓储送达商品，从而完成交易的一种国际商业活动。跨境电子商务通过建立全球供应链体系，提供高效的物流服务；通过提供优质商品，满足消费者的消费需求。目前，大家最熟悉的跨境电子商务平台就是亚马逊。跨境电子商务具有拓宽企业进入国际市场的路径、促进多边资源优化配置、促进贸易全球化的优势。

四、内容电子商务模式

内容电子商务是指在互联网信息碎片时代，用内容重新定义广告，用内容沉淀消费行为，用内容塑造电子商务的新生态。内容电子商务更像是传统广告的升级，对商家自身的品牌进行内容沉淀，吸引忠实消费者。常用方法与社交电子商务的方法类似，不同的是，社交电子商务是客户对客户的分享，内容电子商务更像是商家对客户的概念输出。以小红书为例，小红书成立于 2013 年，但仅用 4 年时间就成长为了全球第一的内容社区类电子商务平台，用户数已超 1 亿名，每天的内容曝光量超 10 亿次。还有直播电子商务，自 2019 年以来，直播电子商务一直是消费者口中热议的话题。内容电子商务具有客户转化率相对较高、口碑效应好、客户人群精准的优势。

五、兴趣电子商务

兴趣电子商务是抖音电子商务总裁康泽宇在抖音电子商务首届生态大会上提出的概念，即一种基于人们对美好生活的向往，满足消费者潜在购物兴趣，提升消费者生活品质的电子商务。兴趣电子商务的核心是主动帮助消费者发现自己的潜在需求，是通过无目的、无意识的碎片信息处理，传播优质的内容，而引发兴趣购买的过程。内容本来就隐含了消费者对某一类商品的需求，而消费者的需求天然就存在，所以当平台顺势推出商品售卖服务时，消费者的接受度会比较高。

综上所述，无论是哪种电子商务模式，商家都逃不出引流之战、转化之战、复购之战。引流之战就是让更多的人来，转化之战是让来的人都买，复购之战是让买了的人再来买。对于电子商务行业来说，引流是第一战，没有流量，商家就无法生存。而没有转化的流量比没有流量更可怕，没有二次购买的流量，成交将不会持续。因此，转化和复购是流量的基础。在没有转化和复购的情况下，流量越多，它消失得也越快。引流是转化和复购的先驱，三者缺一不可。

案例思考：

1. 以上电子商务模式有什么联系?有什么区别?
2. 你认为什么是好的商业模式?

案例启示：

成功的商业模式非常一样，而又非常不一样。非常一样的是创新性地将内部资源、外部环境、盈利模式与经营机制等有机结合，不断提高企业自身的营利性、协调性，不断提高企业的风险控制能力、持续发展能力与行业地位；非常不一样的是在一定条件和环境下的成功，更多地体现了个性，不能简单地复制，而且必须通过不断修正才能保证企业持久的生命力。

第一节 理解商业模式

一、商业模式的概念

商业模式是伴随着企业的诞生而诞生的，无论是市值千亿美元的苹果、亚马逊，还是街边的奶茶店，它们都有着各自的商业模式。商业模式虽然不是新概念，但其为人们所重视还是在21世纪因为互联网革命和电子商务的迅猛发展。尽管商业模式并不仅限于电子商务领域，但今天商业模式的研究主要集中在电子商务领域。

微案例

知名企业的商业模式变革

商业模式对企业的价值和重要性不言而喻。我们可以回想一下iPod的诞生，这种产品和商业模式结合的创新给整个音乐产业带来了一场颠覆性的革命；Uber引领的共享经济商业模式，同样给全球的出行市场带来了一场革命。我们再看看国内的互联网巨头腾讯，腾讯在2014年主动调整商业模式，也就是马化腾所说的从“一条命”转变为“半条命”的开放生态的策略。过去，腾讯的生态是封闭的，所有业务都在体系内，而且在多个领域遍地开花，电商也做（拍拍），搜索也做（搜搜），这样的模式迫使腾讯在多个战场与竞争对手展开厮杀。转变为开放生态的模式后，腾讯以用户资源为核心，与外部合作开展多种业务，画出了一个个漂亮的同心圆，使腾讯进入了一个更广阔的赛道。

（一）不同视角的商业模式概念

商业模式目前还没有一个统一的概念，不同的机构、学者、企业家都从各自的角度给出了不同的定义和解释。

百度百科中商业模式的定义：企业与企业之间、企业的部门之间，乃至与顾客之间、与渠道之间都存在着各种各样的交易关系和联结方式，我们称之为商业模式。

维基百科中商业模式的定义：商业模式是工商业创造收入和利润的计划。它是对公司客户服务计划的总结，包括策略和实施。

国内学者龚丽敏认为，商业模式是企业基于资源和能力投入，通过构建价值链和外部网络来实现价值创造和价值获取的方式。

还有其他一些关于商业模式的定义，如商业模式是指一个完整的产品、服务和信息流体系。

这些定义都是高度抽象和精炼的，对商业模式的内涵不甚明了。本章拟从价值的视角来定义商业模式。

（二）价值视角的商业模式概念

从价值视角出发，商业模式是指为实现客户价值最大化，把能使企业运行的内外各要素整合起来，形成一个完整的、高效率的、具有独特核心竞争力的运行系统，并通过最优实现形式满足客户需求、实现客户价值，同时使系统达到持续盈利目标的整体解决方案。显然商业模式是企业创造价值的核心逻辑，价值的内涵不仅是创造价值，还包括为客户、员工、合作伙伴、股东等提供价值，以及在此机制上形成企业竞争力与持续发展力。

（三）价值视角的商业模式内涵

通俗地讲，商业模式就是企业创造价值、传递价值和获取价值的过程，具体如下。

第一，创造价值。商业存在的基础是企业通过生产产品或提供服务，为用户提供某种价值，或者说企业要满足人们的某种需求，如提供便利、降低成本等。

第二，把创造出来的价值传递给用户，也就是产品或服务通过何种定位、何种渠道到达用户手中，让用户知晓、感受、使用的过程。

第三，在创造和传递价值的过程中获取属于自己的价值。作为一个商业组织，企业必须考虑如何优化成本结构、如何定价、如何获取利润等问题，即为自己获取价值。

微案例

身边企业的商业模式调研

对身边的企业展开观察或调查，收集企业主（管理人员）对他们所在企业的商业模式的描述，并记录下来，然后用自己的语言描述该企业是如何创造价值、传递价值和获取价值的，填写在表 3-1 中。

表 3-1　商业模式调研表

代表企业	企业商业模式自述	商业模式分析		
		如何创造价值	如何传递价值	如何获取价值

二、商业模式的设计方法

商业模式不是一成不变的，企业会因为发展的需要主动或被动地更新和调整自己的商业模式。商业模式的变化给企业带来的变化是巨大的，这些变化有时候不是孤立发生的，而是由其他因素带来的，如技术的创新、用户需求的变化、外部竞争的变化、企业的资源和行业地位发生变化等。在分析和设计商业模式时，目前普遍采用的方法是精益画布。

微知识

精益画布

精益画布的发明者叫阿什·莫瑞亚（Ash Maurya），他是美国的一位连续创业者，也是“精益创业”运动的旗手。他在自己的第一本书《精益创业实战》中详细介绍了这个工具。精益画布只有一页纸，但非常实用。对创业公司来说，它既是对商业模式的描绘和提炼，又是一个非常简洁的商业计划书，还可以是指引公司发展方向和路径的战略规划。

（一）精益画布的模块构成

精益画布又称商业模式画布，是一张能将企业的商业模式展示出来的画布。它是一种用于梳理商业模式的思维方式和工具，可以帮助我们描述商业模式、评估商业模式和改变商业模式，并以一种极其简练的、可视化的方式将商业模式表现出来。

如图 3-1 所示，精益画布包含九大模块：客户细分、价值主张、渠道通路、客户关系、收入来源、核心资源、关键业务活动、重要合作伙伴和成本结构。这九大模块覆盖了商业的四个视角：客户、产品或服务、基础设施及财务能力。对整个精益画布来讲，以价值主张模块为分隔线，其左侧的四个模块更重视效率，其右侧的四个模块更重视价值。

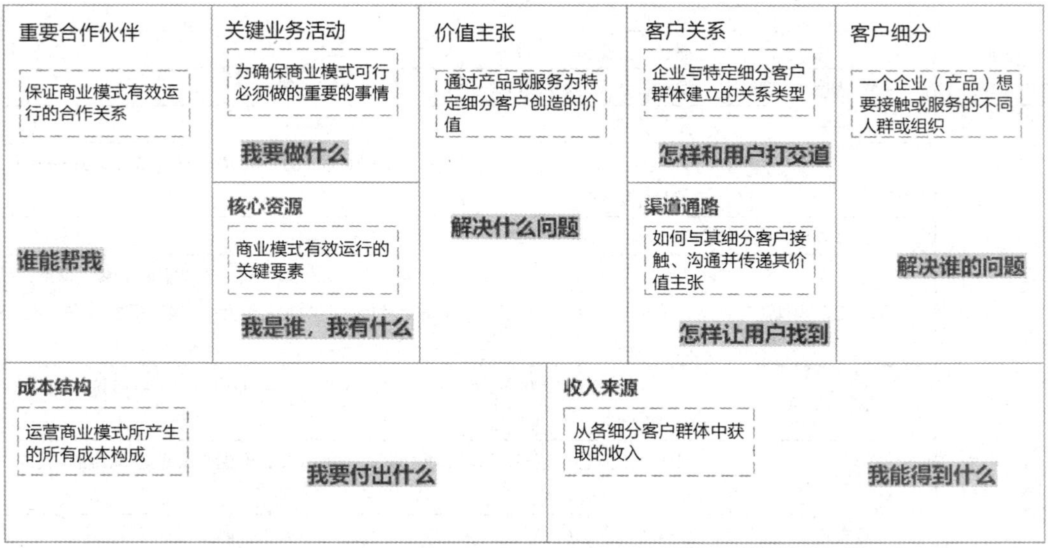

图 3-1　精益画布的模块构成

（二）精益画布的模块含义

对精益画布九大模块的梳理，可以帮助管理者更好地描述企业创造价值、传递价值和获取价值的基本原理，展示企业创造价值的逻辑，帮助管理者更加清晰地建立与商业模式有关的各种逻辑关系，催生创意，降低风险，精准定位目标客户，合理解决问题，正确审视现有业务和发现新业务机会等。

1. 客户细分

企业间商业模式的差别先表现在客户细分上，它体现了企业对市场和客户需求的深刻洞察。客户细分需要回答“我在为谁创造价值？”“谁是我们最重要的客户群体？”这两个最基本的问题，设计商业模式的首要任务就是选择和定义客户。

（1）选择和定义客户必须做到精准。

精准是指必须能清晰描述客户是一群什么样的人或组织，杜绝产品或服务“老少皆宜”“天下通吃”。客户越精准，价值主张就越明确，商业模式其他环节的策划与设计就越容易。

（2）细分客户时要注意细分变量的选择与组合。

一般来说，细分变量主要包括地理变量、人口变量、心理变量和行为变量，如表 3-2 所示。

表 3-2 细分变量

变量		典型分类
地理变量	地区	亚洲东北部、东南部等
	城市规模	2 万人以下、2 万（含）～5 万人、5 万（含）～10 万人、10 万（含）～25 万人、25 万（含）～50 万人、50 万（含）～100 万人、100 万（含）～400 万人、400 万人及以上
	气候	热带、亚热带、温带等
	密度	城市、郊区、农村等
人口变量	性别	男、女
	年龄	6 岁以下、6～11 岁、12～20 岁、21～30 岁、31～40 岁、41～50 岁、51～60 岁、60 岁以上
	家庭规模	1～2 人、3～4 人、5～7 人、8 人及更多
	家庭生命周期	青年、单身；青年、已婚、无子女；青年、已婚、有 6 岁以下的子女；青年、已婚、子女在 6 岁以上；老年、单身；老年、已婚、无子女；老年、已婚、子女在 18 岁以上
	家庭月收入	1000 元及以下、1000～2499 元、2500～3999 元、4000～5499 元、5500～6999 元、7000～9999 元、10 000 元及以上
	职业	职业技术人员、经理、官员、售货员、农业人员、学生、家庭主妇、服务人员、退休者、失业者等
	教育水平	小学及以下、初中、高中、专科、大学本科、硕士、博士
	民族	汉、回、蒙等
	宗教	佛教、天主教、印度教、伊斯兰教、基督教、道教、其他、不信教等
	国籍	中国、印度、日本、新加坡、美国等
心理变量	社会阶层	下层、中层、上层等
	生活方式	变化型、参与型、自由型、稳定型等
	个性	冲动型、进攻型、交际型、权利主义型、自负型等

续表

变　量		典型分类
行为变量	时机	一般时机、特殊时机
	追求的利益	便利、经济、易于购买等
	使用者的地位	未曾使用者、曾经使用者、潜在使用者、首次使用者
	使用率	不使用、少量使用者、中量使用者、大量使用者
	忠诚度	无、中等、强烈、绝对
	准备阶段	不了解、模糊、了解、热知、感兴趣、想买、打算购买
	对产品的态度	热情、肯定、不关心、否定、敌视

在进行客户细分的时候，既可以用一个变量，又可以用两个甚至更多变量。因为，在一个变量条件下细分的客户，往往不能充分反映市场状况，使企业难以准确发现市场机会，对客户群体的需求特点难以认识得很全面。在实际细分客户的过程中，往往需要同时选择多种变量进行组合后才能确定目标客户。细分变量的选择体现了企业对客户或市场的理解程度。

微案例

多变量市场细分

多变量市场细分案例如表 3-3 和表 3-4 所示。

表 3-3　社会经济/家庭生命周期两变量市场细分模型　单位：%

家庭生命			社会经济阶层				累计
			下层	中下层	中上层	上层	
周期类型	年轻家庭户	无孩子	1.5	5.7	6.8	2.9	16.9
		孩子小	0.9	6.2	8.1	4.3	19.5
		孩子大	1.4	8.7	10.8	4.8	25.7
	老年人家庭户		12.5	13.5	8.8	3.1	37.9
累计			16.3	34.1	34.5	15.1	100

表 3-4　地理、性别、年龄、种族四变量市场细分模型

		男			女		
农村和小城镇	黄种人	A	B	C	D	E	F
	非黄种人	G	H	I	J	K	L
都市	黄种人	M	N	O	P	Q	R
	非黄种人	S	T	U	V	W	X
		26 岁以下	26～45 岁	46 岁以上	26 岁以下	26～45 岁	46 岁以上
		年龄			年龄		

（3）评估客户细分。

有效的客户细分需要满足以下五个标准。

第一，差异性。在该产品的整体市场中确定明显存在着购买与消费上的差异性，足以成为细分依据。例如，肉食品、糕点等产品有必要按汉民和回民细分，而大米、食盐就没有必要按民族细分。

第二，可衡量性。可衡量性是指细分客户的规模及其购买力可估量程度的高低。有些细分客户捉摸不定，难以估计，如十多岁喝酒少年的市场就很难进行估计，因此不能作为细分标准。

第三，可进入性。可进入性是指企业对该细分客户的市场能有效地进入和为之服务的程度。细分客户的市场必须是企业有可能进入并占有一定份额的，否则没有现实意义。例如，对于细分的结果，企业发现已有很多竞争者，自己不能与之抗衡，或者货源无着落，难以生产经营，这种细分也没有现实意义。

第四，效益性。效益性是指细分客户的容量是否能保证企业获得足够的经济利益，如果容量太小，销量有限，得不偿失，就不是有效的客户细分。例如，汽车公司没有必要专门为身高 1.5m 以下的人设计一种汽车。

第五，稳定性。细分客户必须在一定时期内保持相对稳定，以便企业制定较长期的市场营销战略，有效地开拓并占领目标市场，获得预期的效益。如果细分客户变动过快，目标市场如昙花一现，则企业营销风险将随之增加。

（4）绘制客户画像。

具体是指用最简洁、最独特视角的语言描述细分客户，能够准确反映客户的本质特点，即客户画像。

2. 价值主张

价值主张描绘的是企业通过产品或服务为特定细分客户提供的价值，即企业提供的产品或服务能够为客户解决什么问题？满足客户什么需求？因此，企业在提出价值主张之前，最重要的是了解不同细分客户的“痛点”、“痒点”和“兴奋点”，而产品或服务只是帮助客户解决“痛点”、缓解“痒点”和激发“兴奋点”的工具或手段而已。

企业通过对客户需求的挖掘，可以找到客户隐性、刚性和独特的需求。隐性需求是指客户的头脑中有想法但没有直接提出、不能清楚描述的需求。这种需求往往是企业根据技术的发展、对市场变化的预测等提出来的。企业要激发客户的隐性需求，需要深入了解客户。隐性需求具有三个特点：一是不明显性，隐性需求不是直接显示出来的，而是隐藏在显性需求背后的，企业必须经过仔细分析和挖掘才能让其显示出来，隐性需求来源于显性需求，并且与显性需求有着千丝万缕的联系；二是延续性，在很多情况下，隐性需求是显性需求的延续，客户的显性需求被满足后，其隐性需求就会出现，两者的目的是一致的，只是表现形式和具体内容不同而已；三是依赖与互补性，隐性需求不可能独立存在，它必须依赖于显性需求而存在，离开了显性需求，隐性需求自然而然也就消失了，同时隐性需求和显性需求又是互为补充的，也就是说，隐性需求是为了弥补和完善显性需求的不足而存在的，它可使需求目标更好地实现。刚性需求是目标客户必须有的需求。独特需求就是与众不同的需求。

企业所能提供的产品或服务可以是新颖独特的，也可以是定制化的，或者是能够帮助客户转移或降低风险、削减成本、提高工作效率的。总之，企业要针对不同的客户，通过提供特定的产品或服务来解决客户的实际问题，从而提出企业的价值主张。

3. 渠道通路

渠道通路描绘的是企业如何与其细分客户接触、沟通并传递其价值主张。渠道通路是企业与客户的接触界面，一般可以分为自有渠道与合作伙伴渠道，也可以两者混合。渠道通路在企业与客户的接触、沟通中发挥了以下功能，也形成了企业与客户接触、沟通的五个阶段。

（1）认知。企业如何提高客户对企业产品或服务的认知程度。

（2）评估。企业如何引导和帮助客户评估企业的产品或服务，并认可其价值主张。

（3）购买。企业如何协助客户购买特定的产品或服务。

（4）传递。企业如何把价值主张传递给客户，以增强客户的最终体验。

（5）售后。企业如何提供售后服务。

4. 客户关系

客户关系描绘的是企业与特定细分客户群体建立的关系类型。特定客户关系的建立受客户获取、客户维系和追加销售（提高销售额）的驱动。亚历山大·奥斯特瓦德和伊夫·皮尼厄梳理了六种客户关系类型，包括个人助理型的客户关系、专用个人助理型的客户关系、自助化服务型的客户关系、自动化服务型的客户关系、社区型的客户关系和共同创造型的客户关系。

个人助理型的客户关系基于人与人之间的互动，在销售过程中或售后阶段，客户可以通过呼叫中心、电子邮件或其他方式与个人助理交流并获取帮助。保险公司的保险推销员与其开发的客户之间的关系即属于此类型。

专用个人助理型的客户关系是指企业为单一客户专门安排客户服务人员，如投资理财公司为重点客户专门安排的投资理财顾问。这类客户一般是企业的重要客户，通常需要花费较长时间来建立关系。

自助化服务型的客户关系是指企业与客户并不直接接触，而是为客户提供自助服务所需要的所有条件，如银行安排自动柜员机为客户提供自助服务，丰巢快递柜提供自取、自寄快递服务等。

自动化服务型的客户关系一般是指企业基于客户个人信息档案和过往购买行为记录，定制化地为客户提供个性化服务，如通过智能推荐系统向客户推荐产品、应用客服机器人自动回复客户咨询等。

社区型的客户关系最明显的体现就是越来越多的企业开始建立在线品牌社区，用于维持与客户的沟通和交流，以解决客户的问题，提高客户的品牌认知程度与忠诚度。

共同创造型的客户关系是指企业与客户的关系超越了以往简单的“我提供，你购买”的商业关系，而倾向于和客户共同创造价值，即客户参与到企业产品的设计、生产与供应过程中。现在的自媒体平台（如哔哩哔哩视频网、豆瓣网等），都是依存客户创造的内容实现共赢的。

5. 收入来源

收入来源描绘的是企业从各细分客户群体中获取的收入。收入来源是商业模式的大动脉，主要涉及以下四个方面的问题。

（1）收入来源的类型。

企业需要明确从客户那儿获取什么收入，这些收入是一次性获取的，还是持续不断地获取的，常见的收入来源主要有以下几种形式。

① 销售收入。销售收入是企业通过在网站上销售产品或服务获取的收益，企业可以选择批发零售商模式和网络直销模式。产品包括数字产品和非数字产品，数字产品包括视频、音频、文档等，非数字产品包括服装、日用品、图书等。服务包括在线游戏、网页制作和维护、在线医疗、在线法律咨询等。例如，苹果公司通过 iPhone 手机从客户外获取了硬件（手机）的销售收入和应用软件（App Store）、音乐（iTunes）等服务收入。

② 交易服务费。交易服务费是企业根据所处理的交易数量和规模收取的佣金，这是目前交易中介型平台提供商的主要收入模式。平台提供商提供了一个公共平台将买家和卖家汇聚在一起，方便了买卖双方，从而促成交易，通过收取佣金或从交易中提成来获利。

③ 网络广告费。网络广告费是企业利用自身的知名度和网站流量优势，允许其他企业在自己的网站上宣传企业形象和进行产品推广后收取的费用。这类网站主要通过提供优质的内容资源或服务来吸引更多的流量。

④ 会员与订阅费。会员与订阅费是用户注册成为会员或在订阅一项服务时，企业按一定时间段（一个月或一年）向用户收取的费用。在订阅网站上通常会有些免费的服务让新用户来体验。

⑤ 联属推荐费。联属推荐费是指企业拥有一些联属商家，企业网站上有通向这些联属商家网站的链接，访问者每次通过这些链接进入联属商家的网站并购买商品后，联属商家就要向企业交一定的推荐费用。

（2）各类收入来源的资源与能力要求。

企业获取这些收入的要求是什么？如果企业不具备这些要求，怎么办？例如，苹果公司要获取提供应用软件和音乐的服务收入，就需要其有能力开发各类应用软件，并拥有音乐资源。显然，苹果公司不具备这方面的能力，因此它建立了两个平台——App Store 和 iTunes，通过第三方提供，从而解决了应用软件和音乐的供应问题。

（3）收入来源的定价机制。

定价机制是企业对每种收入来源所依附的产品或服务的定价方法。一般来说，较常见的是固定标价、拍卖定价、按数量（或金额）梯度定价、谈判定价等。涉及第三方提供的，企业还需要制定与第三方的收入分成机制。

（4）收入来源与发展阶段。

企业应结合不同发展阶段的运营情况，规划各阶段的收入来源。例如，企业在前期靠什么弥补投入？在中期靠什么扩大规模并实现盈利？在后期又如何实现对整个市场或产业的控制而获取大量收入。

6. 核心资源

核心资源是商业模式有效运行的关键要素，是支撑企业商业模式的基础。核心资源可以是有形资源（厂房、设备等），也可以是无形资源（品牌、技术、专利、数据等）、人力资源、财务资源、渠道资源等。

7. 关键业务活动

关键业务活动是企业为了确保其商业模式可行必须做的重要的事情。基于价值链模型理论，商业模式的运行是由多种业务活动构成的，尽管这些业务活动对于商业模式的运行来说都是必须做的，但其重要性并不相同。即使是同一行业的企业，由于商业模式不同，其关键业务活动也各不相同。例如，有些制造企业的关键业务活动是生产管理，而另一些企业则可能是供应链管理。

8. 重要合作伙伴

重要合作伙伴是指保证商业模式有效运行的合作关系。企业构建合作关系一般基于以下三个动机。

（1）获取特定资源。

任何企业都不具备让其商业模式运行的所有资源，因此需要通过构建合作关系来获取其所需的资源。

（2）优化商业模式，运用规模经济。

从价值链理论来说，企业往往不需要自己拥有所有资源，因为企业并不是万能的。企业需要专注于商业模式的核心环节，通过整合思维构建合作关系，从而达到优化商业模式的目的，或者通过合作关系建立规模经济优势。

（3）转移或分散商业风险。

企业通过与合作伙伴建立合作关系可以增强企业商业模式的柔性，从而使企业在面对外部的不确定性或变化时能及时做出调整。另外，与合作伙伴建立合作关系也能降低企业市场开拓的风险。例如，某项技术要被市场所接受，往往需要企业在技术开发上做出巨大投入，还需要企业通过不断的市场开拓，引导客户接受该技术。而客户对技术的接收性具有某种公共性，这会提高企业前期市场推广的风险。企业若通过行业内的企业合作，共同进行市场推广则可以大大降低这种风险。同时，企业间的这种合作并不影响它们在其他领域的竞争。例如，蓝光联盟就是一个由消费类电子产品企业、个人计算机企业和媒体内容生产商所构成的合作联盟。

9. 成本结构

成本结构是指由运营商业模式所产生的所有成本构成，一般包括固定成本和可变成本。固定成本属于沉没成本，一旦投入则不能改变，而可变成本是随着业务量的变化而变化的。有些商业模式是价值驱动型的，成本是完成价值创造、传递和获取所必须付出的代价，如豪华酒店；有些企业的商业模式是成本驱动型的，即在追求成本最小化的目标下，构建其商业模式，如一些廉价航空公司。投资方或运营方应该关注哪些关键业务活动及核心资源的花费是最多的，能否以优化现有的成本结构来减少成本，从而提高投入产出比。

降低商业模式的成本需要重点关注以下三个方面。

（1）关注总成本中比重较大的成本。

在成本结构分析中，企业不仅要清楚商业模式运营的总成本，还必须对构成总成本的各个组成部分进行分析，即了解总成本的构成，并重点关注比重较大的成本。简而言之，要减就减“大成本”。

（2）关注商业模式的前期固定资产投资。

前期固定资产投资形成了创业项目的固定成本。轻资产运作模式之所以为投资人所青睐，就在于其投资风险较低，而风险较低是因为通过商业模式设计可以有效地降低创业项目前期的固定资产投资，从而使企业轻装上阵。

（3）规模经济与范围经济。

降低成本还需要关注与成本相关的两类经济现象：①规模经济，即企业享有产量扩充所带来的成本优势，即随着加工材料数量的增加，单位成本会快速下降；②范围经济，即企业通过扩大经营范围、增加产品种类、生产两种或两种以上的产品而引起的单位成本下降。

微训练

动动手，绘制自己的第一张精益画布

绘制精益画布有一些基本原则要遵循。

（1）迅速起草一张画布，不要在第1版的画布上花费太多时间，最多不超过15分钟。

（2）有些部分暂时空着也没关系，别总想着一定要琢磨出所谓的“正确”答案，要么马上写下来，要么就留空。精益画布的一大优势就是非常灵活，我们可以逐步完善它。

（3）尽量短小精悍，画布的空间是有限的——其发明者刻意设计成这样，这就要求你必须把商业模式的精华部分提炼出来。

（4）站在当下的角度来思考，以务实的态度来制作画布，根据目前的发展阶段和掌握的情况来填写内容。

（5）以客户为本。仅仅是调整一下客户群体，商业模式就会发生翻天覆地的变化。因此，设计原始商业模式的时候，必须围绕着客户这个核心。

三、商业模式创新

商业模式创新是指企业价值创造基本逻辑的创新变化，它既可能包括多个商业模式构成要素的变化，又可能包括要素间关系或动力机制的变化。商业模式构成要素的具体形态表现、相互间的关系和作用机制的组合几乎是无限的，因此商业模式创新方式也有无数种。有效的商业模式能够带来超高的价值，商业模式创新将成为企业家追求超高价值的有效方式。

（一）商业模式创新的维度

Osterwalder 指出，在商业模式这一价值体系中，企业可以通过改变客户细分、价值主张、渠道通路、客户关系、收入来源、核心资源、关键业务活动、重要合作伙伴和成本结构中的一个或多个要素来刺激商业模式创新。一般商业模式创新可以从战略定位创新、资源能力创新、商业生态环境创新及这三种创新相结合产生的混合商业模式创新四个维度进行，如图 3-2 所示。

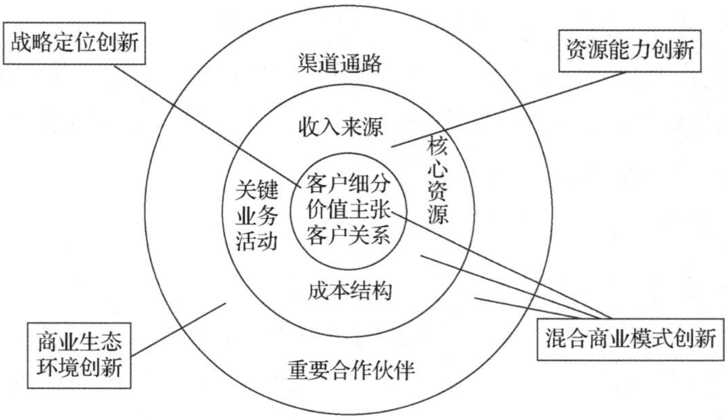

图 3-2 商业模式创新的四维模型

1. 战略定位创新

战略定位创新是围绕企业的客户细分、价值主张和客户关系方面的创新，具体是指企业选择什么样的客户、为客户提供什么样的产品或服务、希望与客户建立怎样的关系、其产品或服务能向客户提供什么样的价值等方面的创新。在激烈的市场竞争中，没有哪一种产品或服务能够满足所有客户的需求，战略定位创新可以帮助企业发现有效的市场机会，提高企业的竞争力。

在战略定位创新中，企业首先要明白自己的目标客户是谁，其次是如何让企业提供的产品或服务在更大程度上满足目标客户的需求，在前两者都确定的基础上，最后分析选择何种客户关系。合适的客户关系可以使企业的价值主张更好地满足目标客户的需求。

美国西南航空公司抓住了那些大航空公司聚焦于远程航运而对短程航运不屑一顾的市场空隙，只在美国的中等城市和各大城市的次要机场之间提供短程、廉价的点对点空运服务，最终发展成为美国四大航空公司之一。

2. 资源能力创新

资源能力创新是企业对其所拥有的资源进行整合和运用的创新，主要是围绕企业的关键业务活动、核心资源、收入来源和成本结构的创新。

在确定了客户细分、价值主张和客户关系之后，企业可以进一步进行资源能力创新。战略定位创新是企业进行资源能力创新的基础，而且资源能力创新的四个方面也是相互影响的。一方面，企业要分析价值链上自己拥有或希望拥有哪些其他企业不能代替的关键业务活动，根据这些业务活动进行资源的开发与配置；另一方面，如果企业拥有某项核心资源（如专利权），就可以针对其设计相关的活动。对关键业务活动和核心资源的创新也必将引起收入来源和成本结构的变化。

20 世纪 90 年代，美国通用汽车公司在发现传统制造行业的利润越来越低时，改变行业中以提供产品为关键业务活动的商业模式，创新性地提出以利润和客户为中心的“出售解决方案”模式。在传统的经营模式中，企业的关键业务活动是为客户提供能够满足其需求的机械设备；但在“出售解决方案”模式中，企业的关键业务活动是为客户提供一套完整的解决方案，而设备则成为这一方案的附属品。有资料显示，美国通用汽车公司的这一模式令其在某些区域的销售利润率超过 30%。此外，它还积极扩展收入来源，建立了通用电气资本公司。在 20 世纪 80 年代中后期，通用电气资本公司年销售利润率达到 18%，远远超出其他部门 4%的平均值。

3. 商业生态环境创新

商业生态环境创新即企业将其周围的环境看作一个整体，打造一个可持续发展的共赢的商业环境。商业生态环境创新主要围绕企业的重要合作伙伴，包括供应商、经销商和其他市场中介进行。围绕重要合作伙伴的创新往往会引发渠道通路的改变。市场是千变万化的，客户的需求也在不断发生变化，由于单个企业无法完全满足客户需求的所有活动，因此，企业需要联盟、合作来达到共赢。

企业战略定位及资源能力都是企业建立商业生态环境的基础。没有良好的战略定位及资源能力，企业将失去挑选优秀外部合作者的机会及与它们议价的筹码。一个可持续发展的共赢的商业生态环境也将为企业的发展及运营提供保证。

20 世纪 80 年代，美国最大的连锁零售企业沃尔玛百货有限公司（以下简称“沃尔玛”）和全球最大的化学日用品制造商宝洁公司竞争不断，它们相互威胁与抨击，各种口水战和官司从未间断。由于竞争给双方都带来了损失，它们后来开始反思，最终建立了一种全新的供应商—零售商关系，把产销间的敌对关系转变成了双方均能获利的合作关系。宝洁公司开发并给沃尔玛安装了一套持续补货系统，该系统使宝洁公司可以实时监控其产品在沃尔玛的销售和存货情况，然后协同沃尔玛共同完成相关销售预测、订单预测和持续补货计划。这种全新的协同商务模式给双方带来了丰厚的利润回报。美国贝恩公司的调查结果显示，2004 年宝洁公司 514 亿美元的销售额中有 8%来自沃尔玛，而沃尔玛 2560 亿美元的销售额中有 3.5%归功于宝洁公司。另一个建立共赢商业生态环境的是美国戴尔公司，它在全球建立了一个以自身的网络直销平台为中心、众多供应商环绕在其周围的共赢商业生态经营模式。

4. 混合商业模式创新

混合商业模式创新是战略定位创新、资源能力创新和商业生态环境创新相互结合的方式。企业的商业模式创新一般都是混合式的，因为企业商业模式的构成要素与战略定位、资源能力、商业生态环境之间是相互依赖、相互作用的，每一部分的创新都会引起另一部分相应的变化。这种由战略定位创新、资源能力创新和商业生态环境创新相结合的创新模式能大幅度提高企业的经营业绩。

美国苹果公司的成功不仅因为其独特的产品设计，还源于其精准的战略定位创新。它瞄准了终端内容服务这一潜力巨大的市场，因此它将自己从单纯的出售电子产品的企业转变为以终端为基础的综合性内容服务提供商。其“iPad+iTune”到后来的“iPhone+App”都充分体现了这一创新。苹果公司的资源能力创新突出表现在其能够为客户提供充分满足其需求的产品这一关键活动上，其每一次推出的新产品都超出了客户对常规产品的想象，其独特的设计及对新技术的采用都超出了客户的预期。例如，客户所熟知的重力感应系统、多点触膜技术和视网膜屏幕的现实技术都是率先在苹果公司的产品上使用的。另外，其成功也得益于其创造的共赢商业生态模式。2008 年 3 月，美国苹果公司开放开发包 SDK 的下载，以便第三方开发商针对 iPhone 开发出更多优秀的软件，这不仅为第三方开发商提供了一个方便又高效的平台，而且为自身创造了良好的商业生态环境。

（二）商业模式创新的特点

1. 提供全新的产品或服务

商业模式创新通过提供全新的产品或服务开创新的产业领域，或者以前所未有的方式提供已有的产品或服务。例如，格莱珉银行（Grameen Bank）为低收入人群提供小额贷款服务，开辟了全新的领域。美国亚马逊公司（以下简称“亚马逊”）销售的书和其他零售书店没任何不同，但其采取的销售方式全然不同。美国西南航空公司提供的也是航空服务，但其提供服务的方式也不同于已有的全服务航空公司。

2. 有多个要素明显不同于其他企业

例如，格莱珉银行不同于传统商业银行，其以低收入的妇女为主要目标客户，贷款额度小、不需要担保和抵押等。亚马逊相比于传统书店，其产品选择范围更广，在线销售更加高效、便利等。美国西南航空公司也在多方面（如提供点对点基本航空服务、不设头等舱、只使用一种机型等）不同于其他航空公司。

3. 有良好的业绩表现

良好的业绩表现体现在成本、盈利能力、独特的竞争优势等方面。例如，格莱珉银行虽然不以盈利为主要目的，但它一直是盈利的。亚马逊在一些传统绩效指标方面良好的表现，也体现了其商业模式的优势，短短几年就成为世界上最大的在线书店，数倍于竞争对手的存货周转速度给它带来了独特的优势，消费者用信用卡支付时，资金通常在 24 小时内到账，而亚马逊付给供货商资金的时间通常是收货后的第 45 天，这意味它可以在长达一个半月的时间里利用充分客户的资金。美国西南航空公司的利润率连续多年高于全服务航空公司。

（三）商业模式创新的方法

商业模式创新就是对企业的基本经营方法进行变革。一般有改变收入模式、改变企业模式、改变产业模式和改变技术模式四种方法。

1. 改变收入模式

改变收入模式就是改变企业的用户价值定义和相应的利润方程或收入模型。这就需要企业从确定用户的新需求入手。这并不是市场营销范畴中的寻找用户新需求，而是从更宏观的层面重新定义用户需求，即去深刻理解用户购买产品需要完成的任务或要实现的目标。其实，用户要完成一项任务需要的可能不仅是产品，还可能是一个解决方案。一旦确认了此解决方案，也就确定了用户的新需求，并可依此进行商业模式创新。

国际知名电钻企业喜利得（中国）有限公司一直以向建筑行业提供各类高端工业电钻闻名，但近年来，全球激烈的竞争使电钻成为低利润产品。于是，其通过专注于用户所需要完成的任务，意识到客户真正需要的不是电钻，而是在正确的时间和地点获得处于最佳状态的电钻。然而，用户缺乏对大量复杂电钻的综合管理能力，经常延误工期。因此，该公司随即改变它的商业模式，不再出售而是出租电钻，并向用户提供电钻的储存、维修和保养等综合管理服务。该公司变革其商业模式，从硬件制造商变为服务提供商，并把制造向第三方转移，同时改变了盈利模式。

2. 改变企业模式

改变企业模式就是改变企业在产业链中的位置和充当的角色，也就是说，改变其价值定义中“造”和“买”的搭配，一部分由自身创造，另一部分由合作者提供。一般，企业的这种变化是通过垂直整合策略或出售及外包来实现的。例如，谷歌在意识到大众对信息的获得已从桌面平台向移动平台转移后，自身仅做桌面平台搜索引擎会逐渐丧失竞争力，于是实施垂直整合策略，大手笔收购摩托罗拉手机和安卓移动平台操作系统，进入移动平台领域，从而改变了自身在产业链中的位置和商业模式。IBM 公司也是如此，它在 20 世纪 90 年代初期意识到个人计算机产业无利可图，便出售该业务，进入 IT 服务和咨询领域，同时扩展其软件部门，一举改变了它在产业链中的位置和原有的商业模式。

3. 改变产业模式

改变产业模式是最激进的一种商业模式创新，它要求企业重新定义本产业，进入或创造一个全新的产业。例如，IBM 公司通过推动“智慧地球”计划和云计算，重新整合资源，进入新领域并创造新产业（如商业运营外包服务和综合商业变革服务等），力求成为企业总体商务运作的大管家。亚马逊也是如此，为各类商业用户提供物流和信息技术管理的商务运作支持服务，并开放自身的 20 个全球货物配送中心，大力进入云计算领域，成为提供相关平台、软件和服务的领袖。

4. 改变技术模式

正如产品创新往往是商业模式创新的主要驱动力一样，技术变革也是如此。企业可以通过引进先进技术来主导自身的商业模式创新，如当年众多企业利用互联网进行商业模式创新。

当今，最具潜力的技术是云计算，它能提供许多崭新的用户价值，从而为企业进行商业模式创新提供契机。另一项重大的技术是3D打印技术。如果该技术一旦成熟并能商业化，将帮助许多企业进行深度商业模式创新。例如，汽车企业可用此技术替代传统生产线来打印零配件，甚至可采用戴尔公司的直销模式，让用户在线订货，并就近将所需零配件打印出来。

当然，无论采用何种方式，商业模式创新要求企业对自身的经营方式、用户需求、产业特征和宏观技术环境具有深刻的理解，这才是成功进行商业模式创新的重点，也是难点。

第二节 电子商务基本模式

一、B2B电子商务模式

B2B电子商务模式是企业与企业通过网络等现代信息技术手段，以电子化方式开展的交易活动。这种交易可以发生在企业与供应链成员之间，也可以发生在企业与企业客户或其他企业之间。

（一）B2B电子商务模式的特点

B2B电子商务模式在电子商务领域应用较广泛，是当前电子商务模式中最常见的模式，深受企业重视。在B2B电子商务模式下，企业通过自建网站或各种电子商务平台进行有效沟通、业务协作和电子化交易，为每笔交易寻找到最佳合作伙伴，完成从定购到结算的全部交易行为，从而降低彼此间的交易成本，提高经营效率和客户满意度。特点主要表现为交易金额大、交易对象广泛、交易操作规范和交易过程复杂四个方面，下面分别进行介绍。

（1）交易金额大。相对于B2C和C2C电子商务模式来说，B2B电子商务模式的交易次数相对较少，但单次交易金额往往会比前两者的大。

（2）交易对象广泛。B2B电子商务模式的交易对象可以是任何一种商品，除成品外，还可以是原材料或半成品。

（3）交易操作规范。相较于传统的企业间的交易，B2B电子商务模式的交易操作相对规范化、标准化及流程化。在B2B电子商务模式下，买卖双方能够在网上完成整个业务流程，包括从最初接触沟通，到货比三家，再到讨价还价、签单和交货，最后到售后服务，大大节省了企业的经营成本及时间，并提高了工作效率。

（4）交易过程复杂。相对于B2C和C2C电子商务模式来说，B2B电子商务模式的交易金额一般较大，还会涉及交易谈判、合同签订和售后服务及赔付等环节，因此交易过程相对较为复杂。

（二）B2B 电子商务模式的优势

B2B 电子商务模式的实施可以降低企业成本并扩展企业收入来源，这种模式的优势可以从降低商务成本、强化供应链管理和缩短产销周期等方面凸显出来。

（1）降低商务成本。企业的商务成本一般包括采购成本与库存成本。传统企业间进行贸易往来往往要耗费大量的资源和时间，而在 B2B 电子商务模式下，企业通过与上游的供应商和下游的客户建立联系，买卖双方都能够自主地在网上完成整个业务流程，减少了买卖双方为进行交易而投入的人力、物力和财力等资源。同时，企业还能优化内部采购体系和库存体系，通过批量采购的方式来更好地管理库存，实现高效的企业运转与库存控制，降低成本。

（2）强化供应链管理。在 B2B 电子商务模式下，企业可以很明确地获悉所有商品的情况，进一步预计和控制市场供求信息，方便对库存和物流进行更科学的规划和管理，提高企业的经济效益。最理想的 B2B 电子商务模式可以最大化缩减企业库存，创造高效率的无形市场，实现零库存状态下的即时生产。

（3）缩短产销周期。在传统商务模式下，商品从设计、生产、上架到出售，需要经过很多环节，时间周期较长。而在电子商务模式下则是一天 24 小时不间断运作，从而加快了各个环节之间的交流、企业资金的流动，缩短了整个产销周期。

（三）B2B 电子商务模式的分类

B2B 电子商务模式的市场规模庞大，是目前企业改善竞争条件、建立竞争优势的主要方式。目前，B2B 电子商务模式主要分为垂直型专业类 B2B 电子商务模式和水平型综合类 B2B 电子商务模式。

1. 垂直型专业类 B2B 电子商务模式

垂直型专业类 B2B 电子商务模式分为两个方向，即上游方向和下游方向。生产商或零售商可以与上游的供应商形成供货关系，如戴尔公司与上游的芯片和主板制造商就是通过这种方式进行合作的。生产商与下游的经销商可以形成销货关系，如卡西欧与其分销商之间进行的交易。代表性企业包括全球纺织网、中国化工网、全球五金网等。

垂直型专业类 B2B 电子商务网站的专业性较强，面临的是本行业的客户，这些客户具有较高的潜在购买力，因此网站的广告效果较好，广告收入是垂直型专业类 B2B 电子商务网站的主要盈利来源。此外，垂直型专业类 B2B 电子商务网站还通过产品列表及网上商店门面收费，向拍卖交易成功的商家收取一定比例的交易费，收取客户的信息费等。

同时，垂直型专业类 B2B 电子商务模式面临的最大挑战是很难转向多元化经营或向其他领域渗透，这是由其具备鲜明行业特征的专业知识和客户关系所决定的。

2. 水平型综合类 B2B 电子商务模式

水平型综合类 B2B 电子商务模式是将各个行业中相近的交易集中到一个场所，为企业的采购方和供应方提供交易的机会，其信息和服务的综合程度较高。代表性企业包括阿里巴巴、慧聪网、中国制造网、环球贸易网等。

水平型综合类 B2B 电子商务网站可以产生很大的利润流。通常情况下，如果水平型综合类 B2B 电子商务网站将重点放在广告上，那么会有很好的盈利机会。另外，水平型综合类 B2B 电子商务网站通常会举办网上拍卖会，可以向成交的商家收取一定比例的交易费。水平型综合类 B2B 电子商务网站还可以靠出售网上店面来赚钱。此外，水平型综合类 B2B 电子商务网站还可以自己开展电子商务，直接从商务活动中赚钱。

水平型综合类 B2B 电子商务网站为了给诸多行业厂家提供服务，因此追求“全”，即行业全、服务全，这样才有竞争力。但因为太“全”，相对来说，其对于每个行业而言都不专业。对于水平型综合类 B2B 电子商务网站来说，如何在“全”和“好”之间找到平衡点，是其需要解决的问题。

微案例

慧聪网的特色产品与服务

慧聪网成立于 1992 年，是国内优秀的 B2B 电子商务服务提供商，专注于电子商务、金融、地产及防伪四大领域。慧聪网注册的企业用户已超过 1600 万家，覆盖行业超过 70 个。慧聪网之所以有如此大的用户基数，是因为该平台为企业和消费者提供了多样的特色产品或服务，主要包括以下五种。

（1）买卖通。买卖通是慧聪网为企业量身定制的线上诚信平台，买卖通会员不仅可以通过自己的商务中心查询符合自己需要的采购信息，还可以通过在线洽谈会、即时通信工具获得第一手采购信息，进行洽谈交易。同时，企业用户还可以通过买卖通建立网络商铺，进行产品展示、企业推广等，通过互联网开启电子商务市场。

（2）慧付宝。慧付宝是支持买卖双方在线完成交易的支付服务工具，主要提供货款代收代付服务，其作用与支付宝类似。慧付宝支持 11 家银行的个人网银付款、16 家银行的企业网银付款；支持 25 家银行的个人或企业银行卡提现。

（3）互通宝。互通宝是慧聪网买卖通会员通过广告后台自主设定多维度目标关键词，免费展示商品信息，并通过大量曝光来吸引潜在买家的一种操作灵活、按点击付费的营销工具。推广管理包含基础推广、定向推广、一键推广等形式。

（4）慧聪友客。慧聪友客为用户提供多种获取销售线索的方式，并帮助用户从中获取有价值的销售线索，完成销售线索从获取、跟进、转化到留存的全生命周期管理。

（5）慧企通。慧企通是慧聪网携手腾讯于 2018 年 12 月推出的一款产品。慧企通采用自动值守方式，访客进店时发送消息提醒至慧企通客户端，并自动进行访客记录；一键复制 QQ 好友至慧企通可帮助企业更好地管理客户；慧聪网与腾讯携手，帮助企业把店铺开到 QQ 上，将企业信息与商品展示给访客，让访客在沟通中即可了解企业信息；慧企通服务后台动态更新每一位潜在客户的状态，让潜在客户的转化和流失有迹可循，使企业根据丰富的客户信息和跟进状态，适时地针对不同客户执行二次营销，不遗漏任何销售机会。

（四）开展 B2B 电子商务的条件

1. 企业开展 B2B 电子商务的基础

企业在什么情况下适合开展 B2B 电子商务？我们可以考虑以下几个问题。

（1）企业的信息化水平。信息化水平是指除最基本的网络基础设施和电子商务平台外，还需要有信息化、自动化的后台系统，包括 ERP 系统、供应链管理系统和计算机集成制造系统（Computer Integrated Manufacturing System，CIMS）等。这些系统是企业进行 B2B 电子商务的前提条件，可以使电子商务活动快速、高效地进行，为交易双方提供便利。

（2）企业现有的框架结构。开展 B2B 电子商务前，企业需要明确自身现有的业务体系，分析 B2B 电子商务对企业现有商务模式的影响，判断是否会产生冲突，导致原本的销售渠道混乱。当现有商务模式与 B2B 电子商务能够实现良性互补、互相促进、共同开发市场时，企业应当考虑开展 B2B 电子商务。

（3）企业的贸易伙伴开展 B2B 电子商务的情况。除企业自身的意愿外，企业上、下游供应链的贸易伙伴开展 B2B 电子商务的情况也是决定企业是否开展 B2B 电子商务的条件。如果贸易伙伴具备开展 B2B 电子商务的条件，并且准备或已经开展了 B2B 电子商务，则企业应该考虑开展 B2B 电子商务。反之，如果贸易伙伴不具备这种能力，则要慎重考虑新模式下与贸易伙伴的往来是否会受到影响。一般来说，电子商务在企业中的推广应用程度和普及度是能否获取电子商务效益的关键。

2. B2B 电子商务的盈利模式

企业想要通过第三方电子商务平台参与电子商务交易，必须注册为 B2B 电子商务平台的会员，每年要缴纳一定的会员费，才能享受平台提供的各种服务，目前会员费已成为我国 B2B 电子商务平台最主要的收入来源。除此之外，B2B 电子商务平台的主要收入来源包括广告费、竞价排名费和信息化技术服务费等。

（1）会员费。进行电子商务交易的前提是能够使用电子商务平台，因此企业需要注册成为 B2B 电子商务平台的会员，缴纳一定的会员费。这是 B2B 电子商务平台的主要收入来源之一，如阿里巴巴向入驻企业收取诚信通会员费。

（2）广告费。这也是 B2B 电子商务平台的主要收入来源之一。广告包括文字广告、图片广告、动态 Flash 广告、邮件广告和弹出广告等多种广告形式，一般可根据广告在网页中的位置、类型等进行收费。

（3）竞价排名费。每家企业都希望自己的商品能够在 B2B 电子商务平台中排名靠前，因此为了促进商品的销售，也为了 B2B 电子商务平台自身的盈利，电子商务平台将对开通竞价排名的会员，根据交费的多少来进行排名的调整。例如，阿里巴巴为诚信通会员提供了竞价排名服务，参与该服务的会员企业将拥有优先显示的特权。

（4）信息化技术服务费。信息化技术服务费主要包括企业建站服务费、商品行情资讯服务费、企业认证费、在线支付结算费和展会费等一系列费用。

不同的 B2B 电子商务平台根据其功能的不同可能有所差异，但基本都包含以上费用。

3. B2B 电子商务平台的发展阶段

根据运营和服务模式，B2B 电子商务平台历经信息服务、交易服务、资源整合三个发展阶段。

（1）信息服务阶段。

信息服务阶段的 B2B 电子商务平台以提供信息服务为主，从信息咨询入手，通过信息资讯连通供需双方，以信息资讯平台带动商业平台，主要经营模式为信息黄页。该阶段的 B2B 电子商务平台主要以提供会员服务、广告展示服务、竞价排名服务和开线下展会盈利。

（2）交易服务阶段。

交易服务阶段的 B2B 电子商务平台除信息展示外，还提供在线交易工具以满足企业的线上交易需求，主要经营模式有自营、撮合、代售等。该阶段的 B2B 电子商务网站除通过传统的会员服务、营销增值服务盈利外，还以收取交易佣金、平台资金沉淀等新的方式盈利。

（3）资源整合阶段。

资源整合阶段的 B2B 电子商务平台随着交易数据的积累，为买卖双方提供包括仓储、金融信贷、大数据分析等在内的一系列高附加值服务。通过打通供应链，盈利模式变得多样化，数据服务、信息服务、物流服务、金融服务等都可以成为盈利模式。

二、B2C 电子商务模式

B2C 电子商务模式是企业通过网络针对个体消费者实现价值创造的商业模式，它以互联网为主要消费手段，通过信息网络，以电子数据流通的方式实现企业或商业结构与消费者之间的各种商务活动、交易活动、金融活动和综合服务活动。

（一）B2C 电子商务模式的优势

从买卖关系来看，B2C 电子商务主要包括卖方企业经营者和买方消费者。因此，可从这两者来分析 B2C 电子商务模式与传统商务模式相比所具有的优势。

（1）对于卖方企业经营者而言，B2C 电子商务模式能够减少批发商、零售商等传统供应链中的中间商环节，让品牌商和厂家直面消费者，从而降低采购成本和销售成本。同时，传统企业的销售渠道通常是有限的，B2C 电子商务模式拓展了销售渠道，覆盖了更多的消费群体，销售范围几乎不受企业大小的限制，有利于打造线上品牌形象。企业经营者还可以通过动态监测商品的点击率、购买率、用户反馈，随时调整商品的生产或进货计划，起到减少库存的作用。

（2）对于消费者而言，减少传统供应链中的中间商环节，降低了消费成本，使消费者在很大程度上得到了更多价格与服务上的实惠。同时，消费者足不出户就可以充分了解和对比感兴趣的商品，包括商品的外观、规格、功能及价格等，现实生活中买不到或很难买到的商品在 B2C 电子商务平台中都可以找到并且还能获得更多的选择。

（二）B2C 电子商务的分类

按不同的依据，B2C 电子商务分为不同的类型，下面介绍几种常见的分类。

1. 按企业与消费者的买卖关系分类

按照企业与消费者的买卖关系，B2C 电子商务可以分为卖方企业对买方个人的电子商务和买方企业对卖方个人的电子商务两种模式。

（1）卖方企业对买方个人的电子商务模式。该模式是指由商家出售商品或服务给消费者，是最为常见的一种 B2C 电子商务模式，较为典型的网站有京东商城和当当网。

（2）买方企业对卖方个人的电子商务模式。该模式是指企业在网上向个人求购商品或服务的一种电子商务模式，主要用于企业人才招聘，如智联招聘、前程无忧等。

2. 按交易对象分类

按照交易对象，B2C 电子商务可以分为有形商品或服务的电子商务模式、无形商品或服务的电子商务模式。这两种电子商务模式的含义及特征分别介绍如下。

（1）有形商品或服务的电子商务模式。

有形商品是指传统的实物商品。有形商品或服务的电子商务模式，查询、订购和付款等活动都可以通过网络进行，但最终的交付不能通过网络实现。根据经营主体的不同，有形商品或服务的电子商务模式可以分为独立 B2C 网站和 B2C 电子化交易市场。

① 独立 B2C 网站。独立 B2C 网站是指由企业自行搭建的网上交易平台，需要企业具有雄厚的资本和技术实力，能够自行完成网站的开发、建设、支付和维护等一系列活动。

② B2C 电子化交易市场。B2C 电子化交易市场也称为 B2C 电子商务中介或 B2C 电子市场运营商，是指在互联网环境下利用通信技术和网络技术等手段把参与交易的买卖双方集成在一起的虚拟交易环境。B2C 电子市场运营商一般不直接参与电子商务交易，而是由专业中介机构负责电子市场的运营。B2C 电子化交易市场经营的重点是聚集入驻企业和消费者，扩大交易规模。常见的 B2C 电子化交易市场有天猫、招商银行信用卡商城等。

（2）无形商品或服务的电子商务模式。

电子客票、网上汇款、网上教育、计算机软件和数字化视听娱乐商品等可以在网上直接实现交易的商品或服务都属于无形商品或服务。其电子商务模式主要包括网上订阅模式、付费浏览模式、广告支持模式和网上赠予模式四种。

① 网上订阅模式。网上订阅模式是指消费者通过网络订阅企业提供的无形商品或服务的模式，消费者可以直接在网上进行浏览或消费，常被一些在线机构用来销售报纸、杂志、有线电视节目和课程等，如网易云课堂、淘宝大学等在线服务商，为消费者提供了关于互联网、电子商务和淘宝开店等内容。

② 付费浏览模式。付费浏览模式是指企业通过网站向消费者提供计次收费的网上信息浏览和信息下载的电子商务模式。付费浏览模式是指让消费者根据自己的需要，在网上有选择地购买一篇文章、一本书的内容或参考书的一页。消费者在数据库中查询的内容也可以付费获取。另外，一次性付费参与游戏娱乐也是很流行的付费浏览方式之一，如红袖添香、期刊网等网站就采用该方式进行盈利。

③ 广告支持模式。广告支持模式是指在线服务商免费向消费者或用户提供信息在线服务，其营业收入完全来源于网站上的广告，如百度、Google 等在线搜索服务网站。

④ 网上赠予模式。网上赠予模式是指企业借助互联网的优势，向用户赠送软件产品，以此扩大企业的知名度和市场份额的电子商务模式。由于软件产品属于无形的计算机商品，企业只需投入较低的成本，就能推动产品的发展，如某些商家对会员提供免费试用服务，这些会员中的很大一部分后来都成为付费用户。

3. 按商品或品牌覆盖量来分类

按照商品或品牌覆盖量，B2C 电子商务可以分为品牌型垂直电子商务、平台型综合电子商务和平台型垂直电子商务。B2C 电子商务的主要模式如表 3-5 所示。

表 3-5 B2C 电子商务的主要模式

模 式	代表平台	情况说明
品牌型垂直电子商务	三只松鼠商城、小米商城	销售单品类、单品牌商品，需要商城具有强大的品牌影响力
平台型综合电子商务	京东商城、天猫商城	销售服装、化妆品、数码和图书等品类丰富的商品，且每个品类下有很多品牌
平台型垂直电子商务	聚美优品	品牌丰富，且针对单品类进行了细分，具有“小而精”的优点

按照网购模式，B2C 电子商务平台可以分为综合平台商城、综合独立商城、网络品牌商城和连锁网销商城等。

（1）综合平台商城。综合平台商城只是网络交易平台，不涉及具体的商品采购和配送服务。卖家可以通过缴纳一定租金的方式来申请加入平台，如天猫等。

（2）综合独立商城。综合独立商城的内部机构繁多，具有商城的独立经营权，能提供正规发票和售后服务，需要自行进行商品的采购、上架、仓储、发货和配送等工作，如京东商城等。

（3）网络品牌商城。网络品牌商城拥有自己的品牌，但商品线较单一，走的是一种“轻资产、快公司”的模式。“轻资产”是指企业的无形资产占比较大，包括企业的经验、流程管理、管理制度、企业品牌和人力资源等；“快公司”是指在较短的时间内实现业绩的高速增长。目前，常见的网络品牌商城有珂兰钻石等。

（4）连锁网销商城。连锁网销商城走的是一种“实体+网销”的模式，依托于传统零售采购平台强大的供应链，与厂商有良好的合作关系，具有较高的品牌信誉度与丰富的商品种类。

（三）B2C 电子商务的盈利模式

B2C 电子商务的盈利模式主要有四种，分别是网络广告收益模式、商品销售营业收入模式、出租虚拟店铺收费模式和网站的间接收益模式。

1. 网络广告收益模式

广告收益是大部分 B2C 电子商务网站的主要盈利模式，这种模式的成功与否取决于网站访问量的多少及广告是否能够受到关注。

2. 商品销售营业收入模式

这种模式主要通过赚取采购价与销售价之间的差价和交易费来获得利润，如亚马逊、当当网等都属于这种模式。

3. 出租虚拟店铺收费模式

这种模式是 B2C 电子商务网站的主要收入来源，这些网站在销售商品的同时，也出租虚拟店铺，收取租金，如天猫、京东和当当网等网站都向入驻的商家收取了一定的服务费和保证金。

4. 网站的间接收益模式

间接收益模式是指通过以上三种方式以外的方式进行盈利，如网上支付。淘宝网、天猫中，大部分用户都通过支付宝付款，给网站带来了巨大的利润。该模式主要将由用户付款和网站将款项支付给卖家的时间差产生的巨额资金来进行其他投资，进而获得利润。

（四）开展 B2C 电子商务的条件

近年来，虽然 B2C 电子商务在我国发展非常迅速，但许多 B2C 电子商务企业因不能盈利而面临生存危机。采取适合企业发展的盈利模式，是促进 B2C 电子商务企业可持续发展的关键。开展 B2C 电子商务的条件具体如下。

1. 解决物流配送问题

物流配送是指在经济合理的范围内，根据客户的需要来对货物进行备货、存储、分拣、包装等作业，并按时送达客户指定地点的物流活动。在 B2C 电子商务模式中，物流是必不可少的关键因素。

2. 诚信与安全认证

根据中国互联网络信息中心的调研结果，最初许多人不接受电子商务这种购物模式的首要原因，是担心安全得不到保障。安全认证包括消费者身份确认及支付确认。诚信与安全认证是 B2C 电子商务网站取得成功的关键因素之一。

3. 合理使用支付方式

支付方式决定了资金的流动过程，对 B2C 电子商务网站的成功也起着决定性作用，目前，在 B2C 电子商务中，主要的支付方式有在线支付、货到付款及其他支付方式。

（1）在线支付。在线支付主要是指依托银行卡完成的支付。B2C 电子商务网站接受银行卡支付的条件：必须和相应的银行签约，成为特约网站。目前，在线支付方式主要有网上支付、第三方支付、电话支付、移动支付等，在线支付具有方便、快捷、高效、经济的优势。

（2）货到付款。货到付款是最原始的支付方式。商家将商品交给客户，客户查验货物后支付货款。目前，货到付款已经不只是当面支付现金，很多网店可以在客户收到货物后用 POS 机刷卡、扫码支付等，如京东商城、当当网和亚马逊等。

（3）其他支付方式。其他支付方式包括银行转账、现金账户支付、现金抵用券支付、礼品卡支付和红包支付等。

4. 特色经营

B2C 电子商务网站取得成功的一个关键因素就是特色经营。B2C 电子商务网站只有在产品定位和客户定位上下功夫，灵活经营，找准特色，才能在 B2C 电子商务市场中找到一条合适的经营之路。

美国沃尔玛在线的特色是“大而全”，凡是在线下能买到的，在线上也能买到，并且价格也不比线下高；京东商城最初的特色是在数码产品这一专业化的领域做到了产品全和价格低（京东商城现已逐渐发展为“大而全”）；唯品会的特色在于选择了细分市场和目标客户。

5. 网站黏着度

网站黏着度是指用户对于网站的依赖度。对于一个网站而言，网站黏着度越高，说明用户的忠诚度越高，用户越不容易流失，而且通常黏着度越高的网站盈利能力越强，商业价值越高。因此，B2C 电子商务网站要对自己平台上的商品进行价值分析，结合相关客户分析，对商品的质量、价格和结构等进行优化，以增强网站的吸引力。B2C 电子商务网站的服务贯穿于购买前、购买中及购买后，网站黏着度的高低与网站提供的服务密切相关。

6. 有效控制成本

B2C 电子商务本质上属于零售业的一种，零售业在一定程度上代表着低利润。所以，B2C 电子商务网站先要解决成本控制问题。据调查，消费者之所以选择网上购物，很大一个原因就是网上的商品价格较低。

7. 商业能力的合理应用

从目前的趋势看，企业越了解传统行业市场的货源调配、客户管理、市场营销，越具备实战经验，就越能在电子商务时代脱颖而出。

商业能力包括对市场的了解、对供货商的选择、对用户的消费心理和行为习惯的了解、对用户购物欲望的刺激等，而这些是传统商家比较擅长的。美国的沃尔玛在 2001 年推出网上零售以后，迅速发展成为仅次于 eBay 和亚马逊的美国第三大在线销售商，中国的苏宁、国美开设网店以后也都取得了不错的经营业绩，这些传统企业具有的商业能力是它们能够快速取得成功的重要原因。

8. 创造成功的网店品牌

创造一个成功的网店品牌对 B2C 电子商务企业来说是至关重要的。在虚拟的网络世界里，客户可以不受任何时间和空间的限制从一个商店转到另一个商店，他们在网络上感受到的商店和商品都是无形的。优秀的网店品牌可以使客户建立起对企业的信任感，这种信任感反过来又给企业造就了广阔的空间，促使其进一步提高产品质量和服务。所以，在虚拟世界中，成功的网店品牌更有助于企业取得成功。

三、C2C 电子商务模式

C2C 电子商务模式是个人消费者之间通过网络商务平台实现交易的一种电子商务模式。该模式需要为买卖双方提供在线交易平台，在该平台中，卖方可以自行提供商品信息，而买方可以自由选择商品并支付。目前，淘宝网是中国最大的 C2C 电子商务平台。C2C 电子商务平台是一个非常灵活的在线交易平台，其用户数量巨大且不存在地域和时间的限制，往往身兼多职，既是买方又是卖方。

（一）C2C 电子商务模式的特点

C2C 电子商务模式为买卖双方提供了网上信息交流的平台，以及一系列交易的配套服务。C2C 电子商务的构成要素包括买卖双方和电子商务平台，其特点主要表现为用户数量多、商品种类多、交易次数多，这三者之间联系紧密、相辅相成，具体如下。

1. 用户数量多

从 C2C 电子商务平台的实际运营来看，几乎所有人都可以注册成为平台的用户，然后开设自己的网店。

2. 商品种类多

C2C 电子商务平台的开放性使海量用户聚集平台，并且个人商家入驻门槛低、商家入驻量大，所以在 C2C 电子商务模式下用于交易的商品种类非常丰富，但商品质量参差不齐。

3. 交易次数多

C2C 电子商务模式可以给消费者带来较便宜的商品，且其交易次数多、交易方式灵活，但单次交易的成交额较小。

（二）C2C 电子商务的优势

C2C 电子商务模式与传统商业模式完全不同，不受时间、地域的限制，下面对其优势进行介绍。

1. 降低成本

C2C 电子商务模式的一个优点就是交易环节的优化，它摒弃了传统商务模式中通过邮寄、传真或报纸等来传输信息的方式，大大降低了通信费用。同时，由于网店不需要店面租金，在很大程度上减少了商家的资金投入，并且在这种方式下商家的存货量一般不会太多，可以随时更换或补充商品，不需要占用太多的资金，降低了商家的成本风险。

2. 经营时间、规模不受限制

C2C 电子商务基于电子商务平台，可以使商家在具备网络的前提下，随时、随地进行经营活动，无须聘请专人看店就可以将店铺打理得井井有条。同时，可以通过商品种类及网店页面来扩大网店的经营规模。与传统商业模式相比，节省了很多人力资源和装修成本。

3. 信息收集便捷

用户在网店中购买商品时，会主动留下自己的联系方式，这是传统商业模式无法比拟的，大大提高了信息收集的效率。

4. 扩大销售范围

在互联网环境下，C2C 电子商务模式不受地域的限制，商家面对的客户遍布全国甚至全世界。只要消费者能上网，就可以在互联网上搜索到网店，成为潜在客户。

（三）C2C 电子商务平台的分类

1. 按交易的商品类型分类

按照交易的商品类型，C2C 电子商务平台可以分为实物交易平台和智慧交易平台。

（1）实物交易平台。实物交易平台（如淘宝网、拍拍二手和 eBay 中国等）的商品种类多，从汽车、计算机到服饰、家居用品，种类齐全。除此之外，实物交易平台还设置了网络游戏装备交易区和虚拟货币交易区。

（2）智慧交易平台。智慧交易平台交易的是个人的智慧，也称为威客（Witkey）网。威客网上的用户按照其行为分为提问者和回答者两类。提问者提出问题或发布任务，在获得满意的解决方案后支付报酬给回答者。回答者被称为威客，是指通过互联网把自己的智慧、知识、能力、经验转换成实际收益的人。他们接受任务或回答问题，当他们提出的解决方案得到提问者的认可后，可获得约定的报酬。

按参与的方式不同，威客网可分为三种类型，即 A 型威客（Ask Witkey）网、B 型威客（Bid Witkey）网和 C 型威客（C2C Witkey）网。

A 型威客网即知道型、知识问答型威客网，如百度知道和爱问等。

B 型威客网即悬赏型威客网，用户通过对某个项目进行投标并争取中标，从而获得项目开发机会，最终产生价值，如任务中国、孙悟空威客网、猪八戒威客网、一品威客网和时间财富网等。

C 型威客网即点对点威客网，用户通过对自身能力进行展示、证明，将能力转化为能力产品，进而与需求者建立 C2C 的买卖交易关系，如时间财富网等。

其实，A、B、C 型威客网的划分并没有绝对的界限，如时间财富网既属于 B 型威客网，又属于 C 型威客网。

微案例

时间财富网

时间财富网即原威客中国网，它是一个通过互联网解决科学、技术、生活和学习问题的交流平台。威客可通过时间财富网把自己的智慧、知识、能力和经验转化成实际收益。

时间财富网上的悬赏项目囊括平面设计、室内设计、网站建设、软件编程、方案策划和劳务服务等多个领域。时间财富网的金点子库收集威客的创意，让更多的人了解威客的想法，与威客合作。每天来自全国各地的威客在这里交流，每位会员均可展示自己的特长，承接与发布悬赏项目，并拥有时间财富网的二级域名。时间财富网没有门槛，只要威客有本事就能拿到悬赏金，是展示用户潜力、展示用户才华、让用户成功的地方。

时间财富网上的威客年龄大多为 18～35 岁，主要群体为在校大学生和在职人员，工作方式多为兼职。

2. 按交易平台的运作模式分类

按照交易平台的运作模式，C2C 电子商务平台可以分为拍卖平台和店铺平台。

（1）拍卖平台。在拍卖平台运作模式下，C2C 电子商务为买卖双方搭建网络拍卖平台，按拍卖金额的比例收取交易费用。在拍卖平台上，商品所有者或某些权益所有人可以独立开展竞价、议价、在线交易等。

（2）店铺平台。在店铺平台运作模式下，C2C 电子商务企业提供平台，以方便用户在平台上开店铺。其可以以会员制的方式收费，也可以通过提供广告或其他服务收取费用。

拍卖平台与店铺平台间没有明确的界限，如淘宝网既是拍卖平台，又是店铺平台。

（四）C2C 电子商务的盈利模式

C2C 电子商务平台是一种主要通过网站为个体商户和个人消费者提供网络化服务，以便消费者进行商品的选购的购销平台。同时，为了保障交易双方的利益，C2C 电子商务平台还提供商品广告、第三方支付、交易监管和评级、网店装修等功能，这些功能也是 C2C 电子商务模式的基本盈利来源。C2C 电子商务的盈利模式主要包括以下四种。

1. 收取会员费

收取会员费是大部分网站的盈利模式之一。用户为了获得某些服务，如网店出租、公司认证、产品信息推广等服务，需要注册为会员并支付一定的费用。会员费一般采取第一年缴纳、第二年续费的形式，若不续费，该用户将变为免费会员，不再享受多种服务。缴费会员比免费会员能享受到更多、更高质量的服务，如特定或专供信息、增值服务等。

2. 收取网络广告费

收取网络广告费即网站将有价值的位置用于放置各种广告，根据版面、形式、发布时长等因素来收取费用，如淘宝网中的竞价排名、直通车和智钻等。

3. 收取特色服务费

特色服务费即商品或服务的特色展示费用，如淘宝网中的店铺装修工具、数据统计与分析工具等的费用。

4. 拍卖平台收取的相关费用

拍卖平台的盈利模式主要包括收取拍品信息费、保留价费用和佣金三种。拍品信息费是指拍品的信息录入费用；保留价费用是指拍卖交易不成功时，根据卖家事先设置的拍品保留价收取费用；佣金是指按拍品成交金额收取一定比例的费用。

以上只是 C2C 电子商务的部分盈利模式，不同的 C2C 电子商务网站有所区别，但都是采用多种方式的结合来运营的，以实现更高的网站流量、用户黏性和重复购买率等。值得注意的是，如果某个 C2C 电子商务企业创造了自己独一无二的盈利模式，那么就将难以被其他竞争者复制或超越。

第三节 新兴电子商务模式

电子商务要想不断发展，创新是永恒的主题。电子商务行业从来不缺少这样一群人，他们从未满足于行业内的商业模式，总是想方设法地探索和创新。他们会遇到各种各样的挑战，等待他们的可能是光明大道，也可能是悬崖峭壁。然而无论如何，正是有了这样一群人，电子商务领域才会源源不断地涌现新的商业模式，这些新模式给电子商务领域注入了新鲜血液，赋予了电子商务行业持续的生命力。

一、C2B 电子商务模式

C2B 电子商务模式的核心是聚合相对弱势群体，增强其与强势主体进行交易的话语权，并使其最终获得更大的利益空间。C2B 电子商务模式是对工业时代 B2C 电子商务模式的彻底颠覆，它将产品的主导权和先发权由厂商转移给了消费者。

1. C2B 电子商务模式的主要特征

（1）消费者驱动。

工业时代的商业模式是广义上的 B2C 模式——以厂商为中心；而信息时代的商业模式则是 C2B 模式——以消费者为中心。真正的 C2B 模式要求消费者先提出需求，然后生产企业按需求组织生产。这就需要企业具备消费者思维，站在消费者的角度看问题，准确把握消费者的心态与需求。在“互联网+”时代，消费者越来越重视参与感、体验感、尊重感和成就感。企业只有处理好这“四感”，才能赢得消费者的认可。

（2）以消费者参与定制等方式创造独特价值。

通常在 C2B 电子商务模式下，消费者可以根据自身需求定制产品和确定价格，或者主动参与产品设计、生产和定价，然后由生产企业进行定制化生产。消费者在不同程度、不同环节上的参与，使其个性化需求得到充分满足，这将在供过于求的时代创造独特的体验价值。

（3）网络化的大规模协作。

过去二三十年发展起来的线性供应链已经难以满足 C2B 电子商务模式运行的要求，需要在基于互联网，可开展大规模、实时化、社会化协作的供应链平台上，完成以消费者为中心的社会化分工与协作。

（4）基于互联网和云计算平台。

随着一个又一个环节被互联网化，合作各方需要通过互联网实时共享重要的商业数据，云计算平台作为信息时代最具代表性的商业基础设施，可以大大提高商业协同和决策效率。

2. C2B 电子商务模式的发展阶段

C2B 电子商务模式与实践相结合，大致分为以下三个阶段。

（1）基于价格的团购。

该阶段属于 C2B 电子商务模式的初始阶段，由第三方平台通过聚合众多消费者形成相对较大的采购订单，从而让企业提供更大的优惠空间。这种方式可以使企业提前锁定客户群，有效缓解 B2C 电子商务模式下盲目生产带来的资源浪费，降低企业的生产及库存成本，提高产品周转率，对于商业社会的资源节约起到了极大的推动作用。

（2）基于产品的团购。

该阶段通过第三方平台聚合为数众多的消费者，促使企业按照他们的需求进行设计和生产，甚至可能改变企业所提供的产品内容，如材质、外观设计、组合方式等。

（3）个性化定制。

该阶段的 C2B 电子商务模式极具创新性。对企业而言，其需要在满足消费者个性化定制所需的高成本和群体采购所要求的低价格之间达到平衡。

3. C2B 电子商务模式的支撑体系

（1）个性化营销。

互联网对商业的变革最先发生在营销环节。互联网提供了一个信息互动和人际交互的大平台，极大地提高了营销效率。从精准的为效果付费（Pay for Performance，P4P）广告，走向口碑相传的社交网站（Social Network Site，SNS）营销，在短短十余年间，互联网正在快速催生个性化营销的全新平台。企业由此可直达海量的个性化需求，并使之聚合为相对规模化、标准化、能够支持个性化生意的碎片化市场。与此同时，消费者也可以借此与企业更有效地互动，并以不同形式参与到设计、生产乃至研发环节中。个性化营销使双方围绕蓬勃发展的个性化需求，形成一种新的动态平衡。

（2）柔性化生产。

柔性化生产要求供应链具有足够的弹性，可以根据市场需求快速做出反应，即多款式、小批量可以做，大批量翻单、补货也能快速完成，而且无论大单、小单，都能做到品质统一可控、成本相差无几、及时交货。互联网大量分散的个性化需求，正在以倒逼之势，推动企业在生产方式上具备更强的柔性化生产能力，并将进一步推动整条供应链乃至整个产业的发展，使之在效率响应、行动逻辑和思考方式上逐步适应快速多变的需求。

（3）社会化供应链。

在过去的二十多年间，在信息技术的支撑下，伴随着现代零售业和物流业的发展，发达国家的企业经历了一场供应链重组的变革。沃尔玛与宝洁就是零售商与生产商无缝协作的典范。不过，在互联网普及之前出现的这种供应链体系，在很大程度上是一种以降低成本为导向、协作范围相对有限的线性供应链。由于供应链天然的社会化协作属性，现在这种供应链形态正面临着如何“互联网化”的巨大挑战，也就是如何让供应链各个环节在互联网上“跑起来”。基于网络化的数据共享开展社会化协作，能够大幅提高协同和决策的效率。

目前，一些适应较快、懂得运用电子商务的企业，已经借助互联网交互的特点，实现了产品和业务的创新。在服装、鞋、家具、农产品等实体行业，以及家政护理、旅游、婚庆等服务行业中都出现了一些尝试 C2B 定制的企业。

微案例

爱定客 C2B 个性化定制

2012 年，全球首家个性化定制潮鞋网站爱定客成功上线。消费者只需单击鼠标，根据不同颜色、材质、涂鸦的备选方案，选择鞋头、鞋跟、鞋带等 6～10 个部件，最后再附以个性化签名，即可自己动手设计一款球鞋。

工厂则按照消费者的设计方案进行个性化生产，再把产品配送到消费者手中。过去消费者处在整个庞大制造业的末端，如今爱定客尝试的 C2B 个性化定制模式借助互联网的力量将整个过程颠倒过来了。

1．唤醒消费者需求

爱定客认为，消费者有时候并不清楚自己想要什么，商家所要做的就是通过技术手段去贴近、唤醒和确认消费者需求。例如，让消费者凭空设计一双鞋很难，但商家可以通过模块化设计、主题设计（如影视剧的主题）、设计师款来引导、启发消费者，消费者在这些基本款上稍加改动就能完成一双自己设计的独一无二的鞋。另外，通过 SNS 营销，消费者就能把自己的设计分享给好友并与其一起讨论。在爱定客，来自微博的订单转化率是其官网的 5 倍。

2．前、后端系统连接需求和生产

通过前端电子商务系统和后端 ERP 系统的对接，生产流水线上的工人能够直接通过信息系统看到个性化订单的设计数据及要求，如尺码、面料和颜色等。从消费者的订单完成到工厂启动生产，整个过程仅需10分钟。

3．柔性化生产，做到7天发货

爱定客高度柔性化的生产流程是经过特殊改造形成的。从工人接到订单开始，一双为某个消费者定制的鞋就开始投入生产了，从裁料、成型、包装到快递，整个过程在3～7天即可完成。爱定客走了一条与目前传统鞋业相反的路，从传统鞋业的高库存、低利润走向零库存、高周转率。传统线下鞋业品牌商的交货期是45～60天，销售周期一般需要1～2个月，从采购到回款的周期一般是70～100天，而爱定客的回款周期最快可以达到15天。在鞋行业利润越来越透明的今天，爱定客的资金周转率成为其重要的竞争力。与其他众多鞋业厂商相比，爱定客的人工等制造成本虽然高出平均水平20%～30%，但因为没有仓储成本和库存风险，加上直接销售给消费者，去掉了所有中间商，所以拥有价格优势与较高的利润。

二、O2O电子商务模式

O2O电子商务模式将线下商务的机会与互联网结合在一起，让互联网成为线下交易的前台，为线上平台消费者提供消费指南、优惠信息、便利服务（预订、在线支付、地图等）和分享平台，而线下商家则专注于提供服务。这样线下产品或服务就可以在线上来推广，消费者可以在线筛选产品或服务，并在线完成结算，然后线下提货，体验服务，如图3-3所示。

图3-3　O2O模式

1．O2O电子商务模式的适用企业

O2O电子商务模式的诞生会促进很多新生网络公司提供该服务，尤其是团购类网站，以及本地信息生活服务类平台。对于传统企业来说，究竟什么样的企业适合采用O2O模式呢？

（1）连锁加盟型的零售企业。

像流行美、卡顿之类，或者大型渠道流通品牌商，由于加盟门店分布广，并且有线下服务优势，并不适合B2C电子商务模式，所以可以采取“自建官方商城+连锁分子店铺”的形式，使消费者可以直接向最近门店的网络店铺下单购买，然后在线下体验服务。而在这个过程中，品牌商提供在线客服服务和随时调货支持（在缺货情况下），加盟商收款发货。这种方式适合全国连锁加盟型的零售企业，可以实现线上和线下店铺一一对应。

（2）连锁类餐饮企业。

像小肥羊、真功夫、嘉旺之类的企业，可以借第三方平台，如58同城网、赶集网、窝窝团等，实现加盟企业和分站系统的完美结合，并且借助第三方平台的巨大流量，通过线上下单、线下服务的方式迅速推广，抢占更多消费者。

（3）本地生活服务企业。

酒吧、餐饮、健身、电影院等，可以通过网上商城开展各种促销和预付款活动，实现线上销售、线下服务。

2. O2O 电子商务模式的特点

（1）更好地发挥线下的服务优势，具有体验营销的特色，相对信任度更高，成交率也更高。例如，某发饰连锁加盟企业的核心优势是购买产品免费终身盘发，但是由于是连锁加盟，所以门店只对区域内的会员服务，而这是 O2O 电子商务模式无法解决的问题。

（2）通过网络能迅速掌控消费者的最新反馈信息，易于提供更个性化的服务和获取高黏度的重复消费。

（3）对于连锁加盟型零售企业来说，O2O 电子商务模式一方面能够顺利解决线上、线下渠道的利益冲突问题；另一方面，对于加盟商的管控方便、直接，能将品牌商、加盟商和消费者三者紧密联系起来。

3. O2O 电子商务模式的升级

O2O 电子商务模式是通过线上营销带动线下消费的电子商务模式，通过促销、打折、提供信息、服务预订等方式，把线下商店的消息推送给互联网用户，是单向的。其不足之处在于将线上、线下分得太清楚，并让二者以一种表面和浅层的方式相互融合，实则还是各不相同的。实际上，商业本没有线上、线下之分，而是应该全渠道、全盘打通融合在一起的。无论是在线上还是在线下，商业所要思考的本质问题，不外乎是在什么样的场景下，给消费者提供什么样的服务、创造什么样的价值。

2016 年以来，中国零售业出现了很大的变化，纯电子商务流量红利消失，大型零售超市不断关店，就连大润发超市也是如此。整个传统零售业呈现增速放缓、利润下降的趋势。覆盖实体店、电子商务、移动端和社交媒体的新零售体系的出现，似乎成了解决零售业发展难题的最优解。

“新零售”这一概念最早是由马云在 2016 年云栖大会上提出来的。马云指出，未来 10 年、20 年将没有电子商务这一说法，只有新零售这一说法。也就是说，线上、线下和物流必须结合在一起，才能诞生真正的新零售。线下的企业必须走到线上去，线上的企业必须走到线下来，线上、线下与现代物流结合在一起，才能真正创造新零售。新零售是指企业以互联网为依托，通过运用大数据、人工智能等先进技术手段，对产品的生产、流通与销售过程进行升级改造，对线上服务、线下体验和现代物流进行深度融合，进而重塑业态结构与生态圈。新零售是 O2O 电子商务模式的升级版本，正在帮助更多传统零售商家实现线上、线下叠加式增长。

微知识

传统企业玩转 O2O 的三种境界

2013 年 12 月，阿里巴巴与海尔集团联手，共同打造大件商品电子商务物流。在 2013 年“双 11”期间，海尔日日顺已开始尝试 O2O，约 2000 家线下门店参加了 O2O 活动。客户在线上订购海尔的产品，大概两个小时就能收到。

为海尔日日顺、全友家居、鄂尔多斯集团提供 O2O 技术服务的维富友软件公司总经理介绍，拥有实体门店和传统品牌的企业做 O2O，将经历三个阶段。

1．线上下单，门店送货

消费者在线上下单，送货服务由线下实体门店完成。这种模式将线上流量和实体门店的货源对接，线上接单后派给线下渠道发货，打通了物流和仓储，提升了消费者的购物体验。例如，2013 年“双 11”期间，鄂尔多斯集团的线上订单中就有 50%订购的是线下商品，其中有的线下经销商 1 天内完成了单个门店 1 年的销售额指标。

2．门店消费者，线上下单

到达实体门店的消费者还需要在线上下单的原因是实体门店存在很高的缺货率。拿服装来说，消费者选中某款衣服后，实体门店中可能没有其喜欢的颜色或合适的尺码，这种缺货比例为 5%～10%。于是，实体门店的销售员拿出平板或电脑让消费者在线上下单，通过系统调用最近的仓库货源，给消费者送货，避免订单流失。

3．人人导购，店店发货

通过二维码等技术，任何一名消费者都可以成为某个品牌的导购员。消费者可在手机、平板电脑、计算机等任何终端上分享自己喜欢的商品。而这个商品上带有二维码和消费者的 IP，如果其他消费者通过这个链接完成交易，分享者就能拿到奖励，同时订单将被派给离消费者最近的实体店来处理。

三、社交电子商务模式

在以社交为主要特点的移动互联网时代，消费呈现场景化、社交化趋势，同时消费人群更加细分，移动电子商务社交化成为一种趋势。在社交网络时代，消费者的购买行为越来越多地受到微信等社交媒体平台好友推荐的影响，社交对消费者消费行为的影响可以说无处不在。

（一）社交电子商务的概念

所谓社交电子商务，实际上是电子商务在社交媒体环境下的一种衍生模式，是社交媒体与电子商务的一种结合。具体来说，社交电子商务是借助微信、微博等社交媒体，通过社交互动、用户自己生成内容等手段来辅助商品的销售，并将关注、分享、沟通、讨论等社交元素应用于电子商务交易过程的一种模式。简单地讲，通过时下流行的社交媒体，与粉丝进行互动来拉动商品的销售，就是社交电子商务。总体而言，社交电子商务的核心在于“场景+内容+社群”，场景可以从根本上激发购买行为，形成刚需和流量；内容则产生有效链接；社群则是整个链条的驱动力量。

从 2014 年开始，智能手机等移动终端开始普及，人们的上网习惯发生了巨大的改变，不再花费好几个小时一直坐在计算机前面，而是使用手机随时随地上网，上网的时间也越来越碎片化，随之而来的是人们的社交需求越来越强烈。微信、微博等社交媒体让趣味相同的人聚集在一起通过文字、图片、视频等信息进行交流互动，随后这些信息又以不同的方式被分享、传播，于是巨大的社交流量由此产生。单就微信生态下的流量红利来说，微信月活跃用户超 10 亿名，微信占据了用户 50%以上的移动上网时间，触达了大量传统电子商务未能有效覆盖的用户群体。在巨大的移动社交流量红利下，社交电子商务应运而生，并且进入飞速发展阶段，不少企业和商家纷纷发力社交电子商务。2017 年，拼多多的崛起印证了社交电子商务的潜力。据统计，2017 年，拼多多获客成本仅为 11 元/人，低于大多数电子商务平台。2018 年，拼多多第一季度成交总额（Gross Merchandise Volume，GMV）超过 600 亿元，月活跃用户数高达 1.6 亿人。2019 年，拼多多成交总额达 10 066 亿元，同比增长 113%，月活跃用户数达到 4.8 亿人。

（二）社交电子商务与传统电子商务的区别

传统电子商务设置有评论板块，一些消费者的评论对其他有消费意向的消费者的购买决策会产生影响。这些消费者之间没有任何交互关系，只有评论信息有足够的说服力才可能带动其他消费者下单，且评论信息难以被扩散和传播。

而社交电子商务则不同，社交媒体平台上所有有亮点的话题和内容都可能被大范围传播，并且能够对其他用户产生影响，这就是社交电子商务的核心竞争力。社交电子商务和传统电子商务的具体区别如下。

（1）传统电子商务以商品为中心，商家与消费者之间的纽带是商品，只有当商品卖出后，商家才知道消费者是谁；社交电子商务以人为中心，需要先建立人与人之间的联系，再进行商品销售。

（2）传统电子商务的流量更依赖于搜索流量，流量的获取成本较高；社交电子商务的流量更依赖于人与人之间的分享、传播，流量的获取成本较低。

（3）传统电子商务中，平台和品牌的资质信誉是关键；社交电子商务则更重视人与人之间的信任关系，对新品牌来说机会更大。

（4）传统电子商务创业的门槛越来越高，需要具有美工、运营、推广、客服、仓库等各方面的职能；社交电子商务的门槛较低，只需要一部手机即可开始创业。

（5）传统电子商务的用户资源属于漏斗型，如找到 1000 名访客，然后通过营销推广，最后转化 50 单交易；社交电子商务的用户资源属于发散型，如 10 名消费者参与分享、传播，每人帮卖 5 单即可实现 50 单交易。

（6）传统电子商务面向大众群体，消费群体不稳定，消费者随时可能选择其他的商家；而社交电子商务，企业通过社交互动与消费者建立信任关系，消费者的忠诚度高。

（三）社交电子商务的分类

近两年，众多社交电子商务模式兴起，包括社交内容电子商务、社交零售电子商务和社交分享电子商务，下面分别进行介绍。

1. 社交内容电子商务

社交内容电子商务是适用范围最广的社交电子商务模式，它的主要手段是将兴趣爱好相同的消费者聚集起来，建立社群，然后推送高质量的内容提高消费者黏性，同时吸引更多的消费者访问，积累更多粉丝。

社交内容电子商务由内容驱动交易，因此需要持续不断地输出高质量的内容，而高质量的内容容易引起互动传播，能提高转发率和复购率，如针对社群成员共同的消费痛点创作的品牌或商品的营销文案。这就要求输出内容必须以消费者为中心，尽量满足消费者的需求。

目前，比较典型的社交内容电子商务平台有小红书、抖音等。

（1）小红书的社群包括“母婴圈”“时尚圈”“护肤圈”“美食圈”等，并借助明星、“网红”、关键意见领袖（Key Opinion Leader，KOL）的影响让品牌或商品在短时间内集中爆发。小红书以图文内容分享为主，文案整体篇幅较长，通常包含了商品成分、商品的使用体验、使用场景等信息，这些优质用户原创内容（User Generated Content，UGC）可以让消费者更详细、更直观地了解商品，具有较强的说服力。

（2）抖音以视频内容分享为主，通过直观的商品功能展示、商品使用场景展示引起消费者的关注和传播，为品牌或商品做宣传。在淘宝网等购物网站上也会实时上线很多“抖音同款”。截至 2019 年 1 月初，抖音国内日活跃用户数突破 2.5 亿人，月活跃用户数突破 5 亿人。

2. 社交零售电子商务

社交零售电子商务是以个体自然人为基本单位，通过社交媒体，利用个人社交人脉圈进行商品交易及提供服务的新型零售模式。这类模式一般是指企业通过整合商品、供应链和品牌，开设自营店，并开发线上分销商，招募大量个人商家，进行产品的一件代发，最终形成分销裂变。

与传统线下实体零售一样，社交零售的基本盈利点是商品的渠道分销利润。区别在于线下实体零售主要以实体店作为渠道载体；而社交零售以个体自然人作为渠道载体，并且利用互联网及社交网络提高渠道运营效率。目前，比较典型的社交零售电子商务平台有云集微店、苏惠电商等。

（1）云集微店是个人零售服务平台，现已更名为云集。云集最开始是一家社交电子商务平台，后来转为会员电子商务平台，现在是一家会员制社交电子商务平台，2019 年在美国上市，被称为“中国会员电子商务第一股”，覆盖美妆、母婴、健康食品等品类，为个人商家提供物流、仓储、客服、培训、IT 技术支持等服务。大量个人商家通过社交关系扩散商品信息，增加商品曝光度，终端消费者看到商品信息后在云集下单，由云集官方完成配送和售后服务。订单完成后，个人商家即可获得提成收益。

（2）苏惠电商是一个社交电子商务平台，旗下“苏惠臻享”社交电子商务平台是苏惠电商在互联网科技板块布局的关键项目产品，具备购物、社交、创业三重属性。公司以平台为端口，逐步接入大健康、民生新零售、农业等项目，通过平台引流实现多产业、多项目之间的互通共融，搭建苏惠“实业+科技”共建、共生、共享、生态闭环系统。

3. 社交分享电子商务

社交分享电子商务抓准许多消费者讲究实用实惠的心理特质，利用低门槛促销活动鼓励消费者分享商品，进行商品推广，吸引更多的消费者购买，以达成销售裂变的目标。社交分享电子商务对供应链效率及运营监管要求较高，需要雄厚的资金和大量专业人才的支持。

社交分享电子商务最典型的模式是拼团模式。拼团模式最大的优势在于可以使消费者用相对较低的价格买到高质量的商品，其高性价比在三、四线及以下城市具有较大优势，由于三、四线及以下城市人口相对集中，该模式可以通过拼团砍价的形式吸引更多追求高性价比的消费者群体。目前，比较典型的社交分享电子商务平台有拼多多、京东拼购等。

（1）拼多多的成功在于立足微信海量的流量形成低成本用户裂变，抓住三、四线及以下城市的用户对高性价比需求的真正痛点，然后找到爆款商品来形成销售闭环。它借助“社交+拼团+低价”的组合，促使消费者发起亲朋好友之间的拼团，实现用户数量的快速增加。

（2）京东拼购的实际操作规则与拼多多大同小异：消费者看中一件商品之后，可以选择自己开团或参团，然后通过社交分享邀请更多的好友参团；当在有效时间内达到成团人数后，即可以以拼购价购买商品。虽然采用低价拼购，但京东拼团的商品同样由京东自己的物流仓储和售后部门来提供保障。

无论是哪种社交电子商务模式，其销售策略都是以人为中心的。而不同的模式也面临着不同的挑战。社交内容电子商务依靠高质量的内容吸引用户，但内容容易被复制，导致内容同质化严重；社交零售电子商务依靠推广提成收益吸引分销代理加盟商，但受微信等社交媒体的监管影响较大；社交分享电子商务靠低价高质的商品吸引用户，需要避免商品低价低质的情况出现。需要注意的是，社交电子商务的核心还是电子商务，供应链控制、商品品质、用户服务、消费体验等依旧是企业或品牌竞争的关键。

微知识

微商

微商也可归于社交电子商务的范畴，因为微商是通过微信生态所形成的电子商务模式。但微商更多是以众多个体之间的商品买卖为中心的，可以将其简单理解为将传统的商品代理批发搬到了微信上，其收入大多来自商品的差价和品牌公司给予的销售返利。2019 年 1 月 1 日，《中华人民共和国电子商务法》正式实施，微商被纳入电子商务经营者范畴。

（四）社交电子商务的运营条件

社交电子商务，顾名思义，社交是核心，是建立在人与人之间的交流之上的。因此，无论是哪种模式的社交电子商务，都建立在这两个条件之上：一是熟人关系；二是信任关系。缺少任何一个条件，社交电子商务都无法继续运营下去。

1. 熟人关系

社交电子商务是通过人与人之间的社交活动来促成交易的。因此，买卖双方关系越紧密，越容易促成交易行为。一般基于熟人关系的关系链可以分为以下三个层级。

（1）浅层关系：平时没有任何交集的陌生人。

（2）中度关系：关系一般的普通朋友。

（3）深度关系：亲戚、关系密切的朋友。

消费者通过社交媒体发起购物活动，通常是将商品购买链接分享给亲戚、关系密切的朋友，一起享受低价优惠，让好友之间形成一种良性的互动。因此，深度关系更容易促成交易行为。当然，浅层关系也能促成交易行为，如将购物链接发送到一些微信群中，邀请不熟悉的群成员一起参与购买。

事实上，每个人的熟人关系是有局限的，社交零售电子商务或微商需要通过微信、微博等平台开发更多人脉关系，同时浅层关系通过互动交流也能转化为中度或深度关系，因此关系维护是很重要的。

2. 信任关系

除了熟人关系，信任关系也是社交电子商务运营的重要条件。信任关系的核心在于如何实现社交关系的裂变，信任关系所催生的经济效应是由人脉关系和影响力来驱动的。例如，小红书这类社交电子商务平台主要依靠明星、“网红”生成高质量的内容，要想不断激发出消费者的消费欲望，就需要借助这些明星、“网红”的影响力，让消费者依赖平台的人脉关系和影响力。

熟人关系和信任关系是相辅相成的，熟人之间本身就拥有信任关系，在此基础上，只要对商品感兴趣就能促成交易。反之，建立了信任关系后，就能让关系从陌生转变为熟悉，从而有利于促成交易。社交电子商务的价值在于消费者之间的互动和分享，在拥有高品质商品的前提下，熟人、朋友的推荐在形成购买决策的过程中将起到非常重要的作用。

素质园地

创新驱动发展，电子商务创新永远在路上

新一代信息技术加速发展，电子商务新业态、新模式不断涌现，社交电子商务、直播电子商务、生鲜电子商务产业链日趋完善。电子商务加速线上线下融合、产业链上下游融合、国内外市场融合发展。传统零售企业数字化转型加快，全国连锁百强企业线上销售规模占比不断增长。服务业数字化进程加快，在线展会、远程办公、电子签约日益普及，在线餐饮、智慧家居、共享出行便利了居民生活。农村电子商务畅通了工业品下乡、农产品进城渠道，加速推进农业数字化，2020 年全国农村网络零售额达 1.79 万亿元，是 2015 年的 5.1 倍。跨境电子商务蓬勃发展，2020 年跨境电子商务零售进出口总额达 1.69 万亿元。电子商务以数据为纽带，加快与制造业的融合创新，推动了智能制造发展。

知识自测

一、名词解释题

商业模式；精益画布；客户细分；价值主张；B2B 电子商务模式；B2C 电子商务模式；C2C 电子商务模式；C2B 电子商务模式；O2O 电子商务模式；新零售；社交电子商务

二、单项选择题

1．对整个精益画布来讲，以价值主张模块为分隔线，其左侧的四个模块更重视（　　）。

A．成本　　B．效率　　C．资源　　D．业务

2．对整个精益画布来讲，以价值主张模块为分隔线，其右侧的四个模块更重视（　　）。

A．收入　　B．用户　　C．渠道　　D．价值

3．按消费者购买商品的使用率来细分市场，细分标准是（　　）。

A．人口变量　　B．地理变量　　C．心理变量　　D．行为变量

4．按消费者的生活方式来细分市场，细分标准是（　　）。

A．人口变量　　B．地理变量　　C．心理变量　　D．行为变量

5．电子商务经过 20 多年的高速发展，电子商务平台的获客成本越来越高，流量红利（　　）。

A．增加　　B．减少　　C．不变　　D．不确定

6．与水平型综合类 B2B 电子商务模式相比，垂直型专业类 B2B 电子商务模式的主要优点是（　　）。

A．行业全　　B．服务全　　C．专业性强　　D．内容丰富

7．（　　）不属于水平型综合类 B2B 电子商务模式。

A．环球贸易网　B．全球纺织网　C．慧聪网　D．中国制造网

8．威客属于（　　）电子商务模式。

A．B2B　B．B2C　C．C2C　D．O2O

三、多项选择题

1．精益画布中处在底层位置的模块是（　　）。

A．客户关系　B．价值主张　C．成本结构　D．收入来源

2．精益画布中处在价值主张模块左侧的是（　　）。

A．重要合作伙伴　B．关键业务活动　C．核心资源　D．渠道通路

3．市场细分变量包括（　　）。

A．人口变量　B．地理变量　C．心理变量　D．行为变量

4．商业模式创新的维度包括（　　）。

A．战略定位创新　B．资源能力创新

C．商业生态环境创新　D．混合商业模式创新

5．商业模式创新的方法有（　　）。

A．改变收入模式　B．改变企业模式

C．改变产业模式　D．改变技术模式

6．B2B 电子商务模式的特点是（　　）。

A．交易金额大　B．交易对象广泛　C．交易操作规范　D．交易过程复杂

7．下面属于垂直型专业类 B2B 电子商务平台的是（　　）。

A．中国化工网　B．全球五金网　C．阿里巴巴　D．慧聪网

8．无形商品或服务的电子商务模式包括（　　）。

A．网上订阅模式　B．付费浏览模式

C．广告支持模式　D．网上赠予模式

9．以下（　　）属于 B 型威客网。

A．百度知道　B．任务中国　C．孙悟空威客网　D．猪八戒威客网

10．社交电子商务包括（　　）。

A．社交内容电子商务　B．社交零售电子商务

C．社交分享电子商务　D．社区团购电子商务

四、判断题

1．企业的商业模式是一成不变的。（　　）

2．无论大小，企业都有自己的商业模式。（　　）

3．将冲动型消费者确定为细分用户，这是将行为变量作为细分标准。（　　）

4．在细分用户时只用一种细分变量作为细分标准就可以。（　　）

5．京东商城是 B2C 电子商务模式。（　　）

6．按交易额计算，目前 B2B 电子商务交易额占全部电子商务交易额比重最大。（　　）

7．C2B 电子商务模式是以消费者为中心的电子商务模式。（　　）

8．微商是不合法的。（　　）

五、简答题

1．简述价值视角的商业模式内涵。

2．简述商业模式创新的意义。

3．企业开展 B2B 电子商务的基础是什么？

4．B2B 电子商务的盈利模式是什么？

5．B2C 电子商务的盈利模式是什么？

6．C2B 电子商务模式的主要特征是什么？

7．试分析 B2B 电子商务发展阶段及趋势。

拓展训练

1．组建一个 3～5 人的创业团队，策划一个电子商务创业项目，并通过网络渠道开展调查、收集相关资料和数据，进行团队讨论，对市场、商业模式、运营管理、财务分析和风险管理进行策划与分析，形成比较成熟的项目实施方案。进而按“互联网+”大学生创新创业大赛或全国大学生电子商务“创新、创意及创业”挑战赛或“e 路通杯”中国大学生电子商务大赛或“挑战杯”大学生创业大赛等赛项要求，撰写商业计划书，参加本校区的大赛遴选。

2．访问三个威客电子商务平台，根据自己的特长，申请加入并至少完成一项任务。

3．访问阿里巴巴和环球资讯网，分析两个网站的特点，就其盈利模式、目标客户等进行对比，并写成分析报告。

第四章

网络营销推广

学习目标

知识目标

1. 了解网络营销的含义及与电子商务的关系；
2. 熟悉网络营销的基本职能；
3. 掌握网络市场调查的方法；
4. 掌握网络营销的主要工具。

技能目标

1. 能够开展网络市场调查；
2. 能够实施网络广告营销；
3. 能够实施搜索引擎营销；
4. 能够开展社会化网络营销；
5. 能够进行网络直播和短视频营销；
6. 能够运用其他网络工具开展网络营销。

素质目标

1. 培养学生运用网络营销工具讲好中国故事、塑造中国品牌的能力；
2. 培养学生遵守国家法律法规，树立规范电子商务行业有序发展人人有责的意识。

知识导图

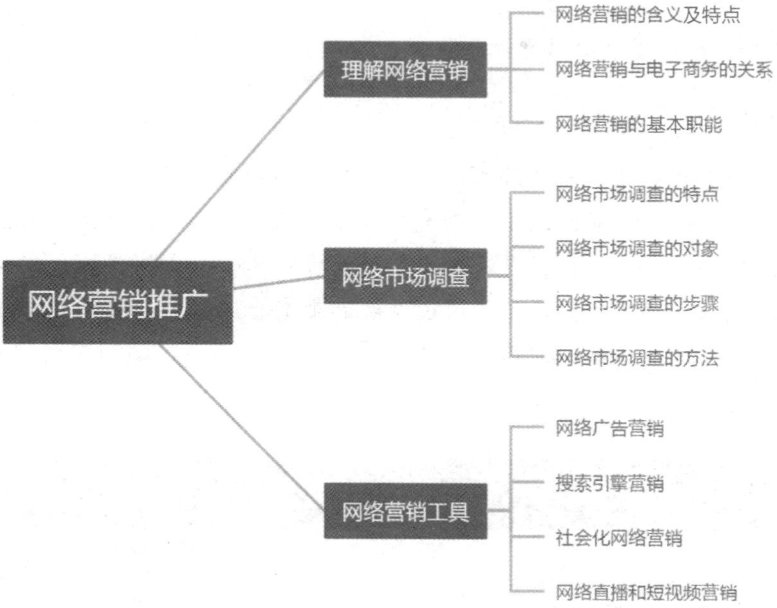

开篇案例

成功的网络视频制作人之一——李子柒

随着移动互联网的发展，新媒体进入了野蛮生长的时期，在此背景下短视频、直播、秀场等捧红了一大批各类“网红”，在资本或团队的策划下，这些“网红”成为当下最大的流量受益者。在这些“网红”中，李子柒算是一个特别的存在。

2017 年，“中国第一网红”李子柒，被评论为“活成了别人梦想中的样子”。在中国竞争极其激烈的网络视频领域，李子柒的农村生活风格脱颖而出。就是这样一个清雅的女子，在田园乡野之中追求着返璞归真的生活，她用自己的双手从头开始创造一切，从用新鲜的葡萄汁染衣服到用她花园里的玫瑰制作传统口红，再到骑马寻找食材，为一顿又一顿的美味佳肴做准备。在如诗如画的农家小院里春种秋收，自己烹食、摘果、酿酒，用岁月静好来形容一点也不为过。

李子柒的成功离不开其视频的精准定位和视频内容的精美呈现。李子柒生活中的点点滴滴离生活在都市里的人过于遥远。李子柒用近乎日记一样的视频，记录着生活的点点滴滴，其中还穿插着山间呼啸的风、天空行走的云、溪中跳跃的鱼，圆了很多被现实禁锢着的普通人的梦。她的沉思和空灵的表现，引起了在中国都市生活的年轻人的共鸣，进而成为网络名人。她收获的不仅是金钱、房产，还有她本身，而她由代工厂加工的产品不一定好吃，但是精彩的视频、精美的包装使产品已经不仅仅是产品，而变成了名人周边。

案例思考：

1. 你如何看待李子柒的成功？
2. 李子柒在营销方面做对了哪些事？

案例启示：

打造个人品牌与打造商品品牌有很多共同之处，如何挖掘价值？如何传播价值？如何让价值深入人心？个人品牌是个人拥有的外在形象和内在涵养所传递的独特、鲜明、确定、易被感知的信息集合体，具有足以引起消费群体认知或消费模式改变的力量，具有整体性、长期性、稳定性。李子柒通过系统的带有古风特色的视频成功塑造了中国传统乡土文化传播与传承题材的领袖形象。

第一节　理解网络营销

一、网络营销的含义及特点

网络营销亦称作线上营销或电子营销，是指在互联网的基础上，以线上营销为导向、以网络为工具，由营销人员利用专业的网络营销工具，面向广大网民开展一系列营销活动的新型营销方式。网络营销也可以理解为以互联网为基础，利用数字化的信息和网络媒体的交互性来辅助营销目标实现的一种新型的市场营销方式。简单地说，网络营销就是以互联网为主要手段进行的，为达到一定营销目的的营销活动。其主要特点如下。

（一）时域性

由于互联网能够不受时间和空间的约束来进行信息的交换，所以网络营销可以最大限度地利用时间和空间进行营销活动，脱离时空限制。

（二）多媒体性

互联网的信息传递方式是丰富多样的，可以是文字、声音、图像等，也可以是视频、微电影等信息传递方式，可以充分发挥营销人员的创新性和能动性。

（三）交互式

互联网的双向沟通与互动是通过展示商品图像、资料和资料库所提供的相关查询来实现的。不但如此，其还可以应用到对产品的测试与消费者满意度调查中去。互联网是为产品联合设计、信息发布提供的最佳平台。

（四）个性化

互联网的促销采取的是自愿性的一对一方式，而且具有人性化，免去许多推销员强势推销的干扰。信息提供与交互式的交谈，还可以使推销员与消费者保持长期友好的关系。

（五）发展性

互联网正在高速发展，年轻一代是使用互联网最多的群体，而这部分群体的市场性是非常强大的，因此网络营销是一条具有较大开发潜力的市场渠道。

（六）整合性

网络营销是从发布商品信息至收款，并涵盖售后服务的全程式营销渠道，可以避免信息传播不一致性产生的消极影响，以统一的方式向消费者传递信息。

（七）前瞻性

互联网是一种兼具渠道、促销、电子交易、互动顾客服务及市场信息分析的多功能营销工具，其所具备的每一项功能都符合定制营销与直复营销的未来趋势。

（八）高效性

互联网可存储的大量信息可以替代消费者查询相关需求，且可传送的信息数量也要比其他媒体更多、精确度也更高，最重要的是其能很好地适应市场需求或是根据市场的变动，及时更新产品或价格，满足顾客的多方面需求。

（九）经济性

互联网以信息交换代替实物交换的方式进行信息的传播，不但可以减少印刷与邮递成本，做到无店面销售，无租金、低成本投资、高成效收益，还减少了由多次交换带来的成本投资。

（十）技术性

网络营销涉及网络的各方面，范围比较广泛，所以对网上工作者的技术要求相对一般工作者来说要更高些。

微知识

营销的核心理论

经典的营销学理论包括 4P 营销理论和 4C 营销理论。4P 营销理论是由美国营销学学者杰罗姆·麦卡锡教授提出的四大营销组合策略，包括产品（Product）、价格（Price）、渠道（Place）和促销（Promotion）。这个理论是从企业的角度出发的，企业为了销售产品，通过这四个策略将企业与客户联系在一起。这是传统营销的核心理论。

4C 营销理论是由美国营销专家劳特朋教授在 1990 年提出的。它以消费者需求为导向，强调企业首先应该把追求客户满意放在第一位，其次是努力降低客户的购买成本，再次要充分注意到客户购买过程中的便利性，最后还应以客户为中心实施有效的营销沟通。此理论的英文单词首字母都是以“C”开头的，分别是客户（Customer）、成本（Cost）、沟通（Communication）、便利（Convenience）。这是网络营销的核心理论。

二、网络营销与电子商务的关系

网络营销与电子商务是一对紧密相关又具有明显区别的概念，初次涉足网络营销领域者很容易混淆这两个概念。例如，企业建一个普通网站就认为是开展电子商务，或者将在网上销售商品称为网络营销等，这些都是不确切的说法。网络营销不等于电子商务，二者的区别具体如下。

（一）网络营销与电子商务研究的范围不同

电子商务的范围很广，其核心是电子化交易，强调的是交易方式和交易过程的各个环节；而网络营销注重的是以互联网为主要手段的营销活动。网络营销和电子商务的这种关系也表明，发生在电子交易过程中的网上支付和交易之后的商品配送等问题并不是网络营销所包含的内容。同样，电子商务体系中所涉及的安全、法律等问题也不适合全部包含在网络营销中。

（二）网络营销与电子商务的关注重点不同

网络营销的关注重点在交易前的宣传和推广；电子商务的标志之一则是实现了电子化交易。网络营销的定义表明，网络营销是企业整体营销战略的一个组成部分，可见，无论是传统企业还是基于互联网开展业务的企业，无论是否有电子化交易的发生，都需要网络营销，但网络营销本身并不是一个完整的商业交易过程，而是为促成交易提供支持的，是电子商务中的一个重要环节，尤其是在交易发生之前，网络营销发挥着主要的信息传递作用。从这种意义上说，电子商务可以被视为网络营销的高级阶段，一个企业在没有完全开展电子商务之前，同样可以开展不同层次的网络营销活动。

以上两个方面表明了网络营销与电子商务的关系：网络营销与电子商务研究的范围不同；网络营销与电子商务的关注重点不同。不过，网络营销与电子商务是密切相关的，网络营销是电子商务的组成部分，开展网络营销并不等于一定实现了电子商务（指实现网上交易），但实现电子商务一定是以开展网络营销为前提的，因为网上销售被认为是网络营销的职能之一。

三、网络营销的基本职能

网络营销的基本职能不仅表明了网络营销的作用和工作重点，也说明了网络营销对效果的要求，具体可归纳为以下八个方面：网络品牌、网络推广、信息发布、销售促进、销售渠道、顾客服务、顾客关系、网上调研。对网络营销基本职能的认识有助于全面理解网络营销的价值和网络营销的内容体系，因此网络营销的基本职能是网络营销的理论基础之一。

（一）网络品牌

在互联网上建立并推广企业品牌是网络营销的重点之一。通过网络推广，知名品牌可以在互联网上得以延伸，一般品牌可以快速树立品牌形象，甚至提升企业整体形象。在一定程度上说，通过一系列的网络推广，不但可以使顾客和公众对企业具有一定的认知，还会使自身的价值高于从网络上获得的直接收益。

（二）网络推广

网络推广作为网络营销的核心工作，对企业品牌的营销来说是相当重要的一环。相较于其他网络营销职能，网络推广显得更为重要。因为网站所有功能的发挥都是基于访问量实现的，所以网站是否能对自身产品有很好的宣传，是网络营销实施前最为关注的问题之一。

（三）信息发布

网站是企业发布信息的主要平台之一，这种方式可以把相关信息传递到范围较广的目标人群中去。

（四）销售促进

营销的基本目的是增加销售额度，增加企业的收益，网络营销的目的也是一样的。大部分的网络营销方法，不管是直接的还是间接的，都与促进销售有关。网络营销对于促进线下销售的价值是值得肯定的。

（五）销售渠道

对于网络营销来说，它的销售渠道应该是多样化的，其销售渠道建设也不限于企业网站，还包括建立在电子商务平台上的网店及其他不同形式的合作。

（六）顾客服务

互联网提供的在线顾客服务发展得越发方便和人性化，从形式最简单的常见问题解答和邮件列表，到 BBS、MSN、聊天室等各种即时通信软件，这些服务体系的发展都是网络营销顾客服务质量提高的因素之一。

（七）顾客关系

网络营销想要取得成功，必须建立在良好的顾客关系基础上。网络推广不只是品牌宣传，也是与顾客互动、增进关系的一种手段。

（八）网上调研

通过在线调查表或电子邮件等方式，可以完成网上调研。相对于传统市场调研，网上调研具有高效率、低成本的特点，因此网上调研成为网络营销的基本职能之一。

开展网络营销的意义就在于充分发挥各种职能，让网上经营的整体效益最大化，仅仅由于某些方面效果欠佳就否认网络营销的作用是不合适的。

网络营销的基本职能是通过各种网络营销方法来实现的，各个基本职能并不是相互独立的，同一种职能可能需要多种网络营销方法共同作用，而同一种网络营销方法也可能适用于多种网络营销职能。

第二节　网络市场调查

市场调查是网络营销工作的关键环节，网络市场调查就是基于互联网进行营销信息的收集、整理、分析和研究的过程。一定阶段、一定地区内的市场竞争状况、商品情况、消费需求和购买行为变化、目前营销策略的效果、未来市场成长的机会和潜力等都可以通过网络市场调查取得基础数据资料。企业通过对详细的市场调查数据进行分析，可以解决市场营销的难题，为企业制定营销目标、价格策略及商品计划等提供科学依据。

一、网络市场调查的特点

基于互联网的特点，与传统市场调查相比，网络市场调查具有以下几个方面的特点。

1. 网络市场调查信息的及时性和共享性

网络中信息传播的速度非常快，任何连接到网络中的用户都能快速接收到来自各方的信息。企业可以采取各种手段进行信息的收集与统计，通过网络统计分析软件快速看到调查结果，大大提高了市场调查的效率。同时，由于网络的开放性，任何用户都可以主动参与调查，成为调查对象，并自主查看调查结果，充分体现了网络市场调查信息的共享性。

同时，这部分参与市场调查的用户一般都是企业商品或服务的潜在消费者，会认真思考并回复调查的问题，保证了调查结果的客观性和真实性，能够反映真实的消费者需求和市场发展的趋势。

2. 网络市场调查方式的便捷性和经济性

网络市场调查只需要一台能够上网的计算机就能开展调查工作，无论是调查者还是被调查者都能通过网络进行交流，十分方便；并且，还能节省传统调查方式中大量的人力、物力、财力和时间资源，调查者只需在网络上发出调查请求并提供相关信息，被调查者就能按照自己的意愿参与调查并回复。调查过程不会受到外界环境，如天气、交通和运输等因素的影响，调查结果也可以直接用计算机自动处理完成，是一种十分便捷、经济的调查方式。

3. 网络市场调查过程的交互性和充分性

由于网络的交互性，在进行网络市场调查的过程中，消费者可以主动对商品或服务的设计、定价等一系列内容发表自己的意见，避免了传统调查方式中因问题不合理而出现的结果偏差。这种调查方式是一种双向互动的沟通方式，大大提高了消费者参与调查的热情与积极性，并且能够及时向企业反馈信息，使企业的营销决策能有的放矢。

同时，网络市场调查方式还具有传统调查方式（如留置问卷、邮寄问卷）的优点，被调查者拥有充分的时间来进行思考，并能自由发表自己的看法。

4. 网络市场调查结果的可靠性和客观性

由于网络市场调查的被调查者一般都对企业的商品或服务比较感兴趣，调查的针对性很强，被调查者也会相对认真地回答相关问题，调查结果的可靠性较高。并且，由于网络市场调查不受其他人为因素的干扰，调查结果的准确性较高，能够最大限度地保证调查结果的客观性。

5. 网络市场调查无时空和地域的限制

网络市场调查是基于互联网环境进行的，很好地解决了传统市场调查的时空和地域限制等问题。企业可以任意选择时间进行调查，被调查者可以在全天的任何时间参与调查。

6. 网络市场调查信息的可检验性和可控制性

通过互联网，企业可以方便地进行网络市场调查信息的收集，并对信息的质量进行系统检验和控制。企业可以对调查内容附加全面规范的指标解释，防止因被调查者对内容理解不当或与调查员解释口径不一致造成的调查结果偏差。另外，网络市场调查的结果由计算机依据设定的检验条件和控制措施自动实施，保证了调查的准确性和客观公正性。

二、网络市场调查的对象

网络市场调查的对象主要包括消费者、竞争者、合作者等相关人群，企业通过对目标人群进行调研，可以分析市场营销机会，及时调整营销策略。

1. 消费者

不同的市场拥有不同的消费者，不同的消费者会体现出不同的特征和差异性。企业在进行网络市场调查时，应该通过网络跟踪目标消费者的购买行为，调查其购买意向，收集消费者对企业、商品、服务、支付、配送、性价比等各方面的意见，综合整理后以供参考。

2. 竞争者

网络营销环境下的企业竞争者不仅包括现有处于竞争关系的企业，还包括潜在竞争者、商品替代者等。企业应分析不同类型的竞争者带来的威胁，了解竞争者的营销动向、商品生产、企业管理等信息，结合消费者的反馈，分析出本企业的威胁和机会，作为制定营销策略的依据。

3. 合作者

企业的联盟企业、供应商、第三方代理等提供的行业评估信息也可以为企业的网络营销策略提供有价值的信息数据。

三、网络市场调查的步骤

网络市场调查具有一定的独特性，主要分为以下五步。

1. 明确问题与目标

网络市场调查的首要条件是明确调查的问题与目标，即调查什么、为什么调查。然后根据这个目标来确定调查的范围、内容和方法，制订详细的调查计划。一般来说，可以从以下五个角度来设定调查目标。

（1）谁最有可能在网上使用你的商品或服务？

（2）谁最有可能购买你提供的商品或服务？

（3）在同类型的行业中，谁已经开展了网络业务，具体在做什么？

（4）你的竞争者对你的目标消费者的影响如何？你的目标消费者对竞争者的印象如何？

（5）企业的日常运作要受哪些法律、法规的约束？如何依法运营？

2. 制订调查计划

明确调查问题与目标后，即可根据目标来制订有效的调查计划。调查计划是对调查本身的具体设计。传统市场调查计划主要包括调查的目的与要求、调查对象的范围与数量、调查样本的选择及抽样方法、调查项目与内容等。一般情况下，网络市场调查主要包括确定资料来源、调查方法及手段、抽样方案和联系方法等。

（1）确定资料来源。市场调查的资料来源可能是一手资料也可能是二手资料。一手资料是调查人员通过现场实地调查，直接向有关调查对象收集的资料；二手资料则是经过他人收集、记录和整理所积累的各种数据资料。只要保证资料来源的准确性与真实性，不管是一手资料还是二手资料都可以被采用。

（2）确定调查方法及手段。网络市场调查的方法有很多，如网上搜索法、在线调查法和电子邮件调查法等，具体采用哪一种调查方法需要企业根据实际情况确定。

（3）确定抽样方案。抽样方案包括抽样方法、抽样数量和样本判断准则等内容。

（4）确定联系方法。网络市场调查一般通过电子邮件、QQ 等方式进行网上交流。

3. 收集信息

互联网不受时间和空间的限制，因此企业可以在全国甚至全球范围内收集信息。网络中的信息丰富且繁杂，企业需要采用合适的方法才能找到需要的信息，从而行之有效地用于网络市场调查。网上搜索、在线问卷调查等方法均可用于收集所需信息。

4. 分析信息

收集信息后，调查人员就需要对信息进行分析，从庞大的数据中提炼出与调查目标相关的信息，作为后续工作的依据。分析信息需要借助一些数据分析技术，如交叉列表分析技术、概括技术、综合指标分析和动态分析等，或者采用国际上较为通用的 SPSS、SAS 等分析软件。

不管采用哪种方法进行分析，都要保证分析的速度、准确性与真实性，因为在网络信息时代，信息的传播非常迅速，如果竞争者比你更快地占据了市场，你的企业就将失去优势。

5. 提交调查报告

网络市场调查的最后一个步骤是撰写调查报告。这需要调查人员把调查情况与市场营销策略结合起来，以标准的调查报告的书写格式，写出调查报告并提交。

网络市场调查报告的内容主要包括标题、目录、引言、正文、结论、启示及建议和附录等。其中，正文的内容就是对本次网络市场调查的主要说明，如调查目的、调查方法和对调查数据的统计分析等。

四、网络市场调查的方法

在互联网上既可直接进行一手资料或原始信息的调查，又可利用互联网的媒体功能与搜索引擎收集二手资料，进行间接网络市场调查。下面将进行具体介绍。

1. 网络市场直接调查的方法

在互联网上收集一手资料或原始信息的过程即为网络市场直接调查。按调查的思路不同，目前常用的直接调查方法可分为以下三种。

（1）网上观察法。网上观察法是指相关人员通过相关软件，记录网络浏览者浏览企业网页时所点击的内容。

（2）在线问卷法。在线问卷法是指请求浏览网站的人通过填写在线问卷来参与企业的各种调查。除自己设计问卷外，企业还可依托专业的问卷调查平台进行问卷设计和发布，收集和分析用户数据，如问卷星、91 问问调查网等。在问卷调查平台中，企业可通过模板轻松创建在线调查问卷，然后通过邮件、QQ、微信、二维码等多渠道将问卷链接发给好友填写，受邀参与且有效填写问卷的用户可获得由问卷调查平台或企业自行提供的奖品。同时，问卷调查平台会自动对调查结果进行统计分析，企业可随时查看或下载问卷结果，以便收集和分析用户数据。

（3）网上实验法。网上实验法是指通过网络平台设计并发布几种具有不同内容和形式的广告，对比几种广告带来的效果，以收集市场行情资料。

2. 网络市场间接调查的方法

网络市场间接调查是指利用互联网收集与企业营销相关的二手资料，包括市场、竞争者、消费者和宏观环境等的资料，是企业应用最多的网络市场调查方式。目前，间接调查方法主要有以下三种。

（1）利用搜索引擎查找资料。根据关键词利用搜索引擎对互联网信息进行检索，筛选出与关键词相关的信息。

（2）访问专业网站收集资料。各种专题性或综合性市场调查网站中都提供了一些特定的市场调查资料，企业若知道需要的资料可以从哪些网站中获得，就可以直接打开并访问这些网站。

（3）利用大数据平台查找资料。移动互联网的发展和社交网络的普及使用户每天的网络活动都会生成海量的数据。随着大数据技术的成熟，这些数据将变废为宝。基于大数据平台（如百度指数、阿里指数），企业能够快速收集和抓取用户的社会属性、生活习惯和消费行为等信息，如年龄、性别、品牌和商品偏好及购买水平等。大数据平台并不都是免费的，有的大数据平台需要付费来获取用于市场调查的数据资料。

第三节　网络营销工具

一、网络广告营销

（一）网络广告的含义

网络广告就是利用互联网做广告，是利用网站上的广告横幅、文本链接、多媒体等，在互联网上刊登或发布广告，将信息传递给互联网用户的一种高科技广告运作方式。与传统的四大传播媒体（报纸、杂志、电视、广播）广告及近年来备受垂青的户外广告相比，网络广告具有得天独厚的优势，是实施现代营销媒体战略的重要部分。网络广告的速度快且效果理想，是中小型企业发展壮大的有效途径，对于广泛开展国际业务的公司来说更是如此。

微知识

网络广告历史

追本溯源，网络广告发源于美国。1994 年 10 月 27 日是网络广告史上的里程碑，美国著名的 *Hotwired* 杂志推出了网络版，并首次在网站上推出了网络广告，这立即吸引了 AT&T 等 14 个客户在其主页上发布广告横幅，这标志着网络广告的正式诞生。值得一提的是，当时的网络广告点击率高达 40%。

中国第一个商业性的网络广告出现在 1997 年 3 月，传播网站是 Chinabyte，广告表现形式为 468 像素×60 像素的动画旗帜广告。Intel 和 IBM 是国内最早在互联网上投放广告的广告主。我国网络广告一直到 1999 年年初才稍有规模。历经多年的发展，网络广告行业经过数次洗礼已经慢慢走向成熟。

（二）网络广告的主要形式

1. 网幅广告

网幅广告包含横幅、按钮、通栏、竖边、巨幅等。网幅广告是以 GIF、JPG、Flash 等格式建立的图像文件，在网页中大多用来展现广告内容，同时还可使用 Java 等语言使其产生交互性，用 Shockwave 等插件工具增强表现力。

网幅广告因为不可能占据太大的空间，所以在设计上往往只是提示性的，可能是一个简短的标题加上一个标志，或者是一个简洁的招牌；但一般都具有链接功能，暗示你用鼠标点击或直接加上“Click me（here）”“点击此处请进入”的字样，引你走向更深处，去了解更详尽的广告信息。

网幅广告一般采用 GIF 格式的图像文件。除普通 GIF 格式外，Rich Media Banner（富媒体横幅）能赋予横幅更强的表现力，经常被厂商采用。此外，视频广告的视频传播功能在品牌传播方面具有明显的优越性，同时，它还可被用来制作视频点播节目的多媒体索引页面，使用户在下载较大的视频文件前可以预览动态图像。

2. 文本链接广告

文本链接广告是指以一排文字作为一个广告，点击文字链接可以进入相应的广告页面。这是一种对浏览者干扰最少，却较为有效果的网络广告形式。有时候，最简单的广告形式效果最好。

3. 电子邮件广告

电子邮件广告具有针对性强（除非你肆意滥发）、费用低廉的特点，且广告内容不受限制，特别是针对性强的特点，它可以针对具体某一个人发送特定的广告，为其他网络广告形式所不及。

电子邮件广告可以直接发送，但有时也可以通过搭载的形式发送，如和用户订阅的电子刊物、新闻邮件、免费软件及升级软件等其他资料一起发送。有的网站使用注册会员制，收集忠实客户（网上浏览者），将客户广告连同网站提供的每日更新的信息一起，准确送到该网站注册会员的电子信箱中。这种形式的邮件广告容易被接受，具有直接的宣传效果。例如，当你向新浪网站申请一个免费信箱成功时，在你的信箱里，除一封确认信外，还有一封新浪自己的电子邮件广告。

电子邮件广告主要采用文本格式或 HTML 格式，通常采用的是文本格式，就是把一段广告性的文字放置在新闻邮件或经许可的 Email 中间，也可以设置一个 URL，链接到广告主公司主页或提供产品或服务的特定页面。HTML 格式的电子邮件广告可以插入图片，和网页上的网幅广告没有什么区别，但是因为许多电子邮件的系统是不兼容的，HTML 格式的电子邮件广告并不是每个人都能完整地看到，因此把电子邮件广告做得越简单越好。文本格式的电子邮件广告兼容性最好。

4. 插播式广告（弹出式广告）

插播式广告（弹出式广告）是指访客在请求登录网页时强制插入一个广告页面或弹出广告窗口。它们有些类似电视广告，都是打断正常节目的播放，强迫人们观看的。插播式广告有各种尺寸，有全屏的也有小窗口的，而且互动的程度也不同，从静态的到动态的都有。浏览者可以关闭窗口不看广告（电视广告是无法做到的），但是它们的出现没有任何征兆，所以肯定会被浏览者看到。

插播式广告要想继续生存下去，必须要以一种新的形式出现，并以此来取悦广大网民，而不是进一步去激发他们的不满。事实上，在阻挡插播式广告的问题上，网络供应商们也陷入了两难境地。为了满足客户的要求，微软的 MSN 不得不提供阻挡插播式广告的技术工具。与此同时，这些阻挡工具不可避免地将本身所提供的插播式广告封杀掉，这就可能导致自身网络广告客户的流失，如 Google 采取了阻挡插播式广告的措施后，许多 Google 的网络广告客户就不得不选择其他的合作伙伴了。与传统的条幅广告相比，插播式广告的点击率为 2%，远高于条幅广告的点击率。正是基于此原因，才使诸如摩根大通、英国航空等网络广告大客户们仍然希望保留原来的插播式广告，只不过具体形式会变得更温和些，其中最显著的变化是在浏览器被关闭时才弹出广告，另外广告的出现频率有所降低，如《纽约时报》网络版站点，读者在 24 小时内只能看到一次插播式广告。

5. 富媒体广告

1999 年，当 Jonathan Mellinger 建立 Eyewonder 公司时，不知他有无预见几年后，他创造的这种新的网络媒体形式将以烽火燎原之势，向全世界网络世界挺进。因为这种叫作富媒体的媒体技术，使网络公司及网民都获得了一种新的媒体体验。

顾名思义，富媒体即丰富媒体。富媒体是建立在多媒体基础上的一个新兴媒体，为多媒体增加了媒体交互内容。多媒体一般是没有媒体交互的概念的，播放的音乐或视频都是由应用程序预先制作好的，在播放的过程中也不能由用户控制（注意是控制内容，不是控制播放），这和传统的看电影在本质上没有多大区别。

富媒体广告属于宽带广告的一种，除提供在线视频的即时播放之外，内容本身还包括网页、图片、超链接等其他资源，与影音同步播出，大大丰富了网络媒体播放的内容，使呈现效果更佳。美国 DoubleClick 于 2002 年富媒体进入美国网络广告市场之际发表的有关在线广告的调查结果显示，富媒体广告的点击率是普通广告的 6 倍。另外，此前播放的美国互动广告局（Interactive Advertising Bureau，IAB）横幅广告的点击率仅稍高于其他尺寸的广告若干个百分点。由于具有与使用者强烈的交互性及给予使用者视觉强烈的震撼力及感染力，富媒体技术的出现改变了许多组织的通信方式，从而衍生出许多商机，如利用富媒体为网络广告提供技术平台。

6. 信息流广告

信息流广告是社交媒体用户好友动态、资讯媒体和视听媒体内容流中的广告，在2006年由Facebook首先推出。这种穿插在内容流中的广告，对用户来说体验相对较好，对广告主来说可以利用用户的标签进行精准投放，因此特别是在移动互联网时代到来后迎来了爆炸式的增长，几乎所有的互联网媒体都推出了信息流广告平台。信息流广告可按照人口统计特征，针对指定年龄、性别、浏览习惯等的受众，投放广告，为客户找到精确的受众群。

7. 视频贴片广告

视频贴片广告是指在网络视频播放前、播放暂停或播放完后插播的图片、视频、Flash等广告。此广告形式的优势是广告到达率高、传播效果好、广告记忆力强。

8. 搜索关键字广告

搜索关键字广告是指在用户使用搜索引擎搜索关键字产生的结果中展现的广告，或者在互联网用户使用相关垂直领域专门的搜索引擎搜索产生的结果中展现的广告，如淘宝网、京东商城、去哪儿网等在搜索结果中展现的广告。

9. 分类广告

分类广告是指将各类短小的广告信息按照一定方法进行分门别类，以便用户快速检索，一般集合放置于页面固定位置。

还有其他形式的广告，如数字杂志类广告、游戏嵌入广告、IM即时通信广告、下载软件广告、互动营销类广告等。

（三）网络广告计费模式

1. 按展示计费

CPM广告（Cost per mille/Cost per Thousand Impressions）：每千次印象费用。广告条每显示1000次（印象）的费用。CPM是最常用的网络广告计费模式之一。

CPTM广告（Cost per Targeted Thousand Impressions）：经过定位的用户的千次印象费用（如根据人口统计信息定位）。

CPTM与CPM的区别在于，CPM是所有用户的印象数，而CPTM只是经过定位的用户的印象数。

2. 按行动计费

CPC广告（Cost-per-Click）：每次点击的费用。根据广告被点击的次数收费，如关键词广告一般采用这种计费模式。

PPC广告（Pay-per-Click）：根据点击广告或电子邮件信息的用户数量来付费的一种网络广告计费模式。

CPA广告（Cost-per-Action）：每次行动的费用，即根据每个访问者对网络广告所采取的行动收费的计费模式。对于用户行动有特别的定义，包括形成一次交易、获得一个注册用户、对网络广告的一次点击等。

CPL 广告（Cost Per Lead）：按注册成功支付佣金的计费模式。

PPL 广告（Pay-per-Lead）：根据每次通过网络广告产生的引导付费的计费模式。例如，广告客户为访问者点击广告完成了在线表单而向广告服务商付费。PPL 广告常用于网络会员制营销模式中为联盟网站制定的佣金模式。

3. 按销售计费

CPO 广告（Cost-per-Order）：也称为 Cost-per-Transaction，即根据每个订单/每次交易来收费的方式。

CPS 广告（Cost-per-Sale）：按销售额付费模式，即按照广告点击之后产生的实际销售额的一定比率，提成付给广告站点费用。

PPS 广告（Pay-per-Sale）：根据网络广告所产生的直接销售数量付费的一种计费模式。

二、搜索引擎营销

搜索引擎营销（Search Engine Marketing，SEM）是以搜索引擎平台为基础的网络营销方式，即人们在使用搜索引擎时，企业的营销信息会自动出现在搜索的信息中，这些信息会遵从一定的规则进行排列，以方便人们查看。该方法能有效地将营销信息传递给目标消费者，是目前主要的网络营销工具之一。搜索引擎营销的主要方法包括搜索引擎优化和关键词竞价排名。

（一）搜索引擎优化

搜索引擎优化（Search Engine Optimization，SEO）是一种利用搜索引擎的搜索规则来提高目的网站在有关搜索引擎内的排名的方式，使目的网站更容易被搜索引擎收录及优先排序，简单理解就是靠日常的优化使自己网站的相关内容排在搜索引擎的前面。具体包括站内搜索引擎优化和站外搜索引擎优化，在进行搜索引擎优化前需要掌握以下常见术语。

1. 搜索引擎优化的常见术语

（1）百度权重。

百度权重是很多站长工具给站长推出的一个参考值，来预计网站关键词的排名给网站带来的流量。它的等级从 0 到 10，数字越大、等级越高，说明该网站在百度中的受欢迎度越高，这样网站的流量就越大。

（2）PR 值。

PR 是 PageRank 的缩写，是 Google 判断一个网页重要性的标准，等级和百度权重一样，也是以阿拉伯数字 0 到 10 为等级的，等级越高说明这个页面越重要。主要影响 PR 值的因素是网站的外链数量和质量，现在 PR 值对网站的排名影响不大，Google 现在把

PR 值的标准降得很低，所以站长们不必去追求高的 PR 值，可以将其作为友情链接时的一个参考值。

（3）竞价排名。

竞价排名实质上就是支付相应的费用做排名，即通过向搜索引擎代理公司缴纳一定的费用，使自己网站的一些关键词排在搜索引擎的第一页，每个位置的价格高低不等。

（4）IP、PV 和 UV 数。

IP（Internet Protocol，网络之间互连的协议）数是指浏览网站时不同 IP 地址的总数量。PV（Page View，综合浏览量）数就是页面浏览量或点击量，即每个用户浏览网页的次数。UV（Unique Visitor，独立访客）数是指访问网站的客户端数，一台电脑为一个客户端，即一个访客。

举个例子，一个公司有一个 IP 地址，有 5 台电脑，通过路由把一个 IP 分配到所有电脑上，让每台电脑都能上网。IP 就指这一个 IP；甲用一台电脑浏览一个网站的 3 个页面，然后退出；乙也用一台电脑进入同一个网站浏览 5 个页面然后退出，那么这个网站的 IP 数是 1，PV 数是 8，UV 数是 2。

（5）外部链接。

外部链接简称为外链，意思就是本网站以外的链接指向本网站。例如，如果在一个网站上出现另一个网站的超链接，那这个超链接就属于一个外链。外链的数量和质量对于一个网站来说是非常重要的。

（6）友情链接。

友情链接是指在自己的网站上放上别人网站的链接，同时对方网站上也有自己网站的链接，这个链接必须能在网页代码中查找到，而且在浏览网页时可以显示网站的名称。这是网站推广中的一种很实用的方法。现在有很多人将对方的链接放在 JS 代码或 iframe 中骗取链接，这样的链接不属于友情链接。

（7）网站转化率。

网站转化率是指购买你的产品或服务的用户数和访问你网站的用户总数的比值。对于在网上销售产品或服务的企业来说这一点是非常重要的，如果网站转化率很高，那流量的高低就不太重要了。

（8）网站跳出率。

网站跳出率是指用户进入网站就离开的次数和用户进入网站的总次数的比值。这是衡量一个网站用户体验度的重要标准。网站跳出率高说明这个网站的用户体验度很差，所以对站长来说降低网站跳出率是非常重要的一项工作。

（9）关键词密度。

关键词密度（Keyword Density）是指一个页面中该关键词字数和整个页面字数的比值。一般来说，一个页面的关键词密度为 30%左右，这也是根据行业的大小来确定的，关键词密度在搜索引擎优化中是一个重要的方面。

（10）社区。

在网上，社区和论坛很相似，是指网民围绕一个或多个主题进行讨论，发表自己的观点并与其他网民分享交流。中国大型的社区有猫扑、天涯、百度贴吧、人人网等。

（11）SOM。

SOM 是搜索引擎营销和搜索引擎优化的统称，具体内容以“搜索引擎营销+搜索引擎优化”为主。

（12）链接场（Link Farm）。

链接场是指一个充满没有实际作用的链接的页面。其只是作为链接存在，没有实际的意义，通常体现在黑帽子技术上，用以在页面中增加大量链接，误导搜索引擎抓取方向，从而达到优化的目的。

（13）排名算法（Ranking Algorithm）。

排名算法是搜索引擎用来对其索引中的列表进行评估和排名的规则。排名算法决定了哪些结果是与特定查询相关的。

（14）爬行器（Spider）。

爬行器又称为 Web 爬行榜或机器人，俗称蜘蛛。其主要是在 Web 上漫游，寻找要添加进搜索引擎索引中的列表。

（15）垃圾技术。

垃圾技术是一种欺诈性的搜索引擎优化手段，它尝试欺骗爬行器，并利用排名算法中的漏洞来影响针对目标关键词的排名。垃圾技术的表现形式多样，但垃圾技术最简单的定义是 Web 站点用来伪装自己并影响排名的技术。

2. 搜索引擎优化的分类

搜索引擎优化从整体上来看可分为内部优化与外部优化两大类。

（1）内部优化主要通过 MATA 标签优化、内部链接优化和网站内容更新来进行。

① MATA 标签优化。MATA 对于会 HTML 语法的人来说并不陌生，它是在 HTML 语言中 Head 区的一个辅助性标签，在 HTML 文档中模拟 HTTP 协议的响应头报文。在 MATA 标签中最主要优化的是标题、关键词、描述等。

② 内部链接优化。例如，网站上文章和文章之间、文章内部加上锚文本，这个锚链接可以指向相对应的文章页，也可以添加链接到某个栏目或频道页，还有文章中的图片可以添加链接到某个页面，以及相关性的链接（Tag 标签）、各导航链接，使网站在内部形成一个庞大的蜘蛛网，这样搜索引擎的蜘蛛在爬取时会抓取很多页。

③ 网站内容更新。每日保持站内内容的更新。

（2）外部优化主要优化外部链接，使链接真实、自然，产生合理递增。

① 外部链接类别：博客、论坛、新闻、分类信息、贴吧、知道、百科、相关信息网等，要尽量做到保持链接的多样性。

② 外链运营：每天添加一定数量的外部链接，可以使关键词排名达到稳定提升的效果。

③ 外链选择：选择与你的网站相关性比较高、整体质量比较好的网站交换友情链接，巩固关键词的排名。

3. 搜索引擎优化的策略

想要获得好的网站排名，有五个因素是必不可少的：网站内容、每页关键词字数、关键词摆放技巧、点击率和链接数量。只有把握好这五个因素，才能做出合理高效的搜索引擎优化策略。搜索引擎优化策略应该包括三部分。

（1）网站内容的编写。

能在搜索引擎中排名靠前的网站，其自身一定是具有实际内容的。对于蜘蛛来说，它获取资源的渠道并非网站中绚丽的图片或是有趣的 Flash 动画，而是先对网站内容进行判断，然后再定位网站的质量。试想，用户在查找信息时，遇到某个网站，其内容丰富又与时俱进，不但包含了自身本来的需求，还多了许多额外感兴趣的内容，那么这样一个网站想要不获得用户的青睐也难。没有充足内容的网站想得到很好的优化是不现实的。有充足的内容给搜索引擎进行索引是搜索引擎优化策略成功的基本要求。

（2）关键词字数的技巧。

一个网页上的词语不计其数，如何让关键词突出，关键词的密度和摆放位置很重要。搜索引擎通过自身的算法统计出一个页面的字数，从中挑出那些重复次数多的词语，作为网页的关键词。而关键词字数和该网页字数的比例就称为关键词密度，这就说明，想要获得好排名的方法之一就是在搜索引擎的允许范围内把关键词重复若干次。关键词的摆放位置是吸引搜索引擎注意的又一办法。通常搜索引擎会尤为注意网页的标题、超链接文本、URL 文本和网页顶部文本。一般来说，调查越深入，发现的词条就越多，尽量在允许的时间内对这些词条进行进一步的分析和研究。反复此过程，最后才能确定关键词。

（3）外部链接建设。

超链接是将分散的网络连成一个整体的要素之一。对于搜索引擎来说，一个网页被链接的次数和链接入网页的质量是体现网页主要性的一个非常重要的指标。故搜索引擎会认为外部链接越多的网站越重要，所以外部链接的建设对搜索引擎优化来说也是非常关键的一点。

（二）关键词竞价排名

1. 关键词竞价排名的概念

关键词竞价排名是企业为自己的网站购买关键词排名，并按点击付费的一种营销模式。付费后网站就能被搜索引擎收录，并按单次点击付费最高者排名靠前的原则进行排列，付费越高排名就越靠前。常见的搜索引擎有百度、搜狗和 360 等。在这些搜索引擎中，企业可以通过调整每次点击付费的价格，控制自己的网站在特定关键词搜索结果中的排名，并设置不同的关键词来捕捉不同类型的目标用户。

微案例

百度竞价排名

百度竞价排名是一种按搜索效果付费的网络推广方式，它按照给企业带来的访问量计费，企业可以根据自己的需要，灵活控制推广力度和投入力度，从而使网络推广获得理想的回报。百度竞价排名的具体操作流程如下。

第 1 步：企业建立自己的网站，或在其他企业平台上建立网页。

第 2 步：通过百度推广的资质审核。

第 3 步：企业选择推广关键词，在百度联盟网站发布推广信息。

第 4 步：潜在消费者在百度中搜索，或者浏览百度联盟，点击企业的推广信息。

第 5 步：消费者与企业进行联系洽谈，达成交易。

2. 关键词竞价排名的竞价机制

百度竞价的一大特点就是按效果付费，只有当潜在消费者点击一次推广信息时，企业才需要给百度支付费用，费用从企业的推广账户中扣除。进行百度竞价推广的企业在首次开户时，需要缴纳基本预存推广费和专业服务费（基本预存推广费和专业服务费根据地区情况可能有所变动，具体费用由企业和百度另行约定）。

开通竞价服务后，企业可自主选择关键词，设置投放计划。当用户点击企业的推广信息访问企业网站时，系统会从基本预存推广费中收取一次点击的费用，每次点击的价格由企业根据自己的实际推广需求自主决定，企业也可以通过调整投放预算的方式自主控制推广费用。当账户中预存的推广费用完后，企业可续费以保持或加大推广力度，通过百度推广获得更多的流量。百度推广的竞价公式如下：

每次点击价格=（下一名的出价×下一名的质量度）/本关键词质量度+0.01 元

假如，关键词排在所有推广结果的最后一名或仅有一个可以展现的推广结果，则点击价格为关键词的最低展现价格。

3. 关键词质量度的影响因素

关键词质量度是由多个因素决定的，主要包括点击率、相关性、创意撰写水平和账户综合表现等。

（1）点击率越高，说明用户对推广信息的兴趣越大、关注度越高。

（2）相关性包含两个方面：一是关键词与创意的相关程度：二是关键词或创意与访问 URL 页面的相关程度。相关性越高，说明文章的质量越好。

（3）创意撰写水平是指文章围绕关键词撰写得是否通顺、是否有吸引力。

（4）账户综合表现是指账户内其他关键词的推广表现。企业不需要支付无效点击的费用。总体来说，关键词质量度是一种随时变化、相对公平和科学的评判标准，它直接反映了用户的真实需求，使推广效果不会由于价格而造成不公平。

三、社会化网络营销

社会化网络营销是 Web2.0 技术发展应用的产物，注重用户的参与和与用户的交互，让用户不仅是网站的浏览者，还是网站内容的建设者。它注重产品或服务的可用性及友好的用户体验，通过个性化、简洁友好的界面设计，让用户产生强烈的互动参与意愿，从而更好地改善用户体验。

（一）微博营销

微博营销以微博为营销平台，每一个粉丝都是潜在的营销对象，商家利用不断更新自己微博的方式向粉丝传播企业信息和产品信息，建立品牌，推广产品，促成交易。该营销方式注重价值的传递、内容的互动、系统的布局和准确的定位，微博的火热发展使其营销效果尤为显著。微博营销涉及的内容包括认证、有效粉丝、话题、开放平台和整体运营等。2012 年 12 月，新浪微博推出了企业服务商平台，为企业在微博上开展营销活动提供帮助。

1. 微博营销的分类

微博营销一般可分为个人微博营销和企业微博营销，两者的难度和有效性区别较大。

（1）个人微博营销。个人微博营销是指依靠用户个人的知名度来得到别人的关注和了解。以明星、成功商人或社会中其他比较成功的人士为例，他们运用微博往往是希望通过这样一个媒介来让自己的粉丝更进一步地了解和喜欢自己，这些个人微博通常用于抒发用户的个人感情，功利性并不是很明显，一般是由粉丝们评论、转发来达到营销效果的。

（2）企业微博营销。企业一般以营利为目的，运用微博往往是想通过微博互动的方式，将自己的产品卖出去。企业微博营销往往难度较大，因为企业的知名度有限，短短的微博也不能使消费者直观地了解商品。微博更新速度快、信息量大，企业进行微博营销时，应当培养自己固定的消费群体，与粉丝多交流、多互动，多做企业宣传工作。

2. 微博营销的技巧

企业在开展微博营销时应注意以下几个技巧。

（1）注重价值的传递和写作技巧。微博用户的数量数以亿计，只有那些能为浏览者创造价值的微博用户才具有商业价值，此时微博营销才有可能达到期望的商业目的。要想把企业微博运营得有声有色，单纯传递内容价值是不够的，还必须讲究一些技巧与方法，如微博话题的设计和表达方法。如果微博是提问性的或悬念性的，能引导粉丝思考与参与，那么浏览和回复的人自然就多，也容易给人留下印象。反之，新闻稿一样的微博会让粉丝想参与都无从下手。

（2）加强互动，使微博持续发展。微博的魅力在于互动，拥有一群不说话的粉丝是很危险的，因为他们会慢慢变成不看你内容的粉丝，最后就可能取消关注。因此，互动性是使微博持续发展的关键。最应注意的问题是，企业的宣传信息不能超过微博信息的10%，最佳比例是3%～5%，更多的应该是粉丝感兴趣的内容。

（3）注重准确的定位和粉丝的质量。微博粉丝数量众多当然是好事，但是对于企业微博来说，粉丝的质量则是更重要的。因为企业微博的最终目的是商业价值的实现，需要有价值的粉丝的参与。

（二）微信营销

微信作为当今最流行的移动互联网应用，已成为人们学习、工作、生活的重要交流工具，也是商家进行营销的理想选择。随着微信公众号和视频号的推出，很多商家都开始通过微信进行营销，或者直接以微信作为电子商务经营平台。

微信营销最大的特点是只有关注后才能看到企业发布的消息，与微博只要发布了消息就能被用户看到相比，微信的用户定位更精准。微信个人用户可以通过微信订阅自己所需的信息，商家可以通过给用户提供需要的信息来推广产品，从而实现点对点营销，具有很高的营销价值。

1. 微信营销的主要类型

微信营销主要有两种类型，即微信个人营销和微信企业营销。

（1）微信个人营销。微信个人营销是基于个人微信号所进行的营销，它可以与手机通讯录绑定，邀请手机联系人、微信好友进行交流，可以通过在朋友圈发布状态，与微信好友进行互动。微信个人营销是一种点对点营销，可以对目标人群提供持续、精准的服务，并在服务的基础上进行一定程度的口碑传播。对于微信个人营销来说，不管是建立个人品牌、促进产品销售，还是维护客户关系，都具有良好的效果和一定的价值。

（2）微信企业营销。企业微信是一款用于办公沟通的即时通信产品，适用于各种类型的企业和机构用户。其提供了丰富的办公应用，员工扫码关注后，即可在微信中接收企业通知和使用办公应用。企业微信运营更多地偏向于企业公众号、企业微信群的运营，或者是培养业务人员通过自己的个人微信号进行推广。

无论是个人还是企业，都可以通过微信公众平台打造微信公众号。个人通过微信公众平台建立公众号，可以发布文章、推送信息；企业通过微信公众平台建立公众号，可以打造具有企业自身特色的企业号，从而与特定群体进行全方位的沟通和互动。同时，微信公众平台提供了智能回复、图文回复等功能，不仅可以传递更丰富的信息，还可以方便运营者实现一对多的互动交流。总体来说，微信公众平台通过推广公众号，能够吸引粉丝的关注，粉丝越多，推广效果越好。

2. 微信营销的技巧

微信的流行给微信营销带来了巨大的价值，而该价值的实现必须依靠合理的管理和运营。

无论采用哪种微信营销模式实现推广目的，在进行营销推广的过程中都可结合以下技巧。

（1）精准的平台定位。在信息爆炸时代，网络中每天传播的信息非常多，不管是个人还是企业，要想获得好的公众号推广效果，都必须对目标用户进行精准定位。一个公众号在发展前期，一定要做好定位，选择好目标用户群体，通过定位策划公众号的运营内容，设计出目标用户群体喜欢的风格、特色和服务，以此建立起清晰的公众号形象，有利于后期发展精准用户，最后逐渐形成品牌效应，并通过寻找盈利点来达成营销目的。例如，公众号常见的有按地域、风格、行业、产品及功能等进行定位，无论采用哪种定位依据，实现盈利的思路都包括直接售卖产品、提供服务和通过分享知识与经验引导购买这两种。

（2）打造品牌公众号。微信公众号是企业微信营销必不可少的条件。在使用微信公众号进行营销推广前，要先注册微信公众号。注册微信公众号时要注意，名字是用户对企业的第一印象，因此要使用容易记忆的、不太生僻的名字，可以是与行业相关的关键词。微信公众号注册后，需要对账号的头像、签名和自动回复等内容进行设置，建议将头像更换为企业的 Logo。最后，最核心的是微信公众号发布的推文，建议写作前先搭建内容的整体框架，结合企业的特点，从为用户服务的角度进行写作，注意文章的结尾最好定制链接，以进行商品或服务的推广。

（3）营造品牌风格。在追求个性化的时代，千篇一律、枯燥乏味的内容容易被忽略。无论是经营个人微信朋友圈，还是运营微信公众号，都应该有独特的风格。这是微信营销的一大特色。例如，护肤品类的公众号，就可以打造时尚、活力、可爱的风格。

（4）掌握营销内容发布的时机。为了保证公众号文章的推广效果，可以分析目标用户在朋友圈或公众号的活跃时间，在目标用户查看朋友圈或公众号的高峰期进行推广。据统计，一般最佳发布时间是 8:00-9:30、11:30-13:00、17:00-18:30、20:00-24:00 这 4 个时间段，这是大多数用户上下班途中或休息空闲的时间，用户会在这些时间段浏览微信朋友圈或公众号以消磨时间。当然，每个行业的作息时间会有所差别，用户喜好的内容也不一样，针对不同的用户群，应对发布时间进行调整。例如，上班族，7:00-9:00、21:00-23:00 是他们使用手机最频繁的时间段，适合广告的发布；而学生族，周末休息时使用手机更为频繁。

（5）有价值的营销内容。在任何时候，都应该传播有价值、有意义的内容。只有提供了有价值的营销内容，才能让用户产生阅读兴趣，才能持续提高粉丝的忠诚度，让其主动参与营销活动。例如，一个电影院的公众号可以发布即将上映的电影的相关情况或参演明星的新闻，为了进一步吸引用户的关注，还可通过发放折扣券的方式来激励用户积极参与互动。发布营销信息，还要注意发布内容排版上的美观性，一个有吸引力的标题能够激发用户的好奇心，图文并茂、段落清晰的内容编排则会给用户带来更好的阅读体验。

（6）线上线下同步营销。除了线上营销，线下实体店面也是充分发挥微信营销作用的重要场所。企业可以在商品的包装、宣传册、海报和展架中添加二维码并采用会员制或优惠手段，吸引用户扫码并关注微信公众号。这样可以为企业公众号增加粉丝，且这部分粉丝定位十分精准，为后期的营销宣传打下了基础。

（7）提高分享转发率。要想提高分享转发率，先要了解用户的分享心理。对于用户而言，转发的内容可以向其他用户展示自己的兴趣、爱好、价值观，也可表达自己的立场、态度和观点。越能对用户形象进行扩展和补充的内容，就越能获得转发。此外，利益也是转发的重要因素，一篇对用户有价值、可以带来某种好处的文章，不管是物质上的，还是精神上的，通常都能被转发，如在朋友圈比较流行的一些生活、健康类分享，只有用户觉得分享内容对自己有价值时，才会转发。

四、网络直播和短视频营销

网络直播和短视频营销是移动互联网普及过程中的产物，发展势头迅猛。

（一）网络直播营销

1. 网络直播与网络直播营销的含义

网络直播即互联网直播。按照国家互联网信息办公室发布的《互联网直播服务管理规定》中的定义，互联网直播是指基于互联网，以视频、音频、图文等形式向公众持续发布实时信息的活动。

直播按照表现形式，可以分为文字、图文、语音、视频四种形式，其中视频直播是最主要的形式。视频直播按照播出的内容，又可分为电竞游戏直播、体育赛事/演出直播、秀场娱乐直播、生活直播等。随着智能手机、平板电脑的普及，移动直播迅速崛起。

移动直播是指主播以智能手机、平板电脑等移动终端为主要录制设备，依托直播平台在以网页或客户端技术搭建的虚拟网络直播间，提供实时表演及其他内容的娱乐形式，该形式支持主播与用户进行互动和用户向主播打赏。目前，活跃用户数较多的移动直播平台有抖音、快手、斗鱼、虎牙、映客、YYLive、花椒等。

网络直播营销是指运用数码技术将产品营销现场实时地通过网络传输到观众的眼前。它是网络视频营销的延伸，使观众能实时地接收企业信息并与企业进行即时对话，让用户有与企业零距离接触的感觉，并能使企业形象深入人心。这种即时视频与互联网的结合，是一种对企业非常有用的营销方式。

2. 网络直播营销的方式

（1）企业自主创造型直播。企业通过网络直播营销可以将产品发布会搬到网上，通过直播软件或直播网站跟用户进行即时互动，让用户亲身体验新产品的魅力，既能使产品形象深入人心，又能使用户与企业进行平等对话，让用户感觉自己受到尊重，使用户对企业更加友好，从而促成交易。

（2）病毒营销型直播。视频营销的厉害之处在于传播精准，它首先会使用户产生兴趣并关注视频，再让用户由关注者变为传播分享者，而被传播对象势必是有着与他相同兴趣特征的人，这一系列的过程就是由目标消费者在做筛选和传播。如果直播营销结合视频营销的这种特点一起使用，当视频传播到一定程度，积累了一定数量的粉丝之后，再来一场直播，把这批人一次性地聚集在一起，然后主播与这批忠实粉丝进行互动，加深感情，那么对后面的产品或服务的进一步推广则大有裨益。

（3）事件营销型直播。事件营销一直是线下活动的热点，国内很多品牌都依靠事件营销取得了成功。其实，策划有影响力的事件，编制一个有意思的故事，再将这个事件拍摄成视频，也是一种非常好的营销方式。而且，有事件内容的视频更容易被网民传播，然后将事件的结局进行一场现场直播，使之前积累的关注度全部聚集在一起，并在事件营销中合理植入产品信息，这样做往往会事半功倍。

（4）结合其他传媒型的直播。由于每一个用户接触互联网的媒介和方式不同，单一的视频传播很难有好的效果。因此，在做直播前，企业首先需要制作一定数量的视频短片，并在网站上开辟专区，吸引目标客户的关注；其次，与主流的门户、视频网站合作，以提升这些视频的影响力。而且，对于互联网用户来说，线下活动和线下参与也是重要的一部分。企业适时地把关注这些视频的用户聚集在一起，进行一场网络直播，再配合线下活动，这样就有可能将聚集的粉丝真正转化为企业的忠实用户。

淘宝网、京东等电子商务企业已经率先开始利用网络直播做营销活动，如淘宝直播、京东直播、拼多多直播等。最为典型的一种“内容+电商”直播互动媒介，已经和电子商务场景实现了高度融合，成为网站提高用户黏性的手段之一。许多直播平台，如抖音、快手、斗鱼、一直播、陌陌等陆续上线了电子商务功能，符合条件的主播们都能将商品放入直播间售卖。

（二）短视频营销

1. 短视频和短视频营销的含义

短视频是视频长度以秒计，主要依托于移动终端实现快速拍摄与美化编辑，可在社交媒体平台上实时分享和无缝对接的一种新型视频形式。短视频包括技能分享、幽默搞笑、时尚潮流、社会热点、街头采访、公益教育、广告创意、商业定制等主题。短视频时长从几秒到几分钟不等，由于内容较短，可以单独成片，也可以组成系列栏目。短视频的出现是对社交媒体现有主要内容（文字、图片）的一种有益补充，同时，优质的短视频内容亦能借助社交媒体的渠道优势实现病毒式传播。

国外比较有代表性的短视频发布平台有 Instagram、Vine、Snapchat 等。国内有代表性的短视频平台有抖音、快手、西瓜视频、小影、小咖秀、秒拍、美拍等。

短视频营销就是企业和品牌方借助于短视频这种媒介形式进行社会化营销的一种方式。近年来，各种短视频平台纷纷崛起，无论是普通百姓还是影视演员，都纷纷加入短视频拍摄大军。能拉近偶像与粉丝之间的距离是短视频 App 流行起来的重要原因之一，在巨额资金与海量内容生产背后是相当可观的用户注意力和流量，它们成为短视频营销变现的重要保障。

2. 短视频营销的方式

（1）短视频创意定制。短视频采用专业生产内容（Professional-Generated Content，PGC）和用户生产内容等形式，按企业的要求进行内容定制生产，已成为一种具有较高转化效果的营销方式。“创意内容+短视频”的形式可以最大限度地体现内容的价值，让营销信息植入得更加自然。

（2）短视频冠名。在短视频领域，企业通常可用品牌或产品命名短视频栏目。基于短视频的超强流量，再加上冠名带来的多频次的品牌展示，更容易给企业带来大量曝光机会，同时还能提升企业的美誉度。这种方式具有执行速度快、覆盖人群广等优势。

（3）短视频植入广告。依托短视频达人的高人气，以贴片广告、口播等形式植入企业产品信息或品牌信息，可以使这些信息获得较好的曝光效果。这种方式具有易操作、到达率高、成本低等优势。

（4）短视频互动营销。这种方式通常是指由企业发起某一活动，借助短视频平台和从短视频进入的粉丝的影响力，带动粉丝参与活动，并由此可能引发一场覆盖全网的短视频传播风暴。短视频传播具有视觉化的优势，整个互动形式一般都具有很强的互动性、热点性和舆论性，极易形成爆点，感染目标人群。

（5）短视频多平台分发。除美拍、秒拍这种专业的短视频平台外，优酷、腾讯、爱奇艺这类视频门户网站和一些新闻、社交客户端及新媒体都已成为短视频传播的渠道。一般情况下，企业应在多平台投放其短视频，以改善传播效果。

（6）“短视频+活动出席”。邀请知名网络主播出席企业的线下活动，除对活动进行现场直播以外，针对直播内容或线下活动的其他精彩内容，进行内容剪辑，形成精彩的短视频在线上进行二次传播，这也是短视频营销常用的一种方式。

除了以上形式，“短视频+电商”“短视频+网综”等形式也正逐渐被越来越多的企业所运用，短视频营销的方式会越来越丰富。

素质园地

遵守法律法规，促进行业有序发展

近年来，网络直播在促进灵活就业、服务经济发展等方面发挥了重要作用。同时，网络直播营利行为也存在网络直播平台管理责任不到位、商业营销行为不规范、偷逃缴纳税款等问题，制约行业健康发展，损害社会公平正义。2022 年 3 月 31 日，国家互联网信息办公室、国家税务总局、国家市场监督管理总局联合印发《关于进一步规范网络直播营利行为促进行业健康发展的意见》(以下简称《意见》)，着力构建跨部门协同监管长效机制，加强网络直播营利行为规范性引导，鼓励支持网络直播依法合规经营，促进网络直播行业发展中规范，规范中发展。

在网络直播平台更好落实管理主体责任方面，《意见》提出，要加强网络直播账号注册管理和账号分级分类管理，网络直播平台应当每半年向所在地省级网信部门、主管税务机关报送存在网络直播营利行为的网络直播发布者的个人身份、直播账号、网络昵称、取酬账户、收入类型及营利情况等信息。

在规范网络直播营销行为，维护市场秩序方面，《意见》明确，网络直播平台和网络直播发布者销售商品或提供服务，采用价格比较方式开展促销活动的，应以文字形式显著标明销售价格、被比较价格及含义。网络直播平台和网络直播发布者等不得通过造谣、虚假营销宣传、自我打赏等方式吸引流量、炒作热度，诱导消费者打赏和购买商品。

在规范税收管理，促进纳税遵从方面，《意见》要求，网络直播平台、网络直播服务机构应依法履行个人所得税代扣代缴义务，不得转嫁或逃避个人所得税代扣代缴义务，不得策划、帮助网络直播发布者实施逃避税。网络直播发布者开办的企业和个人工作室，应按照国家有关规定设置账簿。各级税务部门要优化税费宣传辅导，促进网络直播平台、网络直播服务机构、网络直播发布者的税法遵从，引导网络直播发布者规范纳税、依法享受税收优惠。要依法查处偷逃税等涉税违法犯罪行为，对情节严重、性质恶劣、社会反映强烈的典型案件进行公开曝光。

《意见》明确，保护网络直播平台、网络直播服务机构、网络直播发布者依法规范开展生产经营活动的各项合法权益，对依法依规经营、积极承担社会责任、诚信纳税的，各有关部门依法依规评先树优给予鼓励支持。对存在违法违规营利行为的网络直播发布者，以及存在违法违规行为或者纵容、帮助网络直播发布者开展违法违规营利行为的网络直播平台，依法予以处罚；构成犯罪的，依法追究刑事责任。

知识自测

一、名词解释题

网络营销；4P 理论；4C 理论；网络市场调查；搜索引擎营销；搜索引擎优化；关键词竞价排名；社会化网络营销

二、单项选择题

1．网络广告产生于（　　）。

A．美国　　B．英国　　C．法国　　D．中国

2．下列选项中，（　　）不属于网络营销的基本职能。

A．网络品牌　　B．信息发布　　C．网络广告　　D．销售促进

3．下列选项中，（　　）不属于网络营销的特点。

A．多媒体性　　B．时域性　　C．技术性　　D．复杂性

4．网络营销的工作对象，以前是网站，后来是网店，现在则是一些新媒体平台，这

反映了网络营销的（　　）特点。

A．个性化　　B．交互式　　C．发展性　　D．整合性

5．网络市场调查的第一步是（　　）。

A．明确问题与目标　　B．制订调查计划

C．确定调查样本　　D．收集信息

6．以下不属于间接网络调查方法是（　　）。

A．利用搜索引擎查找资料　　B．访问专业网站收集资料

C．利用调查问题收集资料　　D．利用大数据平台查找资料

7．网络广告的计费方式中，（　　）是按展示计费的。

A．CPC　　B．CPS　　C．CPM　　C．CPA

三、多项选择题

1．网络市场直接调查的方法包括（　　）。

A．网上观察法　　B．在线问卷法

C．网上实验法　　D．网上资源查找法

2．传统的四大媒介是（　　）。

A．电视　　B．广播　　C．报纸　　D．杂志

3．网络广告的计费方式中，（　　）是按行动计费的。

A．CPC　　B．PPC　　C．CPM　　D．CPA

4．搜索引擎营销通常包括（　　）。

A．搜索引擎优化　　B．关键词竞价排名　　C．信息流广告　　C．直通车

5．网络营销的核心理论是（　　）。

A．客户　　B．成本　　C．沟通　　D．便捷

6．反映网站（店）流量的指标有（　　）。

A．IP　　B．UV　　C．PV　　C．CP

7．内部搜索引擎优化主要包括（　　）。

A．MATA 标签优化　　B．内部链接优化

C．网站内容更新　　C．外部链接优化

8．关键词竞价推广中影响关键词质量度的因素包括（　　）。

A．点击率　　B．相关性

C．创意撰写水平　　D．账户综合表现

9．网络直播营销的方式主要包括（　　）。

A．企业自主创造型直播　　B．病毒营销型直播

C．事件营销型直播　　D．结合其他传媒型的直播

四、判断题

1．网络营销的职能是通过各种网络营销方法来实现的，网络营销的各个职能是相互独立的。（ ）

2．网络营销是电子商务的重要组成部分，电子商务是网络营销的高阶部分。（ ）

3．客户服务是网络营销的职能之一。（ ）

4．网络市场调查只需要一台能够上网的计算机就能开展。（ ）

5．网络营销实际上就是网上销售。（ ）

6．网络营销跟传统营销并没有关系。（ ）

7．传统营销理论强调 4C。（ ）

8．网络广告是互联网作为第五大媒体的典型应用。（ ）

9．CPM 是指网络广告条每显示 1000 次（印象）的费用。（ ）

10．同一个网站的流量指标中，UV 比 PV 小。（ ）

11．关键词竞价排名中，出价越高，关键词的排名越靠前。（ ）

五、简答题

1．网络营销的特点是什么？

2．网络营销的基本职能有哪些？

3．网络市场调查的步骤是什么？

4．网络市场调查的方法有哪些？

5．网络广告有哪些形式？

6．网络广告的三大计费模式是什么？

7．搜索引擎优化的主要方法有哪些？

8．简述微博营销的技巧。

9．简述微信营销的技巧。

拓展训练

1．运用本章所学习的知识和方法，以本校学生为对象开展一次在线调查。以小组为单位，选择调查主题，撰写调查计划，设计在线问卷，最后以 PPT 的方式完成调查报告，主题如下。

（1）在校大学生网络使用情况的调查。

（2）在校大学生水果消费情况的调查。

（3）在校大学生运动情况的调查。

（4）在校大学生在线购买情况的调查。

（5）其他感兴趣的主题。

2．在网上截取三种以上不同形式的网络广告，分别描绘其特点，并分析其优缺点。

3．选择一个你关注且浏览次数最多的短视频账号，分析账号主体、账号作品内容、粉丝评论，总结短视频营销的核心要点。

第五章

电子商务运行

学习目标

知识目标

1．了解口令设置的注意事项；

2．了解电子商务存在的安全隐患，明确电子商务对安全性的要求；

3．熟悉电子商务安全技术体系；

4．了解网上支付的和传统支付的区别，了解网上支付的种类，了解移动支付的特点；

5．了解电子商务物流的特点，了解电子商务供应链的发展背景和趋势。

技能目标

1．能够设置安全可靠的各级口令，能够进行电子商务安全技术体系规划；

2．能够对 Office 文档加密，实现文件保护；

3．掌握应用计算机和移动终端的日常安全防范措施；

4．能够根据自己的实际需要，选择合适的网上支付方式；

5．能够熟练使用支付宝等第三方支付工具，了解各种第三方支付平台的功能；

6．能够熟练进行电子商务物流方案的制定。

素质目标

1．正确理解电子商务安全防范对电子商务健康发展的促进作用；

2．熟知电子商务安全方面不断完善的管理制度与法律法规；

3．正确理解网上支付的双刃剑特性，进而理解政府组织必须处于主导地位的必要性。

知识导图

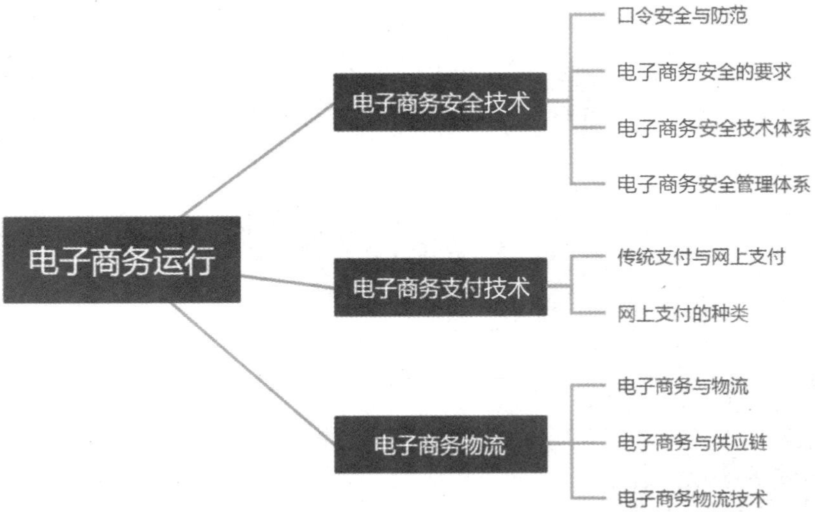

开篇案例

该怎样设置你的银行卡密码

你设置的银行卡 6 位密码是安全的吗？根据归纳，大致有以下的心路历程：自己的生日→恋人的生日→结婚纪念日→儿女的生日……诸如此类。

分析一：

六位全数字格式：××××××。

$10\times10\times10\times10\times10\times10=10^6$，即一百万种组合。

六位日期格式：×× ×× ××。

$10\times10\times12\times31=37\ 200$，即三万七千二百种组合。

生日格式只占整个数字组合的比例还不到 4%。

分析二：

非法得到你的银行卡的人可能也得到了你的一些其他社会背景信息，甚至这个人就是你身边的人，可以按照某些提示“猜”出密码来。

那么把密码设置成 123456、666666、888666 等数字呢？

案例思考：

1. 银行卡密码、App 密码、网站密码，为什么要设置密码？这些密码怎么设置才安全？

2. 密码忘记了、记错了怎么办？几次错误的输入后，账号或银行卡被锁定了怎么办？

3. 一套密码重复用，有安全漏洞；而不同应用使用不同密码，又存在记忆混乱问题，该怎么合理规划自己的密码体系？

案例启示：

任何技术手段都不能保证100%的安全。但是，安全技术可以降低系统遭到破坏、受到攻击的风险。决定采用什么安全技术取决于系统的风险要控制在什么程度范围内。电子商务的安全运行必须从多方面入手，仅从技术角度防范是远远不够的。安全方案的实施离不开管理。信息安全意识的加强和培育是实现安全管理的必备条件。它的基本原则是，要求发生在系统中的行为都是有权限的行为，并且符合程序控制的要求。在管理上完善机制，加强其有效性，往往可以解决许多技术层次解决不了的问题。

第一节　电子商务安全技术

一、口令安全与防范

（一）弱密码

开篇案例中的两种思路都属于弱密码。弱密码具体包括以下几种情况。

（1）按一定顺序或重复的字符："12345678""111111""abcdefg""asdf""qwer"（键盘上的相邻字母）。

（2）使用字符的外观类似字符替换，如使用数字"1""0"替换英文字母"l""O"，字符"@"替换字母"a"等。

（3）登录名的一部分：密码为登录名的一部分或完全与登录名相同。

（4）常用的单词：自己和熟人的名字及其缩写、常用的单词及其缩写、宠物的名字等。

（5）常用数字：自己或熟人的生日、证件编号等，以及这些数字与名字、称号等字母的简单组合。

（二）口令攻击的主要方法

（1）社会工程学。通过人际交往这一非技术手段欺骗、套取口令。避免此类攻击的对策是加强用户防范意识。

（2）猜测攻击。使用口令猜测程序进行攻击。口令猜测程序往往根据用户定义口令的习惯猜测用户口令，如名字缩写、生日、宠物名、部门名等。在详细了解用户的社会背景之后，黑客可以列举出几百种可能的口令，并在很短的时间内就完成了猜测攻击。

（3）字典攻击。如果猜测攻击不成功，入侵者会继续扩大攻击范围，对所有英文单词进行尝试，程序将按序取出一个又一个的单词，进行一次又一次尝试，直到成功。据有关媒体报道，对于一个有着 8 万个英文单词的集合来说，入侵者不到一分半钟就可试完。所以，如果用户的口令不太长或是单词、短语，那么很快就会被破译出来。

（4）穷举攻击。如果字典攻击仍然不能够成功，入侵者会采取穷举攻击。一般从长度为 1 的口令开始，按长度递增进行尝试攻击。由于人们往往偏爱简单易记的口令，穷举攻击的成功率很高。如果每千分之一秒检查一个口令，那么 86%的口令可以在一周内破译出来。

（5）混合攻击。结合了字典攻击和穷举攻击，先字典攻击，再穷举攻击。

（6）直接破解系统口令文件。所有的攻击都不能够奏效时，入侵者会寻找目标主机的安全漏洞和薄弱环节，伺机偷走存放系统口令的文件，然后破译加密的口令，以便冒充合法用户访问这台主机。

（7）网络嗅探。通过嗅探器在局域网内嗅探明文传输的口令字符串。避免此类攻击的对策是网络传输采用加密传输的方式进行。

（8）键盘记录。在目标系统中安装键盘记录后门，记录操作员输入的口令字符串，如很多间谍软件、木马等都可能会盗取你的口令。

（9）其他攻击方式，如中间人攻击、重放攻击、生日攻击等。

（三）强密码

强密码通常长度足够长、排列随机，这样就需要花很多时间才能够破译出来。

一个 10 位长的随机密码，如“4pRte!ai@3”，由于常用键一共有 95 个，因此有 9510 种组合，是不可能在短时间内通过全部列举来破译的。

强密码应该包括 14 个字符或更长（至少 8 个字符或更长），是大小写字母、数字和符号的组合。

通常，计算机用户还会被系统建议“不要在不同的账号使用同一个密码”。为什么要这样呢？假如为你提供服务的某基金公司出现安全漏洞，所有的用户名/密码都暴露了，而你又恰好使用同样的信息来登录你的某一个网上银行，这时如果哪个不怀好意的人获知了这一情况，悲剧的就不仅仅是基金账户了，存储的网银账户、信用卡信息也就都暴露在他面前了。

还有其他令你“崩溃”的建议和设定：

（1）一定不要把密码写在纸上；

（2）必须定期更改密码；

（3）新密码必须脱胎换骨；

（4）强制更改密码；

（5）尽可能地减少密码，注意在密码数量与可管理性之间维持一个平衡。如果必须记住 10 个密码，分别对应着从最绝密到最垃圾的数据，可能根本无法全部记住它们。谁又能保证写下来又丢失了的那个密码不是最绝密的那个呢？

（四）设置好记又难猜的密码

在一次安全会议上，来自微软的一个专家提出：“我认为密码策略应改为你可以写下你的密码。我有 68 个不同的密码，如果我不能将它们写下来，我将怎么办？那我就不得不使用同样的密码。”

建议一：在一个低安全性的账号（如 BBS）使用简单的密码，在高安全性的程序（如在线银行）使用强密码。

建议二：在建议一的基础上，分组复用密码。

建议三：可以记下密码，但一旦密码被写下来，用户不能将它放在一些明显的地方，如通讯录、抽屉等。（最糟糕可能也是最常见的情况是密码被写在一张便条纸上，放在计算机附近。比较安全的做法是放在保险箱里。）

建议四：用统一规则记住多个不同的密码。

先选取一个基本密码，然后根据服务的不同，在这个密码的基础上按照一定的规则叠加一些其他元素。

举个例子：基本密码+网站名称的前两个声母+网站名称的前两个韵母。

例如，设置一个基本密码是“LNFX122”（正在完成本章写作的地点和日期），那么要登录淘宝时密码就是“LNFX122TBAO”，登陆京东时就是“LNFX122JDIO”。

还有更简单一点的办法是以同样的几个字母做开头，叠加上网站名称的第一个字的拼音。这样一来，我的淘宝登录密码就是“LNFX122TAO”，而京东的密码就是“LNFX122JING”。

建议五：选择一个容易记忆的基础密码之后，键入时将手指在键盘上再向上移一格，如基础密码是“LNFX”，在稍做变化之后，就变成了“OHRS”。基础密码选取工作完成后，再根据不同的服务商名称来叠加不同信息。

建议六：使用密码生成器。

方法：使用百度搜索“密码生成器”即可（见图 5-1）。在生成后自动复制，方便你在登录框中粘贴。但要注意一点，使用密码生成器生成的密码，一定要记在某个地方。

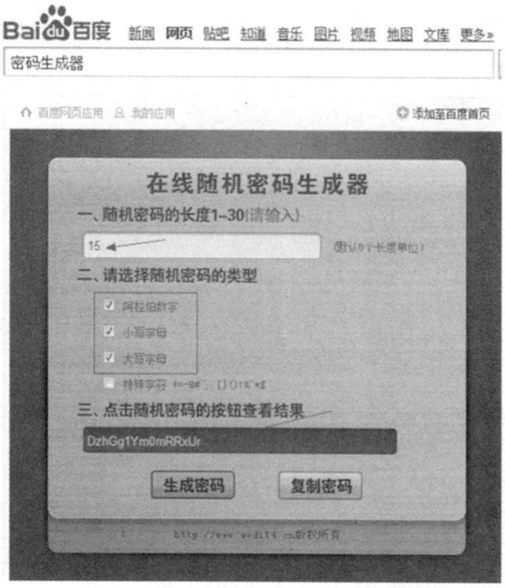

图 5-1　使用“密码生成器”生成不易破击的口令

（五）信息安全的技术手段

新的操作系统或新的网络应用协议程序把用户账户和密码信息由以明文格式传输，

改为以密文格式传输，并且在客户端和服务器上都以文件加密方式存储用户信息。

三次错误机制：通常情况下，连续输错密码 3 次后，用户账户会被锁定。

用户名也要保密，用户名和口令共同构成隐含信息，可以加大破解难度。从这一点出发，你会更加理解为什么 QQ 那么容易被盗号，QQ 号码的可见性成为影响它安全性的一个重要因素。你也会更加理解为什么不要随便在网上晒自己的身份证号和银行卡号了。

验证码机制：其作用是通过人为延迟登录时间，有效防止某非法用户用特定程序、暴力破解方式，进行不断的登录尝试。

（六）密码与密码学

其实，我们混淆了一个概念。登录网站、App、电子邮箱和银行卡账号时输入的“密码”其实严格来讲应该仅被称作“口令”，因为它不是本来意义上的“加密代码”，好在也可以称为秘密的号码，所以一般也可以通用。真正的密码问题称为密码学。

密码是一种用来混淆的技术，它希望将正常的（可识别的）信息转变为无法识别的信息。当然，对一小部分人来说，这种无法识别的信息是可以再加工并恢复的。

著名的密码学者 Ron Rivest 解释道：“密码学是关于如何在敌人存在的环境中通信”。密码学的首要目的是隐藏信息的含义，并不是隐藏信息的存在。

密码学已被应用于日常生活，包括自动柜员机的芯片卡、电脑使用者存取密码、电子商务等。安全问题是电子商务的瓶颈问题，本节所讲的口令安全问题本身也是相对较弱的安全解决方案。

电子商务的安全需求包括两方面：电子交易的安全需求和计算机网络系统的安全需求。其中，电子交易的安全需求主要依靠现代密码学及数字证书来实现。

二、电子商务安全的要求

电子商务安全涉及众多领域，是互联网安全在电子商务领域的延伸，主要包括网络安全、电子交易安全、用户数据安全等。

网络安全包括网络硬件设备安全、网络软件安全、数据资料安全、网络运行环境安全、网上交易服务器与用户传递信息的安全、客户端计算机及其他连接互联网设备的安全。

电子交易安全包括商品品质安全、身份可信安全、物流安全、支付安全等。

用户数据安全包括用户个人信息安全、用户的账号密码安全、用户购买记录信息安全等。

（一）电子商务存在的安全隐患

外部威胁：恶意代码，包括计算机病毒（比如蠕虫病毒、木马病毒、僵尸网络）等；不受欢迎的软件，包括广告软件、间谍软件、钓鱼软件等。

内部威胁：拥有过度访问权的用户太多、访问敏感数据的设备数量过多，以及信息技术越来越复杂。

（二）电子商务系统可能遭受的攻击

（1）系统穿透：未经授权进入系统，对信息进行篡改、窃取、使用。

（2）违反授权原则：超越权限的应用。

（3）植入：病毒（木马）。

（4）通信监视：以窃听方式获取数据。

（5）通信串扰：非法干预，破坏数据的完整性。

（6）中断：对可用性进行的攻击，通过破坏硬件等使系统不能正常工作。

（7）拒绝服务：使合法信息传输受阻的方式。

（8）否认：否认交易。

（9）病毒：破坏系统及数据。

（三）计算机安全等级

1993 年 8 月，美国国防部计算机安全局出版了《可信任的计算机安全评估标准》，因封面为橙色，称为“橙皮书”。橙皮书为计算机安全的不同级别制定了不同标准：D、C、B、A 级。其中，C 级又分为 C1 和 C2 两个子集，B 级分为 B1、B2 和 B3 三个子集，D 级一般标为 D1 级。

1. D1 级是计算机安全的最低一级

整个计算机系统是不可信任的，硬件和操作系统很容易被侵袭。D1 级计算机对用户没有验证，也就是任何人都可以使用该计算机系统而不会有任何障碍。系统不要求用户进行登记（要求用户提供唯一字符串来进行访问）。任何人都可以坐在计算机前并使用它。D1 级的计算机系统包括 MS-Dos、MS-Windows3.xe、Windows95（不在工作组方式中）、Apple 的 System7.x。

2. C1 级酌情安全保护

C1 级为自主安全保护级，要求硬件有一定的安全级（如计算机带锁），用户必须通过登录认证方可使用系统，并建立了访问许可权限机制。但 C1 级不能控制进入系统的用户的访问级别，用户可以直接访问操作系统的根。常见的 C1 级的计算机系统包括早期的 UNIX、XENIX、Novell3.X。

3. C2 级访问控制保护

C2 级为受控存取保护级。它比 C1 级增加了几个特性：引进了受控访问环境（用户权限级别），进一步限制了用户执行某些系统指令；授权分级使系统管理员给用户分组，授予他们访问某些程序的权限或访问分级目录，数据访问控制为目录级；采用系统审计，跟踪记录所有安全事件及系统管理员的工作。达到 C2 级的常见计算机系统包括 UNIX、XENIX、Novell3.X 以上版本、windowsNT。

4. B1 级带标签的安全性保护

B1 级系统支持多级安全，多级是指这一安全保护安装在不同级别的系统中（网络、应用程序、工作站等），它对敏感信息提供更高级的保护。例如，安全级别可以分为解密、保密和绝密级别。

5. B2 级结构化的保护

B2 级安全要求计算机系统中所有对象加标签，而且给设备（如工作站、终端和磁盘驱动器）分配安全级别。如用户可以访问一台工作站，但可能不允许访问装有人员工资资料的磁盘子系统。

6. B3 级安全域

B3 级要求用户工作站或终端通过可信任途径连接网络系统，这一级必须采用硬件来保护安全系统的存储区。

7. A 级是最高安全级别

这一级有时也称为验证设计。与前面提到各级级别一样，这一级包括了它下面各级的所有特性。A 级还附加一个安全系统受监视的设计要求，合格的安全个体必须分析并通过这一设计。另外，必须采用严格的形式化方法来证明该系统的安全性。而且在 A 级，所有构成系统的部件的来源必须安全保证，这些安全措施还必须担保在销售过程中这些部件不受损害。例如，在 A 级设置中，一个磁带驱动器从生产厂房直至计算机房都会被严密跟踪。

（四）电子商务的安全性要求

电子商务顺利开展的核心和关键是保证交易的安全性，这是网上交易的基础，也是电子商务技术的难点所在，具体包括以下要求。

1. 可靠性

可靠性是指计算机系统的可靠性，如防止由计算机失效、程序错误、传输错误、硬件故障、系统软件错误、计算机病毒及自然灾害等引起的计算机信息失效或失误，保证存储在介质上的信息的正确性。

2. 真实性

真实性是指网上交易双方身份的真实性，双方通过数字签名、身份认证、数字证书等辨别交易者的身份。

3. 机密性

机密性：保证信息不会泄露给非授权的人或实体。一般通过密码技术对传输的信息进行加密处理来实现。

4. 完整性

完整性：保证数据在输入、传输过程中的一致性，防止数据被非授权用户建立、修改和破坏。

由于数据输入时的意外差错或欺诈行为，可能导致贸易各方信息存在差异。

贸易各方信息的完整性将影响贸易各方的交易和经营策略，保持贸易各方信息的完整性是电子商务应用的基础。

预防对信息的随意生成、修改和删除，同时要防止数据传送过程中信息的丢失和重复，并保证信息传送次序的统一。

5. 有效性

要对网络故障、操作错误、应用程序错误、硬件故障、系统软件错误及计算机病毒所产生的潜在威胁加以控制和预防，以保证贸易数据在确定价格、期限、数量及时间、地点时是有效的。

6. 不可否认性

不可否认性：在交易信息传输过程中，对参与交易的人、企业或国家身份进行标识，保证信息的发送方不能否认已发送的信息，接收方不能否认已收到的信息，防止通信双方对已进行业务的否认。在传统的纸面贸易中，贸易双方通过在交易合同、契约或贸易单据等书面文件上手写签名或印章来鉴别贸易伙伴。在电子商务系统中一般通过数字签名、证书机构 CA 和证书来实现。

7. 内部网络的严密性

确保企业内部网络的安全。

三、电子商务安全技术体系

（一）加密技术

加密技术是利用技术手段把原始信息变为乱码（加密）传送，到达目的地后再用相同或不同的手段还原（解密）信息。原始信息通常被称为明文，加密后的信息通常被称为密文。

加密技术涉及两个元素：算法和密钥。算法是将明文与一串字符（密钥）结合起来，进行加密运算后形成密文。密钥是在将明文转换为密文或将密文转换为明文的算法中输入的一串字符，可以是数字、字母、词汇或短语。

追溯加密技术发展史，可以划分为计算机使用前的古典加密方式和计算机使用后的现代加密方式，而现代加密方式又可以分为两个并行发展、互为依托的密码体制：对称密码体制和非对称密码体制。

1. 古典加密方式

古典加密方式主要有两类加密方法：替换加密法和换位加密法；另外还有一种理想的但并不是基于数学问题的加密方案，叫作一次性密码本（One-Time Pad）。

（1）替换加密法。

最初级、最简单、最广为人知的加密技术是恺撒加密法，恺撒加密法就属于替换加密法。加密方式是明文中的所有字母都在字母表上向后（或向前）按照一个固定数目进行偏移后被替换成密文。这种替换是设想有一个由两个同心圆所组成的密码转盘，通过旋转到不同的位置，完成对应替换。替换加密法的本质是可以旋转的转盘，如图 5-2 所示。

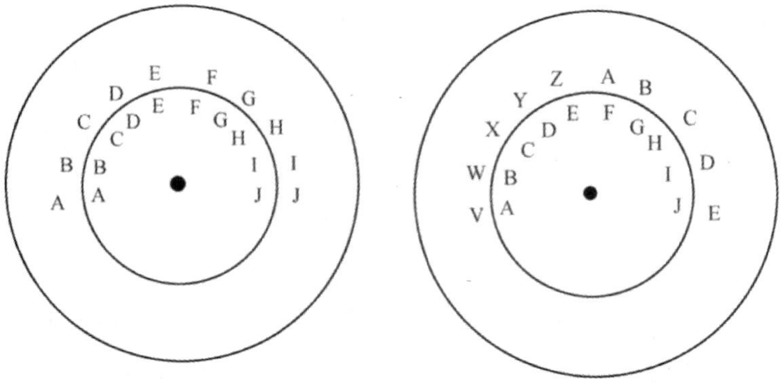

（a）密码转盘　　（b）旋转后的密码转盘

图 5-2　替换加密法的本质是可以旋转的转盘

（2）换位加密法。

换位加密法主要有铁轨法、路游法和密钥法等。限于篇幅，此处不做介绍。感兴趣的同学可自行上网搜索。

（3）一次性密码本。

一次性密码本是一个大的、不重复的随机密钥字母集，这个密钥字母集被写在几张纸上，并被粘成一个密码本。它最初用于电传打字机。发送者用密码本中的每一密钥字母准确地加密一个明文字符。加密是明文字符和一次性密码本密钥字符的模 26 加法。

每个密钥仅对一个消息使用一次。发送者对所发送的消息加密，然后销毁密码本中用过的一页或磁带部分。接收者有一个同样的密码本，并依次使用密码本上的密钥去解密密文的每个字符。接收者在解密消息后销毁密码本中用过的一页或磁带部分。新的消息则用密码本中新的密钥加密。

古典加密方式在以上列举的思路下，还有很多创新，但它加密体制上的先天不足，导致其在现代计算机强大的计算能力面前变得非常脆弱，这也促进了现代密码方式的产生和发展。

密码形成一门新的学科是在 20 世纪 70 年代，这是受计算机科学蓬勃发展的刺激和推动的结果。计算机和现代数学方法一方面为加密技术提供了新的概念和工具，另一方面也给破译者提供了有力武器。计算机和电子学时代的到来给密码设计者带来了前所未有的自由，他们轻易地摆脱了原先用铅笔和纸进行手工设计时易犯的错误，也不用再面对用电子机械方式实现的密码机的高额费用。总之，利用计算机可以设计出更为复杂的密码系统。

2. 对称密码体制

对称密码体制又称为秘密密钥密码体制（或单密钥密码体制、隐蔽密钥密码体制），即加密密钥和解密密钥相同或一个可由另一个导出。

（1）美国数据加密标准。

美国数据加密标准（Data Encryption Standard，DES）是 20 世纪 70 年代中期由美国 IBM 公司的一个密码算法发展而来的，1977 年美国国家标准局公布数据加密标准密码算法作为美国除国防部以外的其他部门的计算机系统的数据加密标准。直到今日在已知的公开文献中，还是无法完全地、彻底地把数据加密标准给破解掉。换句话说，数据加密标准这套加密方法至今仍被公认是安全的。

（2）国际数据加密算法。

国际数据加密算法（International Data Encryption Algorithm，IDEA）是由瑞士联邦理工学院来学嘉和 James Massey 在 1990 年提出的，是用来替代数据加密标准的许多算法中的一种，是一个对称分组密码算法。

（3）高级加密标准。

Rijndael 加密算法是由比利时的两个学者 Joan Daemen 和 Vincent Rijmen 提出的，为 21 世纪的美国高级加密标准推荐算法。

高级加密标准的基本要求是该算法是对称密码体制，即秘密密钥算法；算法应为分组密码算法，分组长度是 128bit，密钥长度为 128、192 和 256bit；比三重数据加密标准快，至少和三重数据加密标准一样安全。

3. 非对称密码体制

非对称密码体制又称公开密钥密码体制，是用一对密钥（一个为用户私有，一个为公开）对信息进行加密、解密的密码体制。用户用公钥加密信息，只能用与其对应的私钥才能解开，即加密密钥公开，解密密钥不公开，从一个推导出另一个是不可行的。

公开密钥密码体制有一个重要特性：仅仅知道密码算法和加密密钥而要确定解密密钥，在计算上是不可能的。另外，某些算法，如 RSA，还具有以下特性：两个相关密钥中任何一个都可以用作加密而让另一个用作解密。

公开密钥密码体制的步骤如下。

（1）网络中的每个端系统都产生一对用于将接收的报文进行加密和解密的密钥。

（2）每个端系统都通过把自己的加密密钥放进一个登记本或文件中来公布它，这就是公钥。另一个则是私钥。

（3）如果 A 想给 B 发送一个报文，A 就用公钥加密这个报文。

（4）B 收到这个报文后就用他的私钥解密报文。其他所有收到这个报文的人都无法解密，因为只有 B 才有对应的私钥。

比较常用的非对称密码体制包括 RSA 算法、LUC 算法、椭圆曲线算法等。

4. 散列函数与数字签名

（1）散列函数。

散列函数指将哈希表中元素的关键键值映射为元素存储位置的函数，也叫哈希函数、杂凑函数、数字指纹、压缩函数、消息摘要等。

散列函数在计算机上实现后产生了一个神奇的现象，就是可以把一个个长度不确定、内容不同的输入串转换成一个个长度确定、内容还是不同的输出串，这称为散列值，也叫哈希值、杂凑值、消息摘要。

数学表示为：h=H（M）。H 为散列函数、M 为输入串、h 为散列值。

散列函数具有以下特征：

给定 M，很容易计算出 h，即运算速度快；

给定 h，却很难计算出 M，即难以反推；

给定 M，很难找到另一个输入串 M'，即 M 和 M'只有很小的差别，如现实中只相差哪怕一个字或一个标点符号，也无法满足 H（M'）=H（M）=h，即输入串 M 的难以伪造性。

计算机系统上信息摘要应用较多的散列函数：MD4、MD5、SHA 等。

（2）数字签名。

数字签名可用多种技术的组合来认证消息的完整性。为消除因消息被更改而导致的欺诈和滥用行为，可将两个算法同时应用到消息上。先用散列函数，由散列函数计算出散列值后，就将此值附加到这条消息上。当接收者收到消息及附加的散列值后，就用此散列值独自再计算出一个散列值。如果接收者所计算出的散列值同消息所附的散列值一致，接收者就知道此消息没有被篡改。

对于用散列函数处理得到的散列值，再用双钥密码体制的私钥加密，得到的密文被称为数字签名。

传统签名是模拟的，因人而异，同一人在不同时间的签名会有差别，易伪造。数字签名是由 0、1 组成的数字串，极难伪造，不同的散列值产生不同的数字签名，可实现文件与签署的“捆绑”。

数字签名的使用方法如下。

① 消息 M 用散列函数 H 得到散列值 h_1=H（M）。

② 发送方用自己的双钥密码体制的私钥对这个散列值进行加密 h'=E_{KSA}（h_1），形成数字签名。

③ 发送方将这个数字签名作为消息 M 的附件消息一起发送给消息的接收方。

④ 接收方从接收到的原始消息 M 中计算出散列值 h_2=H（M）。

⑤ 接收方用发送方的双钥密码体制的公钥来对消息的数字签名进行解密 h_1=D_{KPA}

（h'）。

⑥ 如果 $h_1=h_2$，表明接收方确认数字签名是发送方的，而且还可以确定此消息没有被篡改过。

（3）安全协议。

① 安全套接层（Secure Socket Layer，SSL）协议是指使用公钥和私钥技术相组合的安全网络通信协议，是网景公司推出的基于互联网应用的安全协议。

② 安全电子交易（Secure Electronic Transaction，SET）协议是由万事达卡（Master Card）和维萨（Visa）联合网景、微软等公司，于 1997 年推出的。该协议主要是为了实现更加完善的即时电子支付。

（4）防火墙技术。

防火墙是一种将内部网和外部网（如互联网）相互隔离的技术。防火墙可以通过过滤不安全的服务，降低风险，强化网络安全，对网络存取和访问进行监控；防止内部信息外泄、外部用户非法访问或占用内部资源。另外，防火墙还支持具有互联网服务特性的企业内部网络技术体系虚拟专用网（Virtual Private Network，VPN）。

四、电子商务安全管理体系

（一）数字证书 CA

实现网上安全支付是顺利开展电子商务的前提，建立安全的数字证书 CA 是电子商务的中心环节，其目的是加强数字证书和密钥的管理，增强网上交易各方的相互信任，提高网上交易的安全性，降低网上交易的风险，从而推动电子商务的发展。

1. CA

在电子交易中，无论是数字时间戳服务还是数字证书的发放，都不是交易双方自己能完成的，而是需要具有权威性和公正性的第三方机构来完成的。CA 就是承担网上安全电子交易认证服务、签发数字证书并确认用户身份的服务机构。

2. 数字证书

数字证书又称为数字凭证或数字标识，是由 CA 发行的、能在互联网上进行身份验证的电子文档。人们可以用它来表明自己在互联网中的身份或识别对方的身份。数字证书的格式遵循 ITU-T X.509 国际标准。

（二）公钥基础设施

1. 基本概念

公钥基础设施（Public Key Infrastructure，PKI）是一种遵循既定标准的、利用公钥密码技术为电子商务的开展提供一套安全基础平台的技术和规范，它能够为所有网络应用提供加密和数字签名等密码服务及所必需的密钥和证书管理体系。

PKI 体系是计算机软硬件、权威机构及应用系统的结合。它为实施电子商务、电子政务、办公自动化等提供了基本的安全服务，从而使那些彼此不认识或距离很远的用户能通过信任链安全地交流。PKI 是硬件、软件、政策的组合，用户可利用 PKI 平台进行安全通信，解决电子商务应用中的机密性、真实性、完整性、不可否认性和存取控制等安全问题。

2. 应用现状与发展趋势

美国的 PKI 建设过程经历了 1996 年之前的无序、1996 年至 2002 年间以 FBCA 为核心的体系搭建、2003 年之后策略管理和体系建设并举的三个阶段。1996 年以前，很多政府部门自建 PKI 系统，如美国邮政服务部门、社会安全部门、国防部、能源部、商标与知识产权局等。1996 年美国提出联邦桥接计划，2001 年正式公布，计划最终建立一个覆盖美国 80 个机构、19 个部的 PKI 体系以保护电子政府的通信安全。

美国 PKI 体系主要由联邦的桥认证机构（Federal Bridge CA，FBCA）、首级认证机构（Principal CA，PCA）和次级认证机构（Subordinate CA，SCA）等组成。

欧洲在 PKI 基础建设方面也成绩显著，已颁布了 93/1999EC 法规，强调技术中立、隐私权保护、国内与国外相互认证及无歧视等原则。为了解决各国 PKI 之间的协同工作问题，93/1999EC 法规采取了一系列措施：积极资助相关研究所、大学和企业研究 PKI 相关技术；资助 PKI 互操作性相关技术研究，并建立 CA 网络及顶级 CA；并于 2000 年 10 月成立了欧洲桥 CA 指导委员会，于 2001 年 3 月 23 日成立了欧洲桥 CA。

我国的 PKI 技术从 1998 年开始起步，政府和各有关部门对 PKI 产业的发展给予了高度重视。2001 年，PKI 技术被列为“十五”863 计划信息安全主题重大项目，并于同年 10 月成立了国家 863 计划信息安全基础设施研究中心。国家电子政务工程中明确提出了要构建 PKI 体系。我国已全面推动 PKI 技术研究与应用。2004 年 8 月 28 日，第十届全国人民代表大会常务委员会第十一次会议表决通过了《中华人民共和国电子签名法》，规定电子签名与手写签名或盖章具有同等的法律效力。这部法律的诞生极大地推动了我国的 PKI 建设。

1998 年，国内第一家以实体形式运营的上海 CA（SHECA）成立，此后，PKI 技术在我国的商业银行、政府采购及网上购物中得到了广泛应用。国内的 CA 大致可分为区域型、行业型、商业型和企业型四类，并出现了得安科技、创原世纪、国创科技、吉大正元、国瑞数码等一批 PKI 服务提供商。

3. 系统组成

一个典型的 PKI 系统包括 PKI 安全策略、软硬件系统、CA、注册机构（Registration Authority，RA）、证书发布系统和 PKI 应用等。

（1）PKI 安全策略。其建立和定义了一个组织信息安全方面的指导方针，同时也定义了密码系统使用的方法和原则。具体包括一个组织怎样处理密钥和有价值的信息，根据风险的级别定义安全控制的级别。

（2）软硬件系统。计算机的软件与硬件，是计算机网络的基本设备。

（3）CA。CA 是 PKI 的信任基础，它管理公钥的整个生命周期，其作用包括发放证书、规定证书的有效期和通过发布证书废除列表确保必要时可以废除证书。

（4）RA。RA 是用户和 CA 之间的一个接口，它获取并认证用户的身份，向 CA 提出证书请求。它主要具有收集用户信息和确认用户身份的功能。这里的用户，是指将要向 CA 申请数字证书的客户，可以是个人，也可以是集团或团体、某政府机构等。注册管理一般由一个独立的 RA 来承担。它接受用户的注册申请，审查用户的申请资格，并决定是否同意 CA 给用户签发数字证书。RA 并不给用户签发证书，只是对用户进行资格审查。因此，RA 可以设置在直接面对客户的业务部门，如银行的营业部、机构认识部门等。当然，对于一个规模较小的 PKI 系统来说，可把注册管理的职能交由 CA 来完成，而不设立独立运行的 RA。但这并不是取消了 PKI 的注册功能，而是将其作为 CA 的一项功能而已。PKI 国际标准推荐由一个独立的 RA 来完成注册管理任务，可以增强应用系统的安全性。

（5）证书发布系统。证书发布系统负责证书的发放，如可以通过用户自己或通过目录服务器发放。目录服务器可以是一个组织中现存的，也可以是 PKI 方案中提供的。

（6）PKI 应用。PKI 的应用非常广泛，包括应用在 Web 服务器和浏览器之间的通信、电子邮件、EDI、在互联网上的信用卡交易和 VPN 等。

通常来说，CA 是 PKI 的核心。众所周知，构建密码服务系统的核心内容是如何实现密钥管理。公开密钥密码体制涉及一对密钥（即私钥和公钥），私钥只由用户独立掌握，无须在网上传输，而公钥是公开的，需要在网上传输，故公开密钥密码体制的密钥管理主要是针对公钥的管理问题，较好的方案是数字证书机制。

第二节　电子商务支付技术

一、传统支付与网上支付

（一）传统支付

网上支付是建立在对传统支付深入研究的基础上的。目前，一些非完全的电子商务过程仍然离不开传统支付，即客户在网上查询商品信息，进行网上洽谈和交易，而货款则采用传统支付方式。货款的支付时间根据商家或客户的要求，可以是款到发货或货到付款。传统支付方式主要有现金支付、票据支付和银行卡支付三种方式。

1. 现金支付

在传统支付方式中，现金具有举足轻重的地位。现金（特指某个国家或地区的法定货币）具有最终支付手段的特性。

（1）现金是法律规定的最终支付手段。任何债权人都不能够拒收，任何债务人都有义务应债权人的要求用现金清偿债务。现金以国家信用为后盾，以国家法律为保障，因此具有普遍的可接受性。

（2）现金支付具有分散、匿名的特性。使用现金支付时，付款人与收款人，只需收受现金即可使支付终结，无须任何第三者的介入（除现金发行环节有银行介入外，通常不用与银行打交道），也无须改写和记录任何地点的账目。因此，现金支付具有地点上的分散性和参与者的匿名性。

（3）现金支付还具有技术上的“离线处理”的特性。收付款双方通过亲身参与鉴定现金的真伪，不需要任何机构的连线确认和支持，也几乎没有交易费用，因此交易效率更高。

（4）现金具有国家强制力赋予的信用性及发行上的有限性（稀缺性）。正是因为现金的数量是有限的，相对于人们的欲望而言是稀缺的，因此维持了人们对现金价值的信任。

2. 票据支付

这是一种以银行存款作为支付手段的非现金结算方式，也称为转账支付，多用于企业之间的商贸过程。

票据是按票面记载的金额在一定期限内完成支付行为的书面约束凭证，是国际通行的结算和信用工具。票据支付实质上是一种数据的交换，票据是信息的具体载体。各类单证、票据上的信息反映了商贸实务处理过程中的金融行为，反映了资金在买卖双方账户之间的流动，最后通过买卖双方代理银行之间的资金清算系统来兑现各种金融行为、票据等。票据分为汇票、本票、支票三大类。票据支付过程中有三个当事人，即出票人、收款人和付款人。支票的付款人为银行。

票据支付方式是以票据的转移代替实际资金转移的，这样可以大大减少和降低现金在保管、携带、输送中的麻烦和风险，而且在支付日到来之前，付款人在这段时间内可以充分运用资金。票据支付方式在异地交易中已经成为代替现金支付的最佳方式。

3. 银行卡支付

银行卡是由银行等金融机构发行的，主要有信用卡、借记卡、现金卡等。银行为持卡人和特约商家提供了高效的结算服务，十分灵活方便，这使消费者乐于持卡购物进行消费。

银行卡（以信用卡为例）的传统支付流程如下。

（1）客户在特约商家持卡消费，商家的现金出纳系统将客户的消费金额输入 POS 机。

（2）读卡器读取信用卡磁条或芯片中的认证数据，客户输入密码。

（3）将前两步输入的数据送往信用卡发行机构。

（4）信用卡发行机构基于收到的数据验证信用卡的合法性、客户密码及信用额度，更新客户数据库文件，并将处理结果数据实时送回 POS 机。

（5）现金出纳系统对处理结果数据进行确认后，将商品及收据交给客户。

（6）信用卡发行机构的计算机中心将处理过的申请支付数据通过网络传送给相应的

银行。

（7）银行收到申请后，从客户的账户中支出该款项，同时存入特约商家的账户。

在信用卡支付过程中，信用卡金融信息系统将特约商家、信用卡发行机构及银行的计算机系统联网，在客户利用信用卡消费时，使款项的支付过程通过联机系统进行实时处理。信用卡发行机构的计算机中心使银行在非营业时间段也能支持客户的交易，即先将产生的转账数据存储在信用卡发行机构的计算机中心，待银行开始营业后再处理。信用卡发行机构的客户数据库使信用卡挂失、停止使用和合法性确认等业务处理起来更加容易。

银行借记卡的支付流程与上述信用卡支付流程的区别：客户在特约商家持卡消费时，商家现金出纳系统将客户的消费金额输入 POS 机，读卡器读取客户借记卡磁条或芯片中的认证数据，客户输入密码后，客户的支付信息不经过信用机构，而是通过银行的金融专用网直接传送给银行，再由银行认证和处理支付信息，并进行划账。

（二）传统支付与网上支付的比较

在电子商务环境下，由于使用的传输网络、传输协议和支付程序等方面的不同，在实践中衍生出了各种各样的网上支付方式。网上支付方式可以分为非互联网环境下的电子支付和互联网环境下的电子支付。互联网环境下的电子支付是电子商务环境的一部分，也称为电子商务的网上支付。网上支付是电子商务的关键环节之一。

与传统的支付方式相比较，网上支付具有以下特点。

（1）网上支付是在开放的网络系统中利用先进的信息技术完成信息传输，采用信息化的方式进行款项支付的；而传统的支付方式则是以传统的通信媒介通过现金流转、票据转让和银行汇兑等物理实体来完成款项支付的。

（2）网上支付的工作环境是一个开放的系统平台（互联网）；而传统支付则是在较为封闭的系统中运作的。

（3）网上支付对软件、硬件设施有一定的要求，一般要求有联网的计算机或手机和相关的软件及配套设施等。

（4）网上支付具有方便、快捷、高效、经济的优势，客户只要一台联网的计算机或手机等便可以在有网络接入的地点在短时间内完成整个支付过程。

（5）由于网上支付工具、支付过程具有无形化的特征，它将传统支付方式中面对面的信用关系虚拟化。例如，对支付工具的安全管理不是依靠普通的防伪技术，而是通过用户密码、软硬件加/解密系统及路由器等网络设备的安全保护功能来实现的。

二、网上支付的种类

目前，网上支付主要有以下几种类型。

（一）银行卡网上支付方式

支付流程包括发卡银行、收单机构、持卡人、签约商户等行为主体，支付流程如图 5-3 所示。

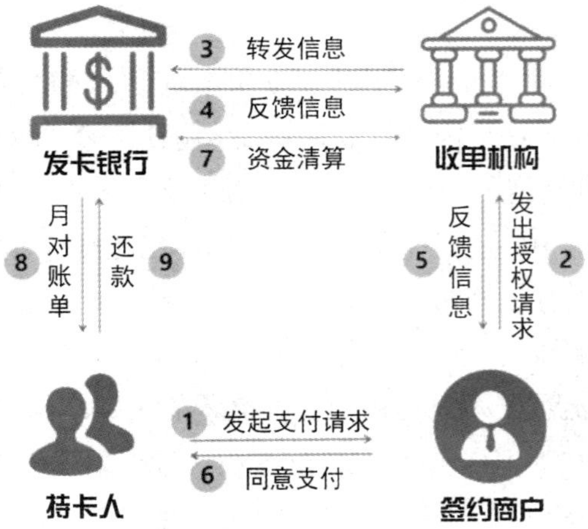

图 5-3　银行卡网上支付流程

发卡银行：向持卡人发行各种银行卡，提供各类相关的银行卡服务并收取一定费用，是银行卡市场的发起者和组织者，是银行卡市场的卖方。

收单机构：负责签约商户的开拓与管理、授权请求、账单结算等活动，其利益主要来源于签约商户交易手续费的分成、服务费。

持卡人：在银行卡市场中处于中心地位，是产生购买银行卡商品及其衍生商品需求的市场基础，是银行卡的领用者和金融机构、签约商户利益的创造者。

签约商户：与收单机构签有商户协议，是受理银行卡的零售商、个人公司或其他组织。以网上购物为例，当买方（持卡人）在线选购商品发出订单后，卖方（签约商户）就会收到信息。双方确认订单后，接下来便是支付，除了少量订单采取货到付款的方式，大部分都采用网上支付方式。

第一步，买方发起支付请求，卖方同意后，买方把相关信息告诉卖方。

第二步，卖方收到客户信息后，向收单机构发出授权请求，请求收单机构核查买方信息。

第三步，收单机构收到授权请求以后，通过网络把授权请求转发给发卡银行。

第四步，发卡银行收到授权请求后，核查买方的银行卡余额是否充足，如果银行卡余额充足，发卡银行便及时将该信息反馈给收单机构。

第五步，收单机构把买方银行卡余额充足可以支付的信息反馈给卖方。

第六步，卖方获得信息后，通知买方同意交易，并支付。

第七步，由收单机构和发卡银行两者完成资金的清算，发卡银行将钱转到收单机构，卖方账户余额增加。

第八步，交易结束以后，发卡银行将扣款信息通知买方。如果是信用卡，发卡银行会在一个月以后将还款账单邮寄给买方，并通知买方还款。

第九步，买方还款。

（二）电子现金支付方式

1. 电子现金

与前面介绍的作为传统支付方式的现金相比，从技术上讲，电子货币可以使用密码技术对货币的重要信息进行加密保护，其技术的复杂性使伪造电子货币极其困难，这是社会对电子货币有需求的原因之一。加上人们对传统现金的偏好，因此也出现了人们对电子货币中电子现金的一定需求。需要注意的是，电子现金具有即可接受性、分散性、匿名性、离线处理性、稀缺性及防伪性等。

2. 电子现金的种类

目前，已经开发的电子现金大致可以分为两类，它们分别采取了不同的手段。

（1）硬盘数据文件形式的电子现金。实现电子现金的第一种手段，是将按照一定规则排列的具有一定长度的数字串，即一种电子化的数字信息块或数据文件，代表纸币或辅币。例如，可以用“9900050999”这个数字串表示 50 元现钞。当将电子现金用于支付时，只需将相当于支付金额的若干数字信息块综合起来，用电子化方法传递给债权人一方，即可完成支付。这是一种对实体货币的纯粹的电子化模拟。

但是，保存于硬盘中的数字信息块作为一种数据文件，具有可被完整复制的特点，要想保持电子现金的稀缺性和防伪性，就必须采用加强的密码技术或其他安全措施，使合法发行主体之外的任何个人或组织都不可能制造（或复制）出这种数据文件。但这些加强手段往往又需要银行介入，需要银行进行电子现金的真伪识别及重复使用识别，从而削弱了其分散和离线处理的特性。

（2）智能卡形式的电子现金。实现电子现金的第二种手段，是将货币价值的汇总余额存储在智能卡中，即将智能卡作为货币价值的计数器，甚至可以将智能卡看作记录货币余额的账户（只是这个账户由持卡人自己持有并管理），当从卡内支出货币金额或向卡内存入货币金额时，改写智能卡内的记录余额，这也相当于改写持卡人的智能卡存款账户的数额。从卡内支出货币金额的去向和向卡内存入货币金额的来源可以是另一张电子现金智能卡或持卡人的银行存款账户，并且在转移的过程中，必然是一方增加，另一方减少，增加的金额恰好是减少的金额。这一点与现金支付十分相似，从而保证了支付工具的稀缺性。智能卡形式的电子现金除与银行账户之间的转移外，其余的转移操作均可独立完成，不用与银行发生任何联系，从而保证了其匿名性和离线处理性。

3. 第三方支付方式

在网上支付中，最核心的方式是第三方支付，第三方支付和其他网上支付方式，如银行汇款、电子支票、货到付款等组成了电子商务网站的支付系统。

我国第三方支付服务商主要提供多银行网关的接入和支付清算服务。目前，我国互联网支付领域至少活跃着数十家网络信用卡支付公司，其中出现了一些知名的第三方支付品牌，如支付宝、财付通、环讯支付、首信易支付、银联电子支付、易宝支付等。而国外知名的第三方支付品牌有 PayPal、Global Collect、WorldPay 等。

综合来说，第三方支付方式主要具有以下特点。

（1）支付中介。第三方支付服务商采用了与众多银行合作的方式，从而大大方便了网上交易的进行。对于商家来说，不用安装各个银行的认证软件，在一定程度上简化了操作，降低了开发和维护成本。对于银行来说，可以直接利用第三方支付服务商的系统提供服务，节省了网关开发成本。

（2）技术中间件。第三方支付服务商连接多家银行，使互联网和银行系统之间能够加密传输数据；同时向商家提供统一的技术接口，使商家能够同时利用多家银行的支付通道。

（3）信用保证。运行规范的第三方支付服务商只向合法注册的企业或经过认证的商家提供支付网关服务，在很大程度上避免了交易欺诈的发生。同时，第三方支付服务商所提供的第三方支付平台可以对交易双方的交易进行详细记录，从而防止交易双方对交易行为的抵赖，并为后续交易中可能出现的纠纷提供相应的证据。

（4）个性化与增值服务。第三方支付服务商可以根据被服务企业的市场竞争与业务发展状况创新商业模式，同步制定个性化的支付结算服务。第三方支付服务商能够提供一些增值服务。例如，帮助商家解决实时交易查询和交易分析问题，以及提供方便、及时的退款和停止付款服务。

（三）移动支付

随着智能手机等移动终端的日益普及，其不同于电脑端的特征使支付方式也发生了巨大的变化。阿里巴巴、腾讯、百度等互联网企业纷纷向移动支付市场进军。

1. 移动支付的含义

移动支付，简单来说就是客户通过移动终端对商品、服务或其他交易进行结算的支付方式。客户通过移动终端（通常是智能手机）、移动互联网或者近距离传感器向金融机构发送支付指令，从而完成支付。移动支付的载体是移动终端，因此需要通过移动互联网等技术来实现数据的传输，其特点如下。

（1）移动性。先进的移动互联网技术赋予了移动支付移动性，客户只要申请了移动支付功能，就能随时随地为所购买的商品或服务买单。

（2）快捷性。通过移动互联网，支付能够在最短的时间内完成，不受时间和地点的限制。客户可以随时对交易账单、余额等进行查询，足不出户就能快速完成转账或生活缴费、购物等支付操作。

（3）社交性。移动支付使人与人之前的小额转账成为可能，朋友聚餐 AA 制付款、微信红包、群收款无疑拉近了人们的社交距离。微信、支付宝让人们“像发消息一样发钱，像收消息一样收钱”，使人们可以便捷地发起与社交紧密相关的支付活动，让资金往来更富有人情味。

（4）集成性。移动支付以智能手机为载体，运营商可以将移动通信卡、公交卡、地铁卡、银行卡等各类信息集成到以智能手机为载体的移动 App 中进行集成管理，并搭建与之配套的网络体系，从而为客户提供十分方便的支付及身份认证服务。

2. 移动支付的分类

（1）根据移动支付的距离，可以将移动支付分为近场支付和远程支付。

① 近场支付。近场支付主要是指通过带有支付功能的移动设备与读写器，实现本地化通信，以进行货币资金转移的支付方式，一般用于小额的刷公交卡、买门票、签到，以及大额的购物支付等。近场支付是客户与商家面对面地进行购物支付结算的过程，主要应用于线下支付，按照所使用的支持技术，可以将近场支付分为蓝牙支付、扫码支付、NFC 支付、声波支付等。

② 远程支付。远程支付是指通过移动互联网，利用短信、GPRS 等空中接口，与后台支付系统建立连接，实现远程付款和转账。例如，人们在上下班途中，以及户外旅行的过程中，使用手机等移动终端中的 App 实现网上购物、缴费、充值等操作，就是非常典型的移动网络远程支付。

（2）根据支付账户的性质，可以将移动支付分为银行卡支付、第三方支付平台支付、通信代收费账户支付。

① 银行卡支付。银行卡支付根据支付的形态不同，又可以分为认证支付、网银支付、快捷支付等。其中，网银支付要求银行卡必须开通在线支付功能，在支付时需要在银行页面输入支付信息并进行验证，因此安全、可靠；而快捷支付不需要开通银行卡的在线支付功能，它利用支付验证要素（银行卡号、密码、手机号、CVN2 防伪码、CVV2 安全码等），结合安全认证（如短信验证码），让持卡人能够方便、快捷地完成支付。

② 第三方支付平台支付。第三方平台支付是指用户通过移动终端（如手机等）并借助移动通信技术，以第三方支付平台作为交易中介，从而实现资金转移和支付结算功能的一种服务方式，最典型的就是人们经常使用的支付宝、微信支付。

③ 通信代收费账户支付。通信代收费账户支付是移动运营商提供的一种小额支付形式，一般用于在网上购买电子书、歌曲、视频、软件、游戏等虚拟产品，通过手机发送短信等方式进行后台认证，并将账单记录在用户的通信代收费账户中，月底进行合单收取。

微知识

比特币

比特币（Bitcoin）的概念最初由中本聪在 2008 年 11 月 1 日提出，并于 2009 年 1 月 3 日正式诞生。

比特币是一种 P2P（Peer-to-Peer 的缩写，即个人对个人，又称点对点）形式的数字货币。比特币的交易记录公开透明。点对点的传输意味着一个去中心化的支付系统。与大多数货币不同，比特币不依靠特定货币机构发行，它依据特定算法，通过大量的计算产生，比特币经济使用整个 P2P 网络中由众多节点构成的分布式数据库来确认并记录所有的交易行为，同时使用密码学的设计来确保货币流通各个环节的安全性。P2P 的去中心化特性与算法本身可以确保无法通过大量制造比特币来人为操控币值。基于密码学的设计可以使比特币只能被真实的拥有者转移或支付。这同样确保了货币所有权与流通交易的匿名性。比特币其总数量有限，该货币曾在 4 年内只有不超过 1050 万个，之后的总数量被永久限制在 2100 万个。

与法定货币相比，比特币没有一个集中的发行方，而是由网络节点的计算生成的，通过互联网连入，谁都可以挖掘、购买和出售比特币，并且在交易过程中外人无法辨认用户的身份信息。因其全球流通性和匿名性的特征，很多人担心比特币成为毒品交易、洗钱和其他不法活动的温床，因此全球多国都对比特币及类似虚拟货币进行监管。2021 年 9 月 24 日，中国人民银行等发布《关于进一步防范和处置虚拟货币交易炒作风险的通知》。通知指出，虚拟货币不具有与法定货币等同的法律地位。

微案例

第三方支付平台支付宝转型升级

支付宝诞生在 2003 年，最初是作为淘宝的担保交易服务工具，为了解决购物交易的信用问题而产生的。2004 年，支付宝从淘宝网分拆独立，支付宝网站上线，并通过浙江支付宝网络科技有限公司独立运营，在电子商务迅速发展的驱动下逐渐向更多的合作方提供支付服务，发展成为中国最大的第三方支付平台。

从 2008 年开始，支付宝开始介入手机支付业务，2009 年推出首个独立移动支付客户端，2012 年，推出了扫码支付。自 2013 年第二季度开始，支付宝的用户数、支付笔数均超过 PayPal，成为全球最大的移动支付公司。

在今天，支付宝已经不仅是一个支付工具，更是一种支付生态，一切与支付相关的场景：生活服务、政务服务、社交、理财、保险、公益等，支付宝均与其有着千丝万缕的联系。显然，支付宝已经不再甘心只做金融平台。

2020 年 3 月 10 日，支付宝迎来了一次最大的“变身”，蚂蚁金服 CEO 在合作伙伴大会上宣布“支付宝从金融支付平台升级为数字生活开放平台，支付宝要做全球最大的数字生活开放平台”。

2020 年，从“支付就用支付宝”到“生活好 支付宝”，全球最大的移动支付公司——支付宝，变了。

第三节　电子商务物流

一、电子商务与物流

（一）物流与电子商务物流

1. 物流的含义

物流是指为了确保有效地控制和管理供应链系统中商品、服务和信息向消费者的流动和储存及潜在的退货而开展的活动。

在我国，对物流的定义已在《中华人民共和国国家标准：物流术语》中描述为："物品从供应地向受地的实体流动过程，根据实际需要，将运输、储存、装卸、搬运、包装、流通加工、配送、信息处理等基本功能实施有机结合。"

综上所述，现代物流非常强调顾客满意度及物流效率。物流不仅是指销售物流，还包括采购物流和企业内物流；不仅包括生产前和生产过程中的物质、信息流通过程，还包括生产之后的市场营销活动、售后服务及市场组织等领域的发展；不仅包括销售预测、生产计划的制订、顾客订货的处理等相关的生产物流，还包括与顾客满意度相关的各种营销物流。

2. 电子商务物流的含义

可以从两个角度来理解电子商务物流：从宏观行业角度来说，电子商务物流是电子商务和物流两个行业的结合，是与电子商务这一新兴行业相配套，主要为电子商务客户提供服务的物流；从微观运作角度来说，电子商务物流是信息管理技术和物流作业环节的结合，是运用现代信息技术整合物流环节，实现高度信息化的物流。

简单来说，电子商务物流是指为电子商务服务的物流，它包括一整套的电子物流解决方案，既包括电子设备上的物流信息显示和相关操作，又包括传统线下的物流配送。电子商务物流和传统物流的差异如表 5-1 所示。

表 5-1　电子商务物流和传统物流的差异

特　征	电子商务物流	传统物流
类型、数量	大量、高度分散	少数
需求类型	"拉式"需求	"推式"需求
运输费用	小	大
需求特征	季节性（节假日、特殊日），分散	稳定、连续
顾客	通常未知（B2C 模式），很多	商业伙伴（B2B 模式），通常是重复客户
库存订单流	通常双向	单向，来自制造商

续表

特　征	电子商务物流	传 统 物 流
责任	贯穿整个供应链	一家承担责任
运输者	通常外包，有时由公司承担	通常由公司承担，有时外包
仓库	仅有大型网络企业（京东、亚马逊等）经营自己的仓库	一般都有仓库

电子商务中的任何一笔交易都包含着几种基本的“流”，即信息流、商流、资金流、物流。其中，信息流既包括商品信息的提供、营销、技术支持、售后服务等内容，又包括询价单、报价单、付款通知单、转账通知单等商业贸易单证，还包括交易方的支付能力、支付信誉等。商流是指商品在购、销之间进行交易和商品所有权转移的运动过程，具体是指商品交易的一系列活动。资金流主要是指资金的转移过程，包括付款、转账等过程。在电子商务下，以上三种流的处理都可以通过计算机和网络通信设备实现。

物流，作为四流中最为特殊的一种，是指物质实体（商品或服务）的流动过程，具体是指运输、储存、配送、装卸、保管、物流信息管理等各种活动。对于少数商品和服务来说，可以直接通过网络传输的方式进行配送，如各种电子出版物、信息咨询服务、有价信息软件等。而对于大多数商品和服务来说，物流仍要经由物理方式传输，一系列机械化、自动化工具的应用，准确、及时的物流信息对物流过程的监控，将使物流的流动速度加快、准确率提高，能有效地减少库存、缩短生产周期。

3. 电子商务物流的特点

随着网络通信技术和电子技术的发展，电子中介作为一种工具被引入了生产、交换和消费中，人类进入了电子商务时代。在这个时代，人们进行贸易的顺序并没有改变，还是分为交易前、交易中和交易后三个阶段，但进行交流和联系的工具变了，如从以前的纸质单证变为现在的电子单证。这个阶段的一个重要特点就是信息流发生了变化（电子化），表现为票据资料的流动。此时的信息流处于一个极为重要的地位，它贯穿于商品交易过程的始终，在一个更高的位置对商品流通的整个过程进行控制，记录整个商务活动的流程，是分析物流、导向资金流、进行经营决策的重要依据。在电子商务时代，电子工具和网络通信技术的应用，使交易各方的时空距离几乎为零，有力地促进了信息流、商流、资金流、物流的有机结合。对于某些可以通过网络传输的商品和服务，甚至可以做到“四流”的同步处理，如通过上网浏览、查询、挑选、点击，用户可以完成对某一电子软件的整个购买过程。电子商务时代的来临，给全球物流带来了新的发展，使物流具备了一系列新特点。

（1）信息化。电子商务时代，物流信息化是电子商务的必然要求。物流信息化表现为物流信息的商品化、物流信息收集的数据库化和代码化、物流信息处理的电子化和计算机化、物流信息传递的标准化和实时化、物流信息存储的数字化等。因此，条码技术、数据库技术、电子订货系统、EDI、快速反应及有效的客户反映等技术与观念在我国的物流中将得到普遍应用。

（2）自动化。自动化的基础是信息化，自动化的核心是机电一体化，自动化的外在表现是无人化，自动化的效果是节省人力，另外还可以增强物流作业能力、提高劳动生产率、减少物流作业的差错等。物流自动化的设施非常多，如自动分拣系统、自动存取系统、自动导向车、货物自动跟踪系统等。这些系统和设施在发达国家已普遍用于物流作业流程中，而在我国由于物流业起步晚、发展水平低，自动化技术的普及还需要相当长的时间。

（3）网络化。物流网络化的基础也是信息化，这里指的网络化有两层含义：一是物流配送系统的计算机通信网络，包括物流配送中心与供应商或制造商的联系要通过计算机通信网络，另外与下游顾客之间的联系也要通过计算机通信网络，如物流配送中心向供应商提出订单这个过程，就可以使用计算机通信网络，借助于电子订货系统和 EDI 技术来自动实现，物流配送中心通过计算机通信网络收集下游客户的订单的过程也可以自动完成；二是组织的网络化，即所谓的企业内部网。物流网络化是物流信息化的必然结果，是电子商务物流活动的主要特征之一。当今世界，互联网等全球网络资源的可用性及网络技术的普及为物流的网络化提供了良好的外部环境，物流的网络化趋势不可阻挡。

（4）智能化。这是物流自动化、信息化的一种高层次应用，物流作业过程中大量的运筹和决策，如库存水平的确定、运输（搬运）路径的选择、自动导向车的运行轨迹和作业控制、自动分拣机的运行、物流配送中心经营管理的决策支持等问题都需要借助大量的知识才能解决。在物流自动化的进程中，物流智能化是不可回避的技术难题。好在专家系统、机器人等相关技术在国际上已经有了比较成熟的研究成果。为了提高物流现代化的水平，物流的智能化已成为电子商务下物流发展的一个新趋势。

（5）柔性化。柔性化本来是为实现“以顾客为中心”、敏捷制造（Agile Manufacturing，AM）等理念而在生产领域中提出的。20 世纪 90 年代以来，国际生产领域纷纷推出弹性制造系统（Flexible Manufacturing System，FMS）、计算机集成制造系统、ERP 及供应链管理的概念和技术。这些概念和技术的实质是将生产、流通集成，根据需求端的需求组织生产、安排物流活动。因此，柔性化的物流正是为了适应生产、流通与消费的需求而发展起来的一种新型物流模式。

（6）集成化。电子商务环境下的物流系统，在物流基础设施、信息基础设施、商品包装的标准化和物流运作模式等各个方面都日益社会化和一体化，在数据与功能、技术与设备、人员和组织等各个层次上都在向着集成化方向发展。

另外，物流设施、商品包装的标准化，物流的社会化、共同化也都是电子商务物流的特点。

4. 电子商务物流服务的功能

传统的商品零售企业与利用电子商务进行商品销售的企业在本质上没有什么不同，物流始终都是实现销售过程的最终环节。但由于两者所采用的销售形式不同，电子商务可以实现跨越时间和空间的交易活动，因此电子商务物流服务的功能也要体现出自身的差异化需求，主要表现在以下两个方面。

（1）传统物流服务企业转型成电子商务物流服务企业需要根据电子商务的特点对物流的主要功能进行改进。

① 包装功能。包装功能是指产品的出厂包装，包括生产过程中制成品和半成品的包装及物流过程中换装、分装和再包装等。

② 装卸搬运功能。装卸搬运功能是为了加快产品在物流过程中的流通速度而必须具备的功能。装卸搬运是运输、储存、包装、流通加工等物流活动间的衔接活动，以及在储存等活动中为进行检验、维护和保养所进行的装卸及搬运活动。

③ 运输功能。物流的运输功能主要是指物流企业选择运输方式，然后具体组织运输作业，在规定时间内将客户购买（或退换）的商品运抵目的地的功能。

④ 储存功能。储存功能包括堆存、保管、保养和维护等功能。

⑤ 流通加工功能，又称为流通过程中的加工功能。其不仅存在于社会流通过程中，还存在于企业内部的流通过程中。它表现为物流过程中进行的辅助加工活动。

⑥ 配送功能。配送功能是指物流进入最终阶段时，以配货、发送形式完成社会物流，最终实现资源配置的功能。

⑦ 物流信息管理功能。物流信息管理功能包括与上述各项活动有关的计划和预测，对物流动态信息及其有关费用、生产、市场信息进行收集、加工、整理和分析的功能。

（2）与传统物流服务企业相比，电子商务物流服务企业还需提供增值服务，是指在完成物流基本功能的基础上，根据客户需求提供的各种延伸业务活动。

① 增加便利性的服务。一切简化手续、操作的服务都是增值服务。在提供电子商务的物流服务时，推行一条龙、门到门的服务，提供完备的操作或作业提示，省力化设计或安装，代办业务，一张面孔接待客户，24 小时营业，自动订货，传递信息和转账，以及物流全过程追踪等服务都是电子商务的增值服务。

② 提高响应速度。单纯对快速运输的要求已经不能满足需求方对速度的高要求，最好的方法是优化电子商务系统的配送中心网络，重新设计适合电子商务的流通渠道，以此来减少物流环节、简化物流过程，提高物流系统的响应速度。

③ 降低成本。在电子商务发展初期，因电子商务规模尚小，物流成本居高不下，不少电子商务企业将物流业务外包给第三方物流企业以降低成本。当电子商务规模达到一定程度后，自营物流会更具成本优势。而第三方物流企业也可以通过互相联合以提高效率、降低成本（如菜鸟物流），为没有自营物流的电子商务企业提供更优质、价格更低的物流服务。无论是自营物流企业还是第三方物流企业，都采用了智能化信息系统、智能化设备以提高物流效率和效益，降低物流成本。

④ 延伸服务。电子商务物流强调物流服务功能的恰当定位与完善化、系列化。通过向上和向下的延伸，实现网链结构，达到供应链高度集成的目的。

（二）电子商务与物流的关系

1. 物流是电子商务的重要组成部分

美国在定义电子商务概念之初，就有强大的现代化物流作为支持，只需将电子商务与其进行对接即可。而我国作为一个发展中国家，物流业起步晚、水平低，在引进电子商务时，并不具备能够支持电子商务活动的现代化物流水平，所以在引入时，一定要注意配备相应的支持技术——现代化的物流模式，否则电子商务活动将难以推广。从根本上来说，物流电子化应是电子商务概念的组成部分，缺少了现代化的物流过程，电子商务过程就不完整。

2. 物流是电子商务概念模型的基本要素

电子商务概念模型是对现实世界中电子商务活动的一般抽象描述，它由电子商务实体、电子时尚、交易事务、信息流、商流、资金流、物流等基本要素构成。

3. 物流是实现电子商务的保证

物流保障生产，无论是在传统贸易方式下，还是在电子商务下，生产都是商品流通之本，而生产的顺利进行需要各类物流活动的支持。

4. 物流服务于商流

在商流活动中，商品所有权在购销合同签订的那一刻起，便由卖方转移到买方，而商品实体并没有因此而移动。在传统的交易过程中，除了非实物交割的期货交易，一般的商流都伴随着相应的物流活动，即按照买方的需求将商品实体由卖方以适当的方式、途径向买方转移。而在电子商务下，消费者通过网上购物，完成了商品所有权的交割过程，即商流过程。但电子商务的活动并未结束，只有商品真正转移到消费者手上，商务活动才告以终结。在整个电子商务的交易过程中，物流实际上是以商流的后续和服务者的姿态出现的。没有现代化的物流，无论如何轻松的商流活动都会退化成一纸空文。

5. 物流是“把顾客当上帝”理念的根本保证

电子商务的出现最大程度地方便了消费者。他们不必再跑到拥挤的商业街，一家又一家地挑选自己所要的商品，只需坐在家里，在互联网上搜索、查看、挑选就可以完成他们的购物过程。但是，如果他们购买的商品迟迟不能送到，抑或商家所送非所购，那消费者还会选择网上购物吗？可见，物流是电子商务中实现“把顾客当上帝”理念的根本保证。

（三）电子商务物流模式

电子商务的优势之一就是能大大简化业务流程，降低企业运作成本。而电子商务下企业成本优势的建立和保持必须以可靠和高效的物流作为保证。现代企业要在竞争中取胜，不仅需要生产适销对路的产品、采取正确的营销策略及有强有力的资金支持，更需要加强品质经营，即强调时效性，其核心在于服务的及时性、产品的及时性、信息的及时性和决策反馈的及时性，这些都必须以强有力的物流能力作为保证。

1. 自营物流

电子商务企业自身经营物流称为自营物流。一般来说，电子商务企业自身经营物流，有利于控制交易时间，更好地参与市场竞争，更全面地了解其所属市场的情况与特点，保证电子商务企业的运作质量。自营物流的典型代表企业是京东商城。

（1）自营物流的优势。

自营物流可以使电子商务企业对供应链有较强的控制能力，容易与其他业务环节密切配合，即自营物流可以使电子商务企业的供应链更好地保持协调、简洁与稳定。

（2）自营物流的劣势。

投入大：需要自建物流系统，包括物流固定设施的建设、物流场地的选择等，随之而来的是巨大的资金投入。

分散企业主业：企业自营物流需要很大一部分员工来做物流工作，还要把部分资金投入到物流系统中，不利于企业专注于主业。

不利于企业灵活作战：企业有一整套自己的物流设施及物流技术，有可能造成资源闲置。

2. 第三方物流

第三方物流（Third Party Logistics，3PL）是指由物流的实际需求方（第一方）和物流的实际供给方（第二方）之外的第三方，部分或全部地利用第二方的资源，通过合约向第一方提供物流服务，也称合同物流、契约物流。

第三方物流是物流专业化的重要形式。第三方物流的发展程度反映和体现了一个国家物流业发展的整体水平。调查资料表明，日本的第三方物流占整个物流比例的80%左右，欧洲的第三方物流占整个物流比例的76%，美国的第三方物流占整个物流比例的58%。

提供第三方物流服务的企业其前身一般是运输业、仓储业等从事物流及相关活动的企业。现在，第三方物流企业一般有两类：一类是由以邮政、铁路、航空为主体的国有企业发展而来的物流企业；另一类是由民营小型速递公司、仓储公司发展而来的物流企业。

区域性、全国性或全球性的第三方物流企业具有物流网络上的优势。这些企业发展到一定规模后，会将其业务沿着主营业务向供应链的上游或下游延伸，向上延伸到制造业，向下延伸到销售业。

3. 第四方物流

在实际运作中，由于第三方物流只实现了物流一体化的基本目标，只能在局部范围内提高物流效率，无法综合利用社会所有的物流资源，缺乏综合技能、集成技术和全球扩展能力。

为了克服这些局限性，安德森咨询公司提出了第四方物流（Fourth Party Logistics，4PL）的模式。安德森咨询公司把第四方物流定义为“一个供应链集成商，它调集和管理组织自身的及具有互补性的服务提供商的资源、能力和技术，以提供一个综合的供应链解决方案”。第四方物流通过整个供应链的影响力，提供综合的供应链解决方案，并通过电子商务将这个过程集成起来，带来比第三方物流更大的价值。

4. 其他物流形式

（1）绿色物流。

绿色物流（Environmental Logistics）是指在物流过程中抑制物流对环境造成危害的同时，实现对物流环境的净化，使物流资源得到最充分的利用。这需要从物流活动的开始就注意防止环境污染，以节能、降耗、减少环境污染为目标，以先进设施和科学管理为手段，以有效的物质循环为核心，使物流过程中的废物量达到最少，并尽可能使废物处理实现无害化与资源化。其目标是将环境管理导入物流业的各个系统，加强对物流业中保管、运输、包装、装卸搬运、流通加工等各个作业环节的环境管理和监督，有效遏止物流业发展造成的污染和能源浪费。

绿色物流系统由绿色运输、绿色包装、绿色装卸与搬运、绿色库存和绿色流通加工、回收物流和废弃物物流等子系统组成。

（2）精益物流。

精益物流的目标：企业在提供令人满意的客户服务水平的同时，把浪费降到最低程度。企业物流活动中的浪费现象很多，常见的有不满意的客户服务、无需求造成的积压和多余的库存、实际不需要的流通加工程序、不必要的物料移动、因供应链上游不能按时交货或提供服务而等候、提供客户不需要的服务等，努力消除这些浪费现象是精益物流的重要内容。

精益物流是从精益生产的理念中蜕变而来的，是精益思想在物流管理中的应用。其基本原则：从客户的角度而不是从企业或职能部门的角度来研究什么可以产生价值；按整个价值流确定供应、生产和配送产品时所有必需的步骤和活动；创造无中断、无绕流、无等待、无回流的增值活动流；及时创造仅由客户拉动的价值；不断消除浪费，追求完善。

精益物流的核心就是以较少的投入、较少的人力、较少的设备、较短的时间和较小的场地创造出尽可能多的价值；同时越来越接近客户，提供他们确实需要的东西。

（3）定制物流。

定制物流是根据客户的特定要求而为其专门设计的物流服务模式。

二、电子商务与供应链

以现代信息技术为依托的电子商务的发展使市场竞争更加激烈，也使核心企业（生产企业）、供应商、销售商、消费者之间的合作成为企业参与竞争的关键因素。越来越多的企业认识到 21 世纪企业之间的竞争将是以核心企业为中心的供应链之间的竞争。

（一）供应链的含义

供应链是指由物料获取、生产加工，并将成品送到用户手中所涉及的企业或部门及它们的业务活动和相互关系构成的网络，是由产品生产和流通过程中所涉及的原材料供应商、生产商、运输商、零售商及消费者组成的供需网络系统。

供应链是社会化大生产的产物，是重要的流通组织形式和市场营销方式，它依据市场组织化程度高和规模化经营的优势，有机地连接生产和消费，对生产和流通有着直接的导向作用。供应链分为内部供应链和外部供应链。内部供应链是指由企业内部产品生产与流通过程中所涉及的各个部门组成的供需网络；而外部供应链则是指由企业外部的、与企业产品生产和流通有联系的各社会因素组成的供需网络。

（二）供应链的流程

供应链给企业提出了一个全新的管理理念，供应链是一个涵盖范围相当广泛的复杂流程，通常可以把供应链上的成员分成三个部分：上游是供应商等提供原材料或初成品的企业；中间是核心企业，它在整条供应链中起支柱作用；下游是消费者和销售商。各部分的关系如图 5-4 所示。

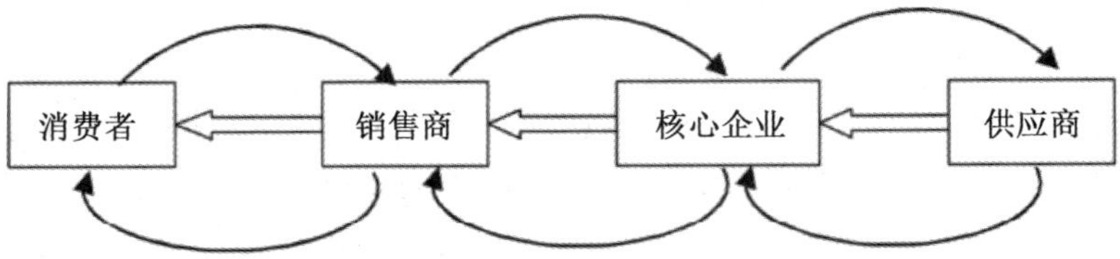

图 5-4　供应链的流程

（三）供应链管理

1. 供应链管理的含义

供应链管理是指在最大限度满足客户需求的条件下，为了使整个供应链系统获得总体竞争优势，把供应商、核心企业、销售商、消费者等有效地组织为一个协调发展的整体，从而使成本降低，并使供应链上每个成员的效率与效益大幅提高。

供应链管理的目的就是要从系统的角度出发，对具有密切联系的不同环节进行统筹管理，全面提高供应链的运营效率，特别是连接处的效率，形成共赢的合作关系，以降低总体运营成本，提高总体竞争能力。

供应链管理的本质就是对供应链上相关成员的各种活动，以及这些活动所形成的信息流、物流、资金流进行集成管理，从而以最快的速度、最低的成本为消费者提供最大的价值，维持或提高整个供应链的竞争力。

要理解供应链管理的概念，我们需要掌握以下几点内容。

（1）供应链管理的主要任务有需求分析与预测、生产计划与排程、补货、物流管理。

（2）供应链管理涉及的关系有客户关系、供应商关系、伙伴关系（如第三方物流、咨询机构等）、员工关系等。

（3）需求分析与预测是其他供应链管理工作的基础，实现成员间协作是保障需求预测准确的关键。

2. 供应链管理的特点

（1）供应链管理强调并依赖战略管理。传统的管理模式更多地关注战术层和操作层，给企业带来的增值效益不高。供应链管理则是从企业发展战略的高度考虑事关全局的核心问题，如制定实施战略、选择动作方式、建立信息支持系统等。

（2）供应链管理实施“横向一体化”战略，把所有节点企业看作一个整体，涵盖了从供应到采购、制造、分销、零售等所有过程，通过同步、协调运行，使供应链整体利益最大化。而传统的管理模式在设计企业经营系统时只考虑了生产过程本身，并没有考虑本企业生产系统以外的因素对企业竞争力的影响。

（3）供应链管理的关键在于采用集成的思想和方法，而不仅仅是企业、技术方法等的简单连接。这种集成包括系统运行环境的集成、技术的集成、信息的集成及人和组织的集成。

（4）在供应链管理环境中，企业与企业建立的是战略合作伙伴关系，强调共同努力以实现共有的计划和解决共同的问题，强调相互间的信任与合作。而传统的管理模式则注重短期利益，并认为与他人合作实属迫不得已。

3. 供应链管理方法

（1）供应商管理库存。

供应商管理库存（Vendor Managed Inventory，VMI）是指供应商根据需求方的库存水平、周转率、需求信息，以及交易成本产生自己的生产订单并及时将产品或物料送达到需求方指定的库存位置。它采用的是一种连续补货策略，由供应商决定什么时候补货、补多少货。需求方与供应商共享需求预测、库存与销售报告等信息是供应商管理库存成功的关键。供应商管理库存是体现供应链集成化思想的一种库存管理方式。

（2）快速响应。

快速响应（Quick Response，QR）是由美国纺织服装业发展起来的一种供应链管理方法，其目的是通过供应链企业间的信息共享、协同运行、优化流程，对最终消费者的需求迅速地做出反应，缩短原材料到销售点的时间，减少整个供应链上的库存，最大限度地提高供应链管理的运作效率，从而达到提高客户服务质量、降低供应链总成本的目的。

（3）有效客户响应。

有效客户响应（Efficient Consumer Response，ECR）是指以满足消费者要求、最大限度地降低物流费用为原则，能及时做出迅速、准确的反应，使提供的物品供应或服务流程最佳化而组成的协作系统。其核心理念是基于消费者的需求，致力于创造价值最大化的活动和摒弃没有附加价值的活动，力求降低成本，从而使消费者享受到价值最大的产品或服务。

有效客户响应是以消费者的观点去执行企业的策略目标的。有效客户响应是将供应链从以往的“推”转变为“拉”，根据有关消费者购买行为的数据构建新的补货系统及物流上的合作伙伴关系。

（四）电子商务时代的供应链及供应链管理

1. 电子商务供应链的概念

电子商务供应链简称电子供应链，是指围绕核心企业，以互联网为平台，以电子商务为手段，通过对物流、资金流与信息流的整合和控制，从采购原材料开始，制成中间产品及最终产品，最后由销售网络把产品送到消费者手中。

从以下四层含义来理解。

（1）以核心企业为中心，通过核心企业来构建整个供应链网络。

（2）通过互联网和电子商务来整合供应链。

（3）供应链结构是网络结构模式。

（4）各节点企业既是产权相互独立的主体，又是业务上的合作伙伴。

2. 电子商务供应链的发展背景

（1）供应链上升为国家战略。

2014 年 11 月 11 日，亚太经济合作组织工商领导人峰会提出实施全球价值链、供应链领域的合作倡议，明确提出了“供应链战略”，这也是供应链首次在国际会议上被各国（或地区）领导人明确提出。2018 年 11 月 17 日，亚太经济合作组织工商领导人峰会，“供应链”一词再一次出现在国家（或地区）领导人的演讲中。

2017 年 10 月，国务院办公厅发布了《关于积极推进供应链创新与应用的指导意见》，将供应链创新与应用上升为国家战略。

2018 年 4 月，商务部等八部门联合发布了《关于开展供应链创新与应用试点的通知》，入围的共有 55 个试点城市、269 家企业，涵盖了电子商务平台、物流公司、供应链公司、银行、制造企业、商贸流通企业等全领域企业，其中京东、阿里巴巴等行业巨头赫然在列。

当经济增长由追求高增速转向追求高质量、由粗放型转向集约型时，就必须使供应链战略不断优化，以给企业、国家带来更多的经济效益和更少的资源浪费。

（2）未来电子商务平台的竞争将是供应链的比拼。

目前，线上企业感觉流量越来越贵，甚至可以说流量时代已经过去了。当线上流量中心的格局趋于稳定，线下流量获取和迁移就成了各类玩家和资本博弈的焦点，互联网企业开始进入“深挖客户”和“服务实体”的阶段。

当流量竞争已经达到了极致，未来电子商务平台的竞争将是供应链的比拼，原来简单的供应链也将变得更加系统化和复杂化。汉森供应链集团董事长总结说：“未来的供应链将会是定制化、数据化、可视化、扁平化的。”雄牛资本创始合伙人在演讲中表示：“消费品产业链的变化，要求供应链必须适应渠道的无处不在，供应链必须进行全方位的变革。变革的结果就是全域、全链路、全渠道、全品类供应链管理平台的崛起。”

3. 电子商务供应链的特征

电子商务供应链不再是人、流程、硬件设施等要素的简单堆砌相加，而是要实现供应链的数字化和技术化的变革，让供应链变得更加智慧和全能，新零售时代下的供应链是由消费者驱动的，其具体特征如下。

（1）供应链可视化。

供应链可视化是指利用信息技术，采集、传递、存储、分析、处理供应链中的订单、物流及库存等相关指标信息，按照供应链的需求，以图形化的方式展现出来。供应链可视化可以有效提高整个供应链的透明度和可控性，从而大大降低供应链风险。

（2）供应链人工智能化。

在新零售业态中，消费者、商品、销售、库存、订单等大量零售运营数据在不同的应用场景中产生，结合不同的业务场景和业务目标，如商品品类管理、销售预测、动态定价、促销安排、自动补货、安全库存设定、供应计划排程、物流计划制订等，再匹配上合适的算法，即可对这些应用场景进行数字建模。简单来说，其逻辑就是“获取数据—分析数据—建立模型—预测未来—支持决策”。

从本质上说，人工智能是一种预测科技，而预测的目的不是单纯的预测，而是指导人们的各项行为决策，以免人们在决策时因为未知和不确定而焦虑。就人工智能在新零售业态中的供应链应用而言，其有两大类核心模型，一是预测模型，二是决策模型。

（3）供应链指挥智慧化。

新零售企业的运营指挥控制系统是企业的“大脑”和“中枢”。新零售企业需建立起由不同业务应用模块所组成的运营指挥控制系统，这些应用模块各自具有管理一个领域的功能，可显示实时的运营动态（如货龄、售罄率、缺货率、退货率、订单满足率、库存周转率、目标完成比率等），同时又相互链接和协同，最终拟合形成通用运营决策建议（如智能选品、智能定价、自动预测、自动促销、自动补货和下单等）。相信在未来的新零售中，可以做到各种决策自动化的 SKU 将超过 90%。

三、电子商务物流技术

电子商务物流技术是指在电子商务物流活动中把商品（或物品）进行移送和储存，为社会提供无形服务的技术。它的作用是通过电子商务方式把各种商品（或物品）从生产者一方转移给消费者。物流技术水平的高低直接关系到电子商务物流活动各项功能是否完善和能否有效实现。

电子商务物流系统是指采用条形码自动识别技术、全球定位系统、地理信息系统、销售时点系统、电子订货系统、射频识别技术、无人技术等现代信息技术，来实现空间数据和非空间数据的动态交互式管理，能进行信息搜索、谈判处理、单证处理、信息采集、识别自动化、车辆定位和跟踪调度的物流活动全过程信息服务，以及支付等商务活动的信息系统。其具有信息动态交互性、移动性、中介性和多接口的特点。

（一）条形码自动识别技术

条形码简称条码，是由一组黑白相间、粗细不同的条状符号组成的。条形码隐含着数字信息、字母信息、标志信息、符号信息，主要用以表示商品的名称、产地、价格、种类等，是全世界通用的商品代码的表示方法。

1. 一维条形码

一维条形码是由一组宽度不同、反射率不同的黑色的条和白色的空按规定的编码规则组合起来的。国际上通用的和公认的物流条码码制主要是 UPC 条形码和 EAN 条形码。我国制定的通用商品条形码结构与 EAN-13 条形码的结构相同。它由 13 位数字及相应的条码符号组成：前缀码，由三位数字组成，是国家的代码，我国为 690；制造商代码，由四位数字组成；商品代码，由五位数字组成，表示每个制造商的商品，由制造商决定；校验码，由一位数字组成，用以校验前面各码的正误。

2. 二维条形码

二维条形码是由一种“点单元”组成的图形。用它来表示商品时，一个符号可以将商品的所有属性表示出来，如我们可以将货物的名称、尺寸、重量、发货地、发货人、收货地、收货人、运输方式等 1KB 以上的数据，全部存储在一个二维条形码中。

如果说一维条形码是商品的身份证，那么二维条形码则是商品便携的数据库。二维条形码具有高密度、大容量、安全性强的特点。标准版商品一维条形码（EAN-13 条码）如图 5-5 所示。我国采用的是 PDF417 二维条形码，如图 5-6 所示。

图 5-5　标准版商品一维条形码（EAN-13 条码）

图 5-6　PDF417 二维条形码

（二）全球定位系统

美国从 20 世纪 70 年代开始研制，历时 20 年，耗资 200 亿美元，于 1994 年全面建成具有在海、陆、空进行全方位实时三维导航与定位能力的新一代卫星导航与定位系统。

1. 全球定位系统的工作原理及组成部分

全球定位系统（Global Positioning System，GPS）由导航星座、地面台站和用户定位设备三部分组成。导航星座包括 24 颗卫星，其中 21 颗卫星是工作星，3 颗作为备用星，它们分布在 6 条轨道上，轨道高度约 20 000 千米，倾角为 55°，运行周期为 12 小时。这种分布方式可以保证世界上任何地点的用户至少能同时接收 4 颗卫星发射的导航信号，实现三维精确定位。

GPS 的用户设备简称 GPS 接收机，由天线、接收机、信号处理器和显示器组成，能同时接收 4 颗卫星发射的导航信号，经过对信号到达时间的测量、数据解调处理和计算，得出用户本身位置的三维坐标和运动速度。

2. GPS 的主要用途

（1）陆地应用，主要包括车辆导航、应急反应、大气物理观测、地球物理资源勘探、工程测量、变形监测、地壳运动监测、市政规划控制等。

（2）海洋应用，包括远洋船最佳航程航线测定、船只实时调度与导航、海洋救援，海洋探宝、水文地质测量及海洋平台定位、海平面升降监测等。

（3）航空航天应用，包括飞机导航、航空遥感姿态控制、低轨卫星定轨、导弹制导、航空救援和载人航天器防护探测等。

GPS 卫星接收机很多，根据型号分为测地型、全站型、定时型、手持型、集成型；根据用途分为车载式、船载式、机载式、星载式、弹载式。

经过 20 余年的实践证明，GPS 是一个高精度、全天候和全球性的无线电导航、定位和定时的多功能系统。GPS 已经发展成为多领域、多模式、多用途、多机型的国际性高新技术产业。

（三）地理信息系统

顾名思义，地理信息系统（Geographic Information System，GIS）是处理地理信息的系统。地理信息是指直接或间接与地球上的空间位置有关的信息，又被称为空间信息。一般来说，GIS 可定义为“用于采集、存储、管理、处理、检索、分析和表达地理空间数据的计算机系统，是分析和处理海量地理数据的通用技术”。从 GIS 应用角度，可进一步定义为“GIS 由计算机系统、地理数据和用户组成，通过对地理数据的集成、存储、检索、操作和分析，生成并输出各种地理信息，从而为土地利用、资源评价与管理、环境监测、交通运输、经济建设、城市规划及政府部门行政管理提供新的知识，为工程设计和规划、管理决策提供服务”。

（1）GIS 的组成。GIS 的应用系统由五个主要部分构成，即硬件、软件、数据、人员和方法。

（2）GPS 的应用。GIS 在资源调查、评价、管理和监测，城市管理、规划和市政工程，行政管理与空间决策，灾害的评估与预测，地籍管理及土地利用，以及交通、农业、公安等诸多领域得到了广泛应用。

（四）销售时点系统

销售时点系统（Point of Sale，POS）是指利用光学式自动读取设备，按照商品的最小类别读取实时销售信息，以及采购、配送等阶段发生的各种信息，并通过通信网络和计算机系统传送至有关部门进行分析加工处理，便于各部门可以根据各自的目的有效地利用上述信息以提高经营效率的系统。

POS 的作业流程主要包括进、销、存三个部分。一个完整的 POS 系统包括收银系统、销售系统、库存系统、采购系统、验收系统、价格系统、盘点系统、安全控制系统等。

（五）电子订货系统

电子订货系统（Electronic Ordering System，EOS）是指不同组织间利用通信网络和终端设备以在线联结方式进行订货信息交换的系统，即通过计算机通信网络将批发商、零售商所发生的订货数据输入计算机后传送至总公司、批发商、商品的供货商或制造商处。

EOS 系统的基本流程如下：在零售商的终端利用条形码阅读器获得准备采购的商品条形码，并在终端机上输入订货资料；利用电话线或网线通过调制解调器将订货资料传到批发商的计算机中；批发商开出提货传票，并根据传票同时开出拣货单，实施拣货，然后依据送货传票进行商品发货；送货传票上的资料就成为零售商的应付账款资料及批发商的应付账款资料，并接到应收账款的系统中去；零售商对送到的货物进行检验后，就可以销售了。

（六）射频识别技术

射频识别技术是一种基于电磁理论的通信技术，利用无线电波对记录媒体进行读写。射频识别技术的优点是不局限于视线、识别距离比光学系统远。射频卡具有可读写、可携带大量数据、难以伪造和智能等功能。射频识别技术适用于物料跟踪、运载工具和货架识别等要求非接触数据采集和交换的场合，要求频繁改变数据内容的场合尤为适用。

射频识别系统一般由信号发射机、信号接收机、发射接收天线几部分组成。

射频卡和条形码、磁卡、IC 卡等相比，具有非接触、工作距离长、适用于恶劣环境、可识别运动目标等优点，因此完成识别工作时无须人工干预。射频卡不怕油渍、灰尘污染等恶劣环境，短距离的射频卡可以在这样的环境中代替条形码，长距离的射频卡多用于交通上。

微案例

射频识别技术在加拿大安大略省大西洋牛肉产品公司的应用

牛的耳朵被打上射频标签。牛被宰杀后，扫描它耳朵上的标签，从而使食物可被追踪。宰后的身体被分成两半，每一半都装上一个射频芯片。射频芯片取代了条形码，条形码会在屠宰场所被大肠杆菌污染。

射频识别技术帮助追踪每一头牛的情况及所有时间生产的肉。此系统获得了加拿大 IT 组织的金奖。

微案例

射频识别技术在德国邮政公司的应用

德国邮政公司拥有近 600 万个集装箱，主要用来装运各分销中心每天近 7000 万封信件和其他物品。为了处理这些集装箱，德国邮政公司打印了 500 多万个厚厚的纸标签，很多用过一次就扔了。这便涉及环境问题，而不只是简单的经济问题。这就促使德国邮政公司开始使用射频识别技术。

德国邮政公司使用配备了双稳态显示器的无源射频标签，这意味着即使断电，正在显示的文本仍然会显示在屏幕上，在充电前都不会发生变化。文本将由射频询问机进行修改。集装箱上的标签必须在任何角度和任何天气下都能阅读，这就要求标签做得牢固。此外，标签需要保持 5 年可用，这样就能降低成本。

德国邮政公司开发了客户标签和射频读取器，并且在这个创新的应用中使用特制的软件。世界上还有其他邮政公司也在使用射频识别技术（如加拿大邮政局）。

（七）无人技术

当前电子商务、物流行业巨头推动的物流无人化，以无人仓、无人车、无人机为代表性技术，为了满足大幅增长的快递高效处理与配送需求，以提升消费者体验为目的，以数字化为核心驱动力，以自动化、智能化技术设备取代人力。受到技术、成本、政策等条件的制约，物流无人化离真正实现还有相当一段距离，但作为发展方向，其研究意义在于，以智慧物流技术实现设备与人力的协同作业，提高物流效率，降低物流成本。

素质园地

我国的北斗卫星导航系统

中国北斗卫星导航系统是中国自行研制的全球卫星导航系统。2000 年，我国建成北斗导航试验系统，成为继美国、俄罗斯之后的世界上第三个拥有自主卫星导航系统的国家。

北斗三号全球卫星导航系统，简称北斗三号系统，由 24 颗中圆地球轨道卫星、3 颗地球静止轨道卫星和 3 颗倾斜地球同步轨道卫星，共 30 颗卫星组成。2020 年 6 月 23 日，北斗三号全球卫星导航系统最后一颗全球组网卫星在西昌卫星发射中心点火升空。

北斗三号卫星定位系统无论是导航方式，还是覆盖范围都和美国的 GPS 非常类似，而且有着 GPS 和格洛纳斯系统无法比拟的独特优势。其系统主要有三大功能：快速定位，为服务区域内的用户提供全天候、实时定位服务，定位精度与 GPS 民用定位精度相当；短报文通信，一次可传送多达 120 个汉字的信息；精密授时，精度达 20 纳秒。

北斗卫星导航系统标志由正圆形、写意的太极阴阳鱼、北斗星、网格化地球和中英文文字等要素组成（见图 5-7）。正圆形象征中国传统文化中的“圆满”。深蓝色的太空和浅蓝色的地球代表航天事业。太极阴阳鱼蕴含了中国传统文化。北斗星是自远古时起人们用来辨识方位的依据，司南是中国古代发明的世界上最早的导航装置，两者结合既彰显了中国古代科学技术成就，又象征着卫星导航系统星地一体，为人们提供定位、导航、授时服务的行业特点，同

图 5-7　北斗卫星导航系统标志

时还寓意着中国自主卫星导航系统的名字——北斗。网格化地球和中英文文字代表了北斗卫星导航系统开放兼容、服务全球。

知识自测

一、名词解释题

认证中心；移动支付；电子现金；电子商务供应链；第四方物流

二、单项选择题

1．电子商务的安全性要求不包括（　　）。

A．可靠性　　B．稳定性　　C．真实性　　D．完整性

2．美国为计算机安全的不同级别制定了 4 个标准：D 级、C 级、B 级、A 级，其中最底层是（　　）。

A．A 级　　B．B 级　　C．C 级　　D．D 级

3．在银行卡网上支付处理流程中，发生资金清算是在（　　）之间。

A．买方和卖方　　B．卖方和收单机构

C．发卡银行和收单机构　　D．买方和发卡银行

4．在银行卡网上支付处理流程中，发生还款是在（　　）两者之间。

A．买方和卖方　　B．卖方和收单机构

C．发卡银行和收单机构　　D．买方和发卡银行

5．目前国内第三方支付公司中，以下几家用户规模最大的是（　　）。

A．支付宝　　B．银联　　C．翼支付　　D．易宝

6．以下不是第三方支付特点的是（　　）。

A．在线支付更快捷、方便　　B．在线支付更安全

C．较高的公信度　　D．较差的稳定性

7．以下不是电子商务物流的新特点的是（　　）。

A．集成化　　B．自动化　　C．网络化　　D．复杂化

8．利用信息技术，采集、传递、存储、分析、处理供应链中的订单、物流及库存等相关指标信息，按照供应链的需求，以图形化的方式展现出来，这是供应链的（　　）特征。

A．可视化　　B．人工智能化　　C．指挥智慧化　　D．数据化

三、多项选择题

1．电子商务系统可能遭受的攻击有（　　）

A．系统穿透　　B．植入
C．违反授权原则　　D．通信监视
E．病毒

2．下列选项中，属于电子商务安全的中心内容的有（　　）。
A．健壮性　　B．机密性
C．真实性　　D．不可否认性
E．完整性

3．以下关于第三方支付说法正确的是（　　）。
A．在线支付更快捷、方便　　B．在线支付更安全
C．较高的公信度　　D．支付金额更大

4．以下关于网上支付说法不正确的是（　　）。
A．网上支付具有国家强制力赋予的信用性及发行上的有限性
B．网上支付还具有技术上的离线处理的特性
C．网上支付具有分散、匿名的特性
D．网上支付对软件、硬件设施有一定要求

5．移动支付具有（　　）特点。
A．移动性　　B．快捷性　　C．社交性　　D．集成性

6．电子商务物流服务企业还需提供（　　）增值性服务。
A．增加便利性的服务　　B．加快响应速度
B．降低成本　　D．延伸服务

7．电子商务物流模式有（　　）。
A．自营物流　　B．第三方物流　　C．第四方物流　　D．绿色物流

8．常见的供应链管理方法有（　　）。
A．VMI　　B．QR　　C．ECR　　D．PDCA

四、判断题

1．支付宝已发展成为融合了支付、生活服务、政务服务、社交、理财、保险、公益等多个场景与行业的开放性平台。（　　）

2．第三方是买卖双方在缺乏信用保障或法律支持的情况下的资金支付中间平台，买方将货款付给买卖双方之外的第三方，第三方提供安全交易服务。（　　）

3．买卖双方一旦发生纠纷，第三方会对商户和消费者采取双向保护政策，在交易双方之间进行公平、公正的协调处理。（　　）

4. 供应链管理的目的就是要对不同环节进行统筹管理，以降低总体运营成本，提高总体竞争能力。（　　）

5．未来电子商务平台的竞争将是供应链的比拼。（　　）

五、简答题

1．你在实际的电子商务活动中有没有感受到过安全隐患问题？你是如何解决的？

2．支付宝和微信作为不同的第三方支付平台，在功能和服务上有哪些相同点和不同点？

3．试论述一下电子商务物流和现代供应链之间的关系。

拓展训练

1．Word、Excel 和 PowerPoint 是学习和工作中经常使用的三个 Office 组件，为了文档不被他人所查看，可以利用加密技术为 Office 文档加锁。下面以 Word 2010 为例来介绍。执行“文件”→“另存为”命令，打开“另存为”对话框，单击“工具”按钮，选择“安全措施选项”，打开“安全性”对话框。

（1）输入打开文档时的密码（还可以单击“高级”按钮，选择一种加密类型），单击“确定”按钮，在弹出的“确认密码”对话框中再次输入以上密码。

（2）输入修改文档时的密码，单击“确定”按钮，在弹出的“确认密码”对话框中再次输入以上密码（注意：密码设置越复杂，被非法用户成功破解的概率越小）。

单击“确定”按钮，返回“另存为”对话框，最后单击“保存”按钮。

按以上步骤完成对 Word、Excel 和 PowerPoint 的加密。

2．为了避免改变当前文档的内容，以只读方式打开文档。这在处理一些重要文档的时候非常有用，具体步骤如下。

（1）执行“文件”→“打开”命令，弹出“打开”对话框。

（2）在文件和文件夹列表框中选择要打开的文档。

（3）单击“打开”按钮右侧的下拉按钮，从下拉列表中选择“以只读方式打开”命令。

以只读方式打开一个 Word 文档，并进行 Word 文档的修改，然后保存，查看原 Word 文档有无变化。

3．用户进行日常电子商务活动时，应该如何采取措施来进行安全维护？在网络上查询最新的互联网安全事件，并分析其产生的原因和解决措施。

第六章

客户关系管理

学习目标

知识目标

1．了解客户关系管理的概念、出现的原因；

2．了解客户关系管理的主要内容；

3．掌握客户关系管理系统的分类；

4．重点掌握客户数据的类型及电子商务环境下客户关系管理系统的应用。

技能目标

1．在企业管理中正确运用客户关系管理的管理理念；

2．掌握客户关系管理的方法和策略，营造良好的企业客户关系；

3．能够分析企业客户关系管理系统的应用情况，为企业的客户关系管理提出合理化建议；

4．运用客户关系管理系统，分析解决企业的问题，提升客户关系管理效率。

素质目标

1．树立以客户需求为中心的服务意识；

2．形成细致、规范的服务素养和行动；

3．培养敬业、诚信、友善的价值观。

知识导图

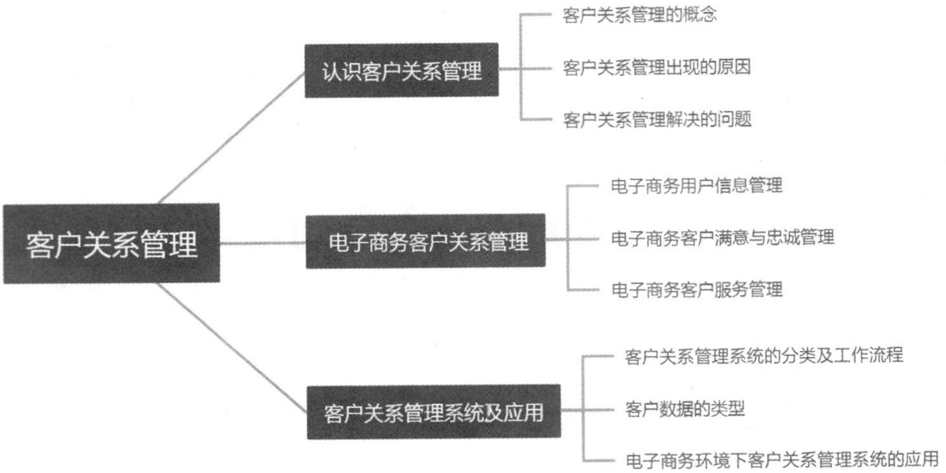

开篇案例

来自企业内部及客户的声音

有的时候我们会听到来自企业内部及顾客的各种声音。

（1）来自销售人员的声音。从市场部提供的线索中很难找到真正的客户，我常在这些线索上花费大量时间，我是不是该自己找线索？出差在外，要是能看到公司电脑里的客户、产品信息就好了。我这次面对的是一个老客户，应该怎样给他报价才能留住他呢？

（2）来自营销人员的声音。去年在营销上花了 2000 万元，我怎样才能知道这 2000 万元的回报率？在展览会上，我们一共收集了 4700 张名片，怎么利用它们才好？展览会上，我向 1000 多人发放了公司资料，这些人对我们的产品看法怎样？其中有多少人已经与销售人员接触了？我应该和那些真正的潜在购买者多多接触，但我怎么知道谁是真正的潜在购买者？我怎么才能知道其他部门的同事与客户的联系情况，以防止给客户发放相同的资料？有越来越多的人访问过我们的站点了，但我怎么才能知道这些人是谁？我们的产品系列很多，他们究竟想买什么？

（3）来自服务人员的声音。其实很多客户提出的电脑故障都是由自己的误操作引起的，很多情况下都可以自己解决，但回答这种类型的客户电话占据了工程师很多时间，工作枯燥无聊。怎么其他部门的同事都认为我们的售后服务部门只是花钱而挣不来钱？

（4）来自客户的声音。我从企业的两名销售人员那里得到了同一产品的不同报价，哪个才是可靠的？我以前买的东西现在出了问题，这些问题还没有解决，怎么又来上门推销？一个月前，我给企业的网站发了一封邮件，要求销售人员和我联系一下，怎么到现在还是没人理我？我已经提出不希望再给我发大量的宣传邮件了，怎么情况并没有改变？我报名参加企业网站上登出的一场研讨会，但一直没有收到确认信息，研讨会这几天就要开了，我是去还是不去？为什么我的维修请求提出一个月了，还是没有等到上门服务？

（5）来自经理的声音。有位客户半小时以后就要来谈最后的签单事宜，但一直跟单的人最近辞职了，而我作为销售经理，对与这位客户联系的来龙去脉还一无所知，真急人。有三名销售员都和这位客户联系过，我作为销售经理，怎么知道他们都给客户承诺过什么？现在手上有个大单子，我作为销售经理，该派哪名销售员呢？这次的产品维修对技术要求很高，我是一名新经理，该派哪一名维修人员呢？

在企业内，零散的信息使各部门无法对客户有全面的了解，各部门难以在统一信息的基础上面对客户。

案例思考：

1. 在电子商务时代，面对现状，企业应该从何处着手开始重新启动管理？
2. 以上来自不同部门的不同声音说明企业的管理效率是怎么样的？
3. 运用什么方式可以改变各部门管理无序的状态？

案例启示：

在很多企业，销售、营销和服务部门的信息化程度越来越不能适应业务发展的需要，越来越多的企业要求提高销售、营销和服务部门的自动化和科学化水平。然而，如果客户关系管理没有在企业内部作为核心管理内容来对待，依然会造成各部门管理无序，使企业的运营管理处于低效率状态。围绕客户关系管理，运用信息化手段，将销售、营销、服务及日常业务紧密融合在一起，是当今企业在激烈的市场竞争中必须高度重视的内容。

（案例来源：MBA 智库百科，经改编。）

第一节　认识客户关系管理

一、客户关系管理的概念

最早提出客户关系管理的国家是美国，在 1980 年年初便有所谓的“接触管理”（Contact Management），即专门收集客户与公司联系的所有信息；到 1990 年则演变成包括电话服务中心支持资料分析的客户关怀（Customer Care）。1999 年，高德纳咨询公司提出了客户关系管理（Customer Relationship Management，CRM）。高德纳咨询公司在早些提出的 ERP 概念中，强调对供应链进行整体管理。而客户作为供应链中的重要一环，针对它单独提出了一个客户关系管理概念。原因在于：一方面，在 ERP 的实际应用中人们发现，由于 ERP 系统本身功能方面的局限性，也由于 IT 技术发展的局限性，企业通过 ERP 系统并没有很好地实现对供应链下游（客户端）的管理，针对客户多样性，ERP 系统并没有给出良好的解决办法；另一方面，到 20 世纪 90 年代末期，互联网的应用越来越普及，计算机电话集成技术、客户信息处理技术（如数据仓库、商业智能、知识发现等）得到了长足的发展。结合新经济的需求和新技术的发展，高德纳咨询公司提出了客户关系管理。从 20 世纪 90 年代末期开始，客户关系管理市场一直处于一种爆炸性增长的状态。

关于客户关系管理的定义，不同的研究机构有着不同的表述。最早提出该概念的高德纳咨询公司认为，所谓的客户关系管理就是为企业提供全方位的管理视角，赋予企业更完善的客户交流能力，使客户收益率最大化。

Hurwitz Group 认为，客户关系管理的焦点是自动化，并改善与销售、市场营销、客户服务和支持等领域的客户关系有关的商业流程。客户关系管理既是一套原则制度，又是一套软件和技术。它的目标是缩短销售周期、减少销售成本、增加收入、寻找扩展业务所需的新的市场和渠道，以提高客户的价值、满意度和忠诚度。客户关系管理应用软件将最佳的实践具体化，并使用了先进的技术来协助各企业实现这些目标。客户关系管理在整个客户生命周期中都以客户为中心，这意味着客户关系管理应用软件将客户当作企业运作的核心。客户关系管理应用软件简化了各类业务功能（如销售、市场营销、服务和支持）的过程，并将其注意力集中于满足客户的需要上。客户关系管理应用软件还将多种与客户交流的渠道，如面对面、电话接洽及 Web 访问协调为一体，这样企业就可以按客户的喜好使用适当的渠道与之进行交流。

IBM 认为，客户关系管理包括企业识别、挑选、获取、发展和保持客户的整个商业过程。IBM 把客户关系管理分为三类：关系管理、流程管理和接入管理。

从管理科学的角度来看，客户关系管理源于市场营销理论。

从解决方案的角度来看，客户关系管理是将市场营销的科学管理理念通过信息技术手段集成在软件上面，并在全球大规模地应用。作为解决方案的客户关系管理，集合了当今最新的信息技术，包括互联网和电子商务、多媒体技术、数据仓库和数据挖掘技术、专家系统和人工智能技术等。作为一个应用软件，客户关系管理凝聚了市场营销的管理理念。市场营销、销售管理、客户关怀、服务和支持构成了客户关系管理应用软件的基石。

著名咨询公司盖洛普（Gallup）将客户关系管理定义为“策略+管理+IT”，强调了 IT 技术在客户关系管理战略中的地位，同时从另一个方面强调了客户关系管理的应用不仅是 IT 技术的应用，还与企业战略和管理实践密不可分。

综上，客户关系管理有三层含义：

（1）是企业管理的指导思想和理念；

（2）是创新的企业管理模式和运营机制；

（3）是企业管理中信息技术、软硬件系统集成的管理方法和应用解决方案的总和。

客户关系管理的核心思想：客户是企业的一项重要资产，客户关怀是客户关系管理的中心，客户关怀的目的是使企业与所选客户建立长期、有效的业务关系，在与客户的每一个“接触点”上都更加接近客户、了解客户，最大限度地增加利润、提高利润占有率。

客户关系管理的核心是客户价值管理，它将客户价值分为既成价值、潜在价值和模型价值，通过一对一营销原则，满足不同价值客户的个性化需求，提高客户忠诚度和保有率，实现客户价值持续贡献，从而全面提升企业的盈利能力。

微案例

互联网金融的客户关系管理——以恒丰银行为例

在互联网金融迅速发展的背景下，差异化营销和个性化服务越来越成为银行维系长期客户的重要手段。传统银行的客户关系管理主要关注内部数据，关注如何把银行内部各个业务环节中零散的客户信息搜集、汇聚起来。而在大数据时代，伴随着社交和移动化的盛行，外部数据越来越丰富，促使银行不仅要关注内部数据，还要想办法把外部数据整合利用起来。例如，通过多种渠道获取大量中、高价值潜在客户信息，获取更多的销售商机和线索，充分了解客户的个性化需求并提供差异化的服务和解决方案；拓展传统销售渠道，利用新媒体、新渠道开展精准营销，提高营销环节的投入产出比。

恒丰银行开始建设基于大数据的客户关系管理系统，为“大力发展企业金融业务，聚焦重点行业核心客户”服务，达到自上而下实现客户定位与营销指引的目标。

客户关系管理系统依托银行内的大数据平台尝试进行业务创新，致力于向业务人员提供准确、及时、智能的营销信息和营销机会，主要方面如下。

一是恒丰银行客户关系管理系统基于数据挖掘、文本处理、关系网络分析、实时流处理等大数据技术，通过对客户行内外数据的实时采集和智能分析，为业务人员提供客户行为类、到期类、预测类及生命周期类的营销响应信息。

二是系统创建了智能获客与产品推荐模型，为客户经理正确评估客户价值、获取潜在价值客户、开发集团客户、实现精准营销提供信息支撑。

三是客户关系管理系统借助于银行内的大数据平台，全面整合工商、企业舆情、互联网行为等外部公开信息，构建了更为清晰全面的客户视图，使客户经理能够敏锐地掌握企业经营动态，及时发现客户在重大技改、兼并重组、IPO 等重大经济活动中蕴藏的需求和金融服务机会。

其中，客户关系管理系统重点应用于以下几方面。

1．多渠道、全方位的客户画像

客户关系管理系统深度挖掘各类客户数据，实现客户人生阶段及大事件智能分析；利用特定客户群进行精准的客户画像，提取各个维度特征的语义标签，分析出适合客户群的产品和服务。

2．高价值潜在客户的获取

客户关系管理系统提供潜在客户获取、潜在客户营销、潜在客户转化的潜在客户周期管理的功能，能够精准识别与银行内的客户关联的高价值潜在客户，并进行营销和管理。根据类型不同，客户可以分为企业客户和零售客户。

3．基于关系网络的企业图谱

企业图谱主要为业务人员实时掌握客户动态并准确预测客户行为，提供决策、投研、风控等方面的服务。客户关系管理系统采用机器学习方式，利用关系网络分析技术和基于信息传递接口的图模型算法的并行化分布式计算对海量数据进行数据挖掘利用，整合工商信息、司法信息、资讯信息、交易信息，提取体现在上下游供应链、股东、投资、高管、抵押担保等企业间的关系，通过整合企业及企业关联信息，挖掘客户在互联网上的信息，结合多维交叉分析及智能算法，形成统一的企业图谱。

4．客户流失预警与客户挽留

客户流失预警是客户关系管理的重要组成部分。系统综合现有活跃客户和已流失客户的历史行为，包括在银行内的产品签约和持有情况、各渠道交易的业务类型和频度、同名账户交易情况等，利用组合决策树模型学习流失客户流失期间的行为特征和活跃客户行为特征。训练出来的模型可以预测客户下一阶段的流失概率，便于企业对不同价值、不同流失概率的客户进行分组管理，设计出不同的客户挽回及管理方案。

5．产品推荐智能化

客户关系管理系统提供丰富的推荐策略，全方位满足客户的不同推荐需求：基于每位客户的不同喜好，千人千面地推荐产品；根据客户的历史浏览记录，利用协同过滤、SCD 等算法关联性地推荐产品；紧跟热点，推送当下最热产品，以满足大部分客户的兴趣与需求。

问题：恒丰银行的客户关系管理目标是什么？恒丰银行客户关系管理系统的具体应用有哪些？

二、客户关系管理出现的原因

1. 需求的拉动

一方面，很多企业在信息化方面已经做了大量工作，收到了很好的经济效益；另一方面，在很多企业，销售、营销和服务部门的信息化程度越来越不能适应业务发展的需要，越来越多的企业要求提高销售、营销和服务部门的自动化和科学化水平。这是客户关系管理产生的需求基础。

2. 技术的推动

随着计算机通信技术、网络应用的飞速发展，信息技术也迅猛发展。信息技术对客户关系管理的影响分为自动化、信息化和实践创新三个层次。自动化层次是指用计算机技术替代手工劳动，自动生成数据分析报表等。信息化层次是指利用现代信息技术，将数据、知识、经验和软件整合起来，为企业人员提供及时的决策信息，以支持营销决策。实践创新层次是指应用信息技术促进客户关系管理的理论和实践创新，如数据库营销、网络营销、关系营销等，这些经过实践创新形成的营销理念已日益为企业所接受和应用。此外，互联网是非常好用的信息平台和互动手段，它提供了一个低成本的信息获取工具，同时也实现了供应商和客户的无缝连接，所以互联网技术的进步推动了客户关系管理的发展。

拓展阅读

客户信息

客户信息是客户关系管理的基础。数据仓库、商业智能、知识发现等技术的发展使收集、整理、加工和利用客户信息的效率大大提高。在这方面，我们可看一个经典的案例。沃尔玛超市对客户购买清单信息的分析表明，啤酒和尿布经常同时出现在客户的购买清单上。原来，美国很多男士在为自己小孩买尿布的时候，还要为自己带上几瓶啤酒。而在这个超市的货架上，这两种商品离得很远，因此沃尔玛超市重新分布货架，把啤酒和尿布放得很近，使购买尿布的男人很容易看到啤酒，最终使啤酒的销量大增。这就是著名的“啤酒与尿布”数据挖掘案例。

3. 管理理念及业务流程的更新

互联网不仅是一种手段，还触发了企业组织架构、业务流程的重组及整个社会管理思想的变革。当前，企业的重点正在从以产品为中心向以客户为中心进行转移。有人提出了客户联盟的概念，也就是与客户建立共同获胜的关系，达到双赢的结果，而不是千方百计地从客户身上谋取自身的利益。现在是一个变革的时代、创新的时代，比竞争对手领先一步，就可能意味着成功。业务流程的重组为企业的管理创新提供了工具。在引入客户关系管理的理念和技术时，不可避免地要对企业原来的管理方式进行改变，变革、创新的思想将有利于企业员工接受变革，而业务流程重组则提供了具体的思路和方法。

三、客户关系管理解决的问题

随着工业经济社会向知识经济社会的过渡，经济全球化与服务一体化成为时代的潮流，客户成为企业的重要资产，成为企业发展的决定性因素。通过客户关系管理，企业可以降低维系老客户、开发新客户的成本；可以满足客户的个性化需求，提高客户满意度和忠诚度；可以挖掘关键客户，实现客户价值最大化；整合企业对客户服务的各种资源；增加企业利润。

1. 降低维系老客户、开发新客户的成本

客户关系管理可以使企业与老客户保持良好、稳定的关系，这为企业节省了一大笔向老客户进行宣传、促销的费用。此外，好的客户关系会使老客户主动为企业进行有利的宣传。通过老客户的口碑效应，企业能更有效地吸引新客户加入，同时减少企业为吸引新客户所需支付的费用，降低开发新客户的成本。

2. 满足客户的个性化需求，提高客户满意度和忠诚度

满足客户需求是企业生存的基础，需求的满足状态制约着企业的获利水平。以客户

为中心，满足客户的个性化需求是当代企业的服务理念。企业通过客户关系管理，能及时、深入地了解客户的具体需求，调整自身的产品（服务）策略，有针对性地满足客户的个性化需求，并为客户提供良好的售前、售中、售后服务，让客户在购买的全过程获得良好体验，进而提高客户对企业的满意度和忠诚度。

3. 挖掘关键客户，实现客户价值最大化

客户关系管理有助于企业挖掘最有价值的客户。利用企业有限的资源和能力服务最有价值的客户是客户关系管理的主要目标之一。企业可以通过挖掘关键客户并重点服务关键客户，牢牢维系一批高满意度、高忠诚度的关键客户，实现这部分客户的价值最大化。这部分关键客户将成为企业重要的客户资产和企业利润的重要来源。

4. 整合企业对客户服务的各种资源

企业通过客户关系管理可以整合企业的各种资源，使以往“各自为战”的销售人员、市场推广人员、服务人员等协调合作，组成围绕“满足客户需求”这一核心宗旨的强大团队，为增加企业利润提供坚实的基础和可靠的保证。

5. 增加企业利润

企业应将客户关系作为一项资产来经营。好的客户关系管理可以使企业拥有相对稳定的客户群体和良好的客户关系，能够稳定销售、降低企业经营风险、提高效率、强化品牌价值、提高企业市场占有率，从而给企业带来源源不断的利润。此外，好的客户关系会使客户对企业抱有好感，如此客户就会降低对产品价格或服务价格的敏感度，使企业可以通过较高溢价获得较高利润。

拓展阅读

维系老客户

电子商务界流传一句话，开发十个新客户不如维系一个老客户。

哪些人是老客户呢?

（1）购买过商品的客户。

（2）收藏了商品的客户。

（3）看过没买过商品的客户。

（4）自己店铺在其他平台的客户。

为什么要维系老客户?

从短期来看，维系老客户能减少成本、增加短期收益。

1. 减少广告支出

首先，老客户本身自带流量，商家不需要做过多的营销，老客户就会自发地浏览店铺或商品。

其次，商家可以用廉价的短信营销进行定期维护，这样对店铺已经有了一定的信任和认知的老客户会重复购买。

相比于通过推广开发新用户的费用来说，老客户的维系费用非常低。

2．减少沟通成本和服务成本

开发新客户的成本不仅体现在广告费用方面，还体现在人力成本方面。

新客户势必会花较多的时间去咨询了解，客服人员就需花时间并且耐心地取得新客户的信任才能把商品卖出去；而老客户因为有过接触且有信任基础，所以不管是新款还是老款商品只要商家给予解答，老客户基本上都会相信，同时会减少很多售后纠纷。

3．相对稳定的销量

老客户的销量通常比较稳定，抗风险能力强。虽然店铺依靠推广的流量增幅来决定总销量的高低，但活跃的老客户可以成为店铺稳定业绩的输出点。

4．老客户能帮助测款

老客户带来的流量一般精准且无恶意，其与商家建立并维系着的关系能减小图片和商品详情对测款的影响，使测试结果更为准确。测款测的就是产品本身是否受买家欢迎，测的是转化率。

一般情况下，商家都利用推广来测款，流量大，但是推广测款不一定有转化，因为新品没有评价、没有基础销量。如果你有足够多的老客户，那么完全可以用他们来测试产品是否受欢迎，零成本、见效快。

5．好评和拉新

从长期来看，有效的老客户维系技巧能快速复制，把高成本拉来的新客户以最快的速度转化为忠诚度较高的老客户。

除此之外，老客户对商品的认可度高，他们愿意分享、愿意评价、愿意帮助宣传，是最忠实的品牌宣传者。

第二节 电子商务客户关系管理

一、电子商务用户信息管理

用户信息管理是客户关系管理的底层基础。用户接触一款新产品，从开始了解、深度使用，最后到流失，整个过程会产生大量的数据信息，根据数据信息流动，企业可描述出完整的用户画像。企业通过对用户画像的分析和管理，可以开展用户分群、个性化消息推送、生命周期管理和关联推荐等一系列运营策略。用户画像最大化的合理利用，能够使企业更精细地为用户提供服务，有效达成业务目标。

（一）电子商务用户的信息分类

1．用户的基础信息

基础信息是描述用户基本属性的静态数据，主要来源于用户注册和使用时录入的信息。用户的基础信息一般通过电子商务客户关系管理系统的会员信息库进行存储和管理，会员信息库就好比存放着平台每一位用户名片的名片夹。用户的基础信息字段繁多，大致可以归为六类。

人口属性信息：用户的姓名、性别、年龄、生日、所在省市区街道、婚姻情况等。

平台属性信息：昵称、注册时间、会员类型、会员等级等。

联系信息：手机号、邮箱、QQ、微信、微博、其他第三方关联账号等。

收货信息：默认与非默认的收货姓名、收货地址、收货电话等。

卡与支付信息：会员卡信息、银行卡信息等。

认证信息：在校认证信息、营业执照认证信息、消费贷认证信息等。

当遇到特定的业务场景时，可以将用户的基础信息进行关联调用（见图 6-1）。

图 6-1　用户的基础信息

2. 用户的行为信息

行为信息是用户使用平台时产生的动态数据，主要来源于系统的事件埋点与后台日志。

（1）事件埋点对用户的行为事件进行了全流程的记录，并通过各种页面来源进行相互关联，详细记录了用户的行为路径。

（2）后台日志记录了交易信息，包括订单 ID、商品 ID、货号、单价、颜色、尺码等记录，通过时间戳来证明发生时间。

通过用户完整的行为信息，我们可以还原最完整、真实的交易场景。

第一，用户是谁：目标用户、用户画像、是否源于其他用户分享。

第二，买了什么：商品品类、风格、件数、颜色、尺码、价格、上市时段。

第三，在哪发生：线上的模块、页面、路径；线下的城市、商圈、地址、店名。

用户的行为信息（见图 6-2）可以间接反映用户的行为偏好和决策路径，通过自建数据分析平台或第三方分析工具进行系统化的管理，可以为具体业务方案提供可靠的数据依据，带来可量化的指导。

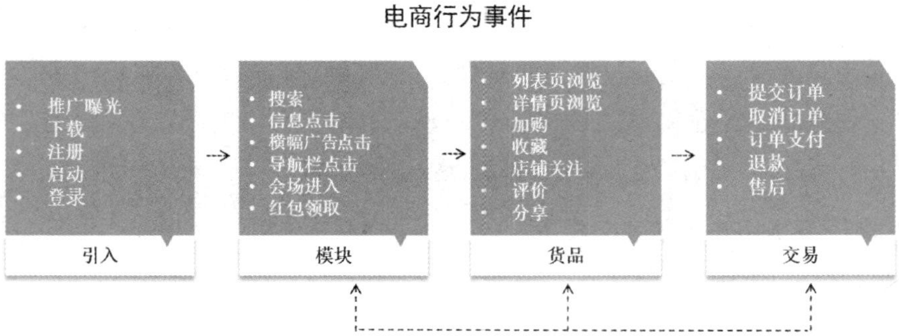

图 6-2　用户的行为信息

（二）用户信息管理在电子商务中的场景应用

1. 基于基础信息的分群展示

（1）用户类型。不同类型的用户对不同品类的需求存在着巨大差异。平台通过对用户的基础信息进行分析，可以了解用户的性别分布、年龄分布，清晰地掌握产品的用户画像，从而划分不同的用户类型，有针对性地解决需求，如淘宝网、唯品会等平台的母婴专区就是方便宝妈用户更快找到需求而设计的模块（见图 6-3）。

图 6-3　淘宝网、唯品会的母婴专区

（2）地区信息。城市用户和乡村用户、国内用户和国外用户，不同地理位置用户的购物消费的价值观存在较大偏差。淘宝网根据用户在个人中心录入的地区信息，将用户划分为城市地区、乡村地区、国外地区，针对不同区域的用户进行区分地区类型的分群展示，能够有效地提高资源位的转化率。

2. 基于基础信息的个性化推送

每天用户的手机都会收到来自各个平台产品的消息推送，而用户浏览内容的平均时间只有 1～2 秒，那么如何提高自家产品消息触达的效率，以至于不被淹没在茫茫的信息中呢？在消息推送环节，企业通过自定义消息模板调用用户的基础信息，在文案前呼唤用户昵称，可以大幅提高内容与用户的相关性，在短时间内吸引用户去浏览、了解消息内容，有效地提高营销内容的转化。天猫、阿里巴巴、小红书在短信或营销环节，通过调取用户昵称，实现基于基础信息的个性化推送，如图 6-4 所示。对于用户体量巨大的头部平台来说，细微的转化提升就可以带来可观的业绩增量。

图 6-4　基于基础信息的个性化推送

3. 基于行为信息的生命周期管理

基于用户在平台的消费记录，可以按照用户是否使用过产品将用户划分为新用户与老用户；还可以根据老用户使用产品的情况，按生命周期划分为留存用户、沉默用户和流失用户，如图 6-5 所示。

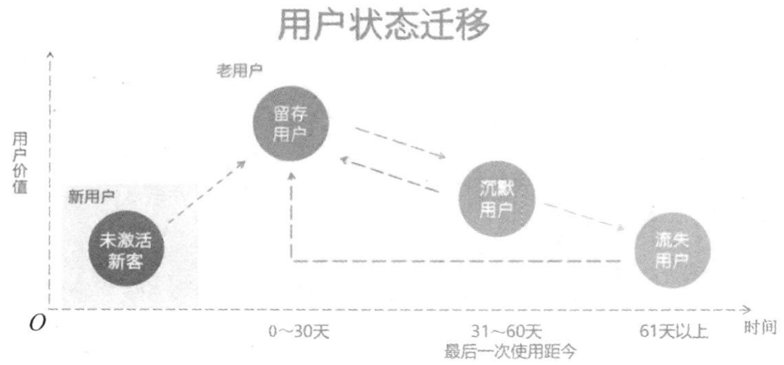

图 6-5　用户生命周期

新用户：注册了平台之后，还没有正式使用（如电子商务的首次下单）的用户。

留存用户：在指定一段时间（如 30 天）为有使用过平台的用户。

沉默用户：对使用平台的积极性下降，连续一段时间（如 31～60 天）未使用平台的用户。

流失用户：曾经使用过平台，现在已经连续很长一段时间（如 61 天以上）没有再使用过平台的用户。

用户的价值会随着用户状态发生迁移，对用户的生命周期管理是客户关系管理的核心环节。企业应选择合适的营销渠道与优惠激励，针对不同状态的用户制定具有差异化的生命周期营销策略。

（1）通过自动化生命周期营销工具，向用户传递平台价值，促使新用户开始使用平台，留存用户持续使用平台。

（2）建立沉默/流失预警模型，精细化地筛选高价值的沉默用户和流失用户，通过营销事件或大型活动定向挽回。

对用户生命周期的精细化策略管理能够不断激发用户活跃度，最大限度地提高响应率和投资回报率，促进用户回访、复购，提升客单价，带来业绩的提升（见图 6-6）。

	新用户	留存用户	沉默用户	流失用户
运营策略	·信任背书 ·利益激励	·成长引导 ·忠诚计划	·沉默预警 ·场景挽回	·流失预警 ·精准召回
触达次数	高频率	高频率	→	低频率
客户筛选	高覆盖	高覆盖	→	高精度
激励力度	高折扣	高折扣	→	低折扣

图 6-6　生命周期的精细化策略

4. 基于行为信息的关联推荐

（1）推荐系统。电子商务平台承载着大量的商品，但提供曝光的资源位是有限的，在商品信息过载中满足各种各样用户的需求是我们要面对的问题。

（2）长尾理论。用户对商品大规模的需求会集中在头部，而零散的、小量的商品需求会在需求曲线上形成一条长长的“尾巴”（见图 6-7）。零散的、小量的需求是个性化的，其数量累加起来会形成一个巨大的市场。基于用户的行为信息数据，通过千人千面的推荐系统，可以对这些零散的商品需求进行个性化的展示。

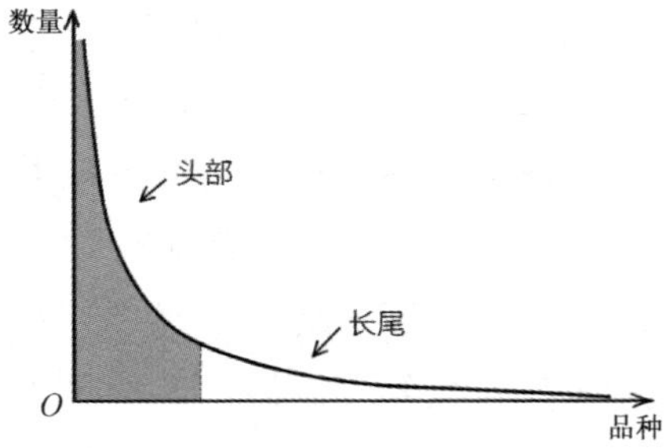

图 6-7　长尾理论

拓展阅读

长尾理论

长尾这一概念是由《连线》杂志主编 Chris Anderson 在 2004 年十月的《长尾》一文中最早提出的，用来描述亚马逊和 Netflix 之类网站的商业和经济模式。

只要商品的存储和流通的渠道足够大，需求不旺或销量不佳的商品所共同占据的市场份额可以和那些少数热销商品所占据的市场份额相匹敌甚至更大，即众多小市场汇聚可产生与主流相匹敌的市场能量。也就是说，企业的销售量不在于传统需求曲线上那个代表畅销商品的“头部”，而是那条代表冷门商品经常为人遗忘的“长尾”。

二、电子商务客户满意与忠诚管理

（一）电子商务客户满意管理

客户满意是一种心理活动，是客户的主观感受，是客户的预期被满足后形成的状态。当客户的感知没有达到预期时，客户就会不满、失望；当感知与预期一致时，客户是满意的；当感知超出预期时，客户就会感到物超所值、喜出望外。客户满意是客户忠诚的基础，是电子商务企业战胜竞争对手的最好手段，是取得长期成功的必要条件。客户满意的评判标准包括美誉度、知名度、忠诚度、容忍度、购买额、购买决策时间等。

1. 影响电子商务客户满意的因素

（1）客户感知价值。客户感知价值是一种主观感受，是指客户在购买或消费过程中，感受到的电子商务企业提供的产品或服务给其带来的价值，它等于客户购买产品或服务所获得的总价值与客户为购买该产品或服务所付出的总成本之间的差额。客户感知价值与产品价值、服务价值、人员价值、形象价值成正比，与货币成本、时间成本、精神成本、体力成本成反比。

① 产品价值。产品价值是由产品的功能、特性、品质、品种、品牌与式样等所产生的价值，它是客户需求的中心内容，也是客户选购产品的首要考虑因素。通常情况下，产品价值是决定客户感知价值大小的关键因素。产品价值高，客户感知价值就高；产品价值低，客户感知价值就低。如果产品的质量不稳定，电子商务企业与客户建立的关系也会非常脆弱，很难维持下去。

② 服务价值。服务价值是指伴随产品实体的出售，电子商务企业提供给客户的各种附加服务，包括各阶段的产品介绍、送货、安装、调适、维修、技术支持、产品保证、退换货，以及服务设施、环境、服务的可靠性、及时性等所产生的价值。服务价值是构成总价值的重要因素之一，对客户感知价值的影响非常大。良好的服务是提升客户感知价值的基本要素。无论是对产品的供应商还是对物流服务的供应商，电子商务企业都需要建立起完善的供应商管理体系，包括供应商的选择、评估、考核等一系列管理制度，保证整体的服务质量。

③ 人员价值。人员价值是指电子商务企业从上至下全体人员的经营思想、经营作风、工作效率、业务能力、应变能力等所产生的价值。此外，工作人员是否愿意帮助客户、理解客户、以客户为中心，工作人员的敬业精神、响应时间和沟通能力，工作人员的协调能力、团队合作能力等因素也会影响客户感知价值。

④ 形象价值。形象价值是指电子商务企业在社会公众中形成的总体形象所产生的价值，在很大程度上是产品价值、服务价值、人员价值三个方面综合作用的反映和结果，以及电子商务品牌、价值观、经营哲学等产生的价值，同时还包括电子商务企业的老板、员工的经营行为、道德行为、工作态度和作风等产生的价值。例如，在激烈的市场竞争中，电子商务企业不要损人利己、互相拆台、造谣诽谤等，否则只能两败俱伤。相反，如果电子商务企业能跟竞争对手建立良性竞争关系，塑造一个阳光的电子商务企业形象，

那么会提高客户感知价值。

⑤ 货币成本。货币成本是客户在购买或消费时必须支付的金额，是构成客户总成本的主要和基本因素，是影响客户感知价值的重要因素。客户在购买产品或服务时，总会将价格与其消费所得相比较，希望以较少的货币成本获取更多实际利益。在最大化收益原则下，大多数客户网购会积极寻找优惠券和商家的折扣优惠。总之，一家电子商务企业的产品或服务再好，如果需要客户付出超过其预期的价格才能得到，客户也会不乐意。因此，如果客户能够以低于预期价格的货币成本买到较好的产品或服务，客户感知价值就高，反之，客户感知价值就低。

⑥ 时间成本。时间成本是客户在购买或消费时必须花费的时间，包括客户等待服务的时间、等待交易的时间、等待预约的时间等。激烈的市场竞争使人们清楚地认识到时间的宝贵与重要。在相同情况下，客户所花费的时间越少，客户总成本越低，客户感知价值越高；反之，客户所花费的时间越多，客户总成本越高，客户感知价值越低。因此，电子商务企业必须努力提高效率，在保证产品和服务质量的前提下，尽可能减少客户的时间成本。

⑦ 精神成本。精神成本是客户购买或消费时必须消耗的精神。在相同情况下，精神成本越低，客户总成本越低，客户感知价值越高；反之，精神成本越高，客户总成本越高，客户感知价值就越低。通常，客户在不确定情况下购买产品或服务，可能存在一定风险，如预期风险、形象风险、心理风险、财务风险、人身安全风险等，这些可能存在的风险都会导致客户精神成本的增加。如果电子商务企业不能降低客户的精神成本，就会降低客户感知价值。客户的精神成本往往与电子商务企业的失误有关，也可能来自电子商务企业的制度和理念漏洞。

⑧ 体力成本。体力成本是客户在购买或消费时必须耗费的体力。体力成本越低，客户感知价值越高；反之，体力成本越高，客户的感知价值就越低。在紧张的生活节奏与激烈的市场竞争中，客户对购买产品或服务的方便性要求也在提高。因为客户在购买的各个阶段均需要付出一定的体力。如果电子商务企业能够通过多种渠道减少客户为购买产品或服务而花费的体力，便可降低客户购买的体力成本，进而提高客户感知价值。

（2）客户预期。客户预期是指客户在购买或消费之前对感知价值等的主观认识或期待。影响客户预期的因素具体如下。

① 客户的价值观、需求、习惯、偏好等。不同的客户由于性别、年龄、身份及消费能力等的差异会产生不同的价值观、需求、习惯、偏好等，进而面对同样的产品或服务会形成不同的预期。

② 客户以往的消费经历、消费经验、消费阅历等。客户在购买某种商品或服务之前往往会结合他以往的消费经历、消费经验，对即将购买的商品或服务有一个心理预期。而没有消费经历或消费经验的客户的消费阅历也会影响客户的心理预期。例如，如果看上去感觉不错就会形成较高预期；如果看上去感觉不好则会形成较低预期。此外，新客户与老客户对同一产品或服务的预期往往不同，新客户容易预期过高或过低，老客户由

于有丰富的消费经历和消费经验，预期一般比较合理。

③ 他人的介绍。人们消费容易受到他人的影响，尤其是亲戚或朋友的影响。他们的介绍对客户预期影响较大，尤其是客户身边的人极力赞扬某电子商务企业或某产品时，客户就容易对该企业或该产品产生较高预期；相反，如果客户身边的人对某电子商务企业或某产品进行负面宣传，则客户对该电子商务企业或产品会产生较低预期。

④ 电子商务企业的宣传与承诺。电子商务企业的宣传与承诺主要包括广告、产品外包装说明、员工介绍和讲解等。根据这些，客户会对企业的产品或服务产生预期。如果电子商务企业肆意夸大宣传自身的产品或服务、承诺，就容易让客户产生高预期，而客观的宣传则会使客户产生合理预期。例如，如果电子商务企业预先提醒客户可能需要等待，就会使客户有心理准备，产生需要等待的预期。研究表明，预先获得需要等待通知的客户会比没有获得需要等待通知的客户更满意。

2. 提升电子商务客户满意管理

（1）提高客户感知价值。电子商务企业从产品价值、服务价值、人员价值、形象价值等入手，提供超预期价值。例如，小红书为了将客户体验做到最佳，除保证产品质量、物流效率外，还对产品包装进行精心设计，从而提升产品价值；电子商务企业通过送货上门、分期付款、七天无理由退货等提升服务价值；培养优秀的员工和客服人员，提高员工的业务水平、为客户服务的娴熟程度和精确度，提高客户的感知水平和满意度；利用新媒体与传统媒体相结合的形式，进行企业宣传，通过公益短视频广告、赞助活动、微博新闻宣传等方式展现企业精神风貌，树立企业知名度。此外，合理的低价，降低时间成本、精神成本、体力成本等同样能提高客户感知价值。

（2）引导客户产生合理预期。客户预期如果过高将会使电子商务企业的客户满意度变得较低，所以引导客户产生合理预期是客户关系管理中客户关怀的重要内容。首先，电子商务企业实事求是地宣传与承诺非常重要。其次，企业应通过跟客户充分有效地沟通，及时了解客户需求和预期，并对自身产品或服务进行充分展示说明，进而引导客户的预期回归理性。

微案例

唯品会提升客户满意度

（1）唯品会所销售的商品均从品牌方、代理商、品牌分支机构、国际品牌驻中国办事处等正规渠道采购，唯品会均与其签订了战略正品采购协议。同时，唯品会对供应商的资质都进行了严格审查，营业执照等五证、产品检验报告及品牌授权许可文件缺一不可。对于进口的商品，唯品会还要求供货商提供进关单据等进关文件。对于3C产品、化妆品、食品等，唯品会均依据国家规定，要求供应商提供相应商品特殊资质证书。在唯品会上售卖的品牌均为正品，并由中国太平洋财产保险股份有限公司为每一件商品进行承保。

（2）唯品会的销售模式是限时抢购，每天 10 点都有一批国内外知名品牌商品准时上线。但唯品会的客户群体基本上都是工作忙碌的职场精英，经常有人错过了上线时间，和守候多日的心仪商品失之交臂，后悔不迭。针对这一情况，唯品会首创了上线品牌提醒服务，通过手机短信、电子邮件、微博等多种方式进行上线品牌提醒，用户可预约喜爱的品牌，在品牌上线前得到开售贴心提示，不错过每一个喜爱的品牌。

为了保证用户与唯品会之间沟通的高效与畅通，唯品会建立了 CSC 呼叫管理系统，用户可以在每天 9 点至 24 点，通过 400 客服专线进行相关业务咨询及信息反馈。智能的话务分配机制保证了话务分配的合理与高效。一对一人工服务免去了会话中广告及其他业务繁多、频繁切换的烦恼，为客户提供最直接、便捷的咨询服务，也使唯品会的服务质量不断发生新的飞跃。

（3）在品牌形象构建和宣传方面，以“一家专门做特卖的网站”来吸引用户。这种品牌形象能够让消费者在接触唯品会的时候第一时间了解到唯品会的核心业务和品牌本质，也容易让消费者一想到特卖第一个就想到唯品会。例如，赞助热播剧《欢乐颂》，让客户感受到与剧中演员的平等；邀请周杰伦担任品牌的“首席惊喜官”，率性新潮的广告语“都是傲娇的品牌，只卖呆萌的价格，上唯品会，不纠结”，让客户快速了解企业所树立的潮流时尚形象。

（4）唯品会抓住了闪购特卖的模式，以 B2C 的形式定期推出各类品牌商品，以低于原价的折扣价格向网站会员出售，每次特卖定时定期、限时限量，这对消费者产生了巨大的吸引力。本身唯品会卖的商品都是名牌商品，品质有保障，价格却能低至 1 折，这无疑让消费者觉得物超所值。

（5）在心理风险上，有些消费者买衣服，却不知道怎么搭配，或者搭配出来的效果不尽人意，唯品会的大部分商品都有橱窗展示和详细的模特搭配，并且有搭配建议。在降低财务风险方面更是明显，如果商品不合适，有损坏，皆可 7 天无理由退换。

（6）以当前努力培育良好的客户期望。不管是唯品网计算机端的页面还是手机端 App 的页面，都制作精良、美观、运行流畅，给客户留下了完美的第一印象，让客户第一眼看到就能感受到其对产品、服务的要求。因为唯品会大部分客户都是女性，女性一般对时尚信息的捕捉更敏感，所以唯品会为了满足年轻女性对时尚感的期望，增加了“直播”，紧跟热门，不输起点，保持客户对这个平台时尚感的期望。

唯品花是唯品金融的消费贷产品，是一种“先消费、后还款”的支付方式。在唯品会使用唯品花购物付款，可享 3、6、9、12、18 期随心分期，基于用户网购综合情况而为用户提供信贷消费额度。

（7）通过包装、有形展示来影响客户期望。不管是唯品会的品牌 Logo、官网页面，还是快递盒子的包装，都是统一的粉色系，这也是由于它的目标客户大部分是女性。其还通过与合作的供应商开发唯品会特别定制款，增强其独特性。

问题：在提升客户满意度方面，唯品会做了哪些工作？

（二）电子商务客户忠诚管理

客户满意不等于客户忠诚。客户忠诚是指客户长期与某企业合作，使用该企业的产品。客户忠诚是需要维护和强化的，电子商务企业应通过多渠道、多工具、多营销策略与客户进行精准、有效、充分的沟通，分析客户消费行为数据，及时挖掘客户的个性化需求，使客户不断感到满意，从而对电子商务企业忠诚。

1. 更高的客户参与度和更好的体验

购买决策先由消费者的情绪驱动，然后是价格和质量，特别是对于电子商务运营而言，平台只能创造初始影响，使客户更容易、更有效地找到想要的东西。想要获得更高的用户参与度和体验，企业要拥有更好的用户体验设计、分析导航、链接、内容、图像和整体店铺设计，确保客户以无缝方式找到所需的内容。另外，确保消费者购买过程简单，保持过程流畅，避免在结账时发生纠纷或其他错误。最重要的是客户体验中的因素，拥有知识渊博且积极的客户服务代表会影响消费者的购买决策。此外，许多消费者使用移动设备以便随时随地购买商品，为了给消费者提供更好的客户体验，企业应该具有移动响应能力，不干扰消费者的购买过程。

2. 产品服务质量与价值主张一致

在电子商务运营时，企业需要确保产品服务质量与价值主张一致，否则会产生不好的用户体验。研究发现，二分之一的用户在经历了两次糟糕的购买体验之后就不会回购。为了保证产品服务质量与价值主张的一致性，企业可以开发一个质量控制系统和流程，为客服团队提供帮助。

3. 定期举办促销活动

为了提高客户保留率，企业可以定期举办促销活动，如优惠券折扣及限时促销活动等，这些活动不仅可以让80%的老客户愿意参与并购买，还能吸引更多的新客户。

4. 精准个性化覆盖客户的数据库管理

企业运营电子商务需要根据消费者的购买趋势制定营销策略，作为客户忠诚计划的一部分，持续为客户创造价值，关注研究客户的行为并保证长期利益。企业可以利用消费者数据，创建一个包含所有客户的数据库，用邮件、社交媒体活动、买家行为、购买历史记录等更加个性化的方式覆盖受众。

5. 提高客户的转换成本

（1）提高客户转换的学习成本、时间成本、精力成本。例如，电子商务企业一开始为客户提供有效的服务支持，包括提供免费软件等，并帮助客户学习如何正确地使用软件，那么一段时间后，客户学习软件所花的时间、精力将会成为一种转换成本，使客户在别的选择不能体现明显的优越性时自愿重复使用，成为忠诚客户，且不会轻易转换。

（2）提高客户转换的财务成本。电子商务企业还可以通过提高客户转换的财务成本，即损失将要到手的经济利益来维持客户忠诚，如会员储值卡、优惠卡等。

（3）提高客户转换的情感成本。企业一对一客服人员定期通过各种渠道与客户建立私人关系，这种私人关系无疑增加了客户的转换成本。此外，客户参与、客户定制在增加客户满意度的同时，也增加了客户的情感投入，即增加了转换成本，因此能够增加客户的退出障碍，从而有效阻止了客户流失。

6. 提高不易替代性

电子商务企业凭借自己的人才、经验、技术、专利、品牌、资源、历史、文化、关系、背景等为客户提供独特的、不易替代的产品或服务，能够增强客户对企业的依赖性，从而实现客户忠诚。例如，天猫国际平台上入驻的商家大部分为客户提供七天无理由退换货服务等。此外，品牌是识别产品或服务，并区别于竞争对手的商业标志。品牌对于客户的吸引力在于，品牌是一份合同、是一个保证、是一种承诺。电子商务品牌一旦创建成功就像竖起了一道屏障，如果客户认可了品牌，那么对其他电子商务品牌可能会采取抵制的态度。

7. 以自己的忠诚换取客户的忠诚

终端门店具有客户引流、样品展示、现场体验、需求挖掘、方案沟通和确定等功能。但自2020年受新冠肺炎疫情影响，终端门店客流量锐减。在这个时候，许多生产商场、卖场平台、电商平台纷纷出手援助，帮助终端门店克服困难。例如，红星美凯龙对自营商场的相关商户免除月租及管理费，欧派家居以10亿元补贴经销商，金牌橱柜宣布承担全国零售经销商一万多名员工一个月工资等，危难时刻见真情，以自己的忠诚换取客户的忠诚。

微案例

唯品会维系客户忠诚度

（1）建立客户忠诚计划。唯品会客户忠诚计划的会员资格获得方式包括申请、邀请和购买。最常见的是申请，当客户在唯品会的消费达到一定金额时，唯品会温馨提醒客户，邀请其加入客户忠诚计划。会员分为两类：基于积分的客户忠诚计划和基于优惠的客户忠诚计划。基于积分的客户忠诚计划是客户邀请朋友或消费金额获取积分，然后这些积分就可以用来兑换奖励；基于优惠的客户忠诚计划则提供增值优惠，如更多的优惠、更大的折扣、包邮和产品使用权利等。

2015年，粉丝数量首次破亿的时候，唯品会开启了为期三天的狂欢假日特卖。会员不仅能专享低至1折、折上九折及满88元免邮的超值优惠，还能领取300元狂欢红包，即领即用。

购物送唯品币：不同等级的会员购物，送唯品币的倍数不一样。

唯品币超值兑：会员可凭电子券码到合作商家消费或享受服务。

生日惊喜：会员可在生日当天领取专属生日礼券。

会员专享价：不同等级的会员，在特定专场享受等级专属的折扣优惠。等级越高，享受的优惠力度越大。

专享派对：高级会员将收到旅游、时尚派对、参观唯品会基地等高级会员活动的邀请函。

（2）让客户的消费行为与慈善挂钩。唯品会成立365爱心基金会，不但凸显了社会责任感，也让消费者觉得购物同时是在做慈善，将客户与客户的契合程度提升到价值观的层面。

会员每提交一份有效订单，并从失学儿童、贫困重疾、扶助孤寡、自然灾害四大公益项目中选择一项奉献爱心，唯品会将从收益中捐出365厘（即0.365元）作为爱心基金，汇入唯品会365爱心基金池。

唯品会传递更高的价值理念，从单纯的特卖商品平台转变为优质生活方式平台，从优质商品的提供者变成了优质生活方式的构建者及优质价值观的传递者。

唯品会还通过直播、微博的方式与消费者互动，教消费者搭配、化妆，为消费者提供购物建议，如母亲节会给消费者推送适合送给妈妈的礼品，燕窝、围巾、珠宝等。

由于对唯品会所提倡的生活方式和购物理念的认同，许多消费者的忠诚度很高。

（3）采取不同会员等级不同折扣。唯品会会员成长体系包括3个等级，不同等级的会员可以享受专属折扣优惠，折扣力度不同，等级越高，享受的优惠力度越大。这就让消费者从主观上尽量避免转换且尽可能地忠诚，并且想要持续购物来增加等级，提高自己的会员折扣。

问题：在增强客户忠诚度方面，唯品会做了哪些工作？

三、电子商务客户服务管理

（一）客户细分

客户细分是指将一个大的消费群体细分成一个个小的消费群体的过程，同属于一个小的消费群体的客户有许多相似的消费属性。客户细分的过程就是对客户需求进行重新认识的过程。

（1）根据企业与客户的关系进行分类，可将客户细分为一般客户、B2B 客户、渠道分销代理商客户、内部客户等。

（2）根据客户的价值进行分类，可将客户分为 VIP 客户、大客户、普通客户、小客户四种类型。其中，VIP 客户数量约占 1%，大客户数量占 4%，重要程度仅次于 VIP 客户。普通客户与 VIP 客户和大客户的需求侧重点完全不同，普通客户可以接受标准化服务，而 VIP 客户和大客户则需要个性化的服务，尤其是 VIP 客户，看重服务细节和良好的体验。不同的客户为企业提供的价值是不同的，企业的资源和能力是有限的，按价值进行客户细分，可以帮助企业找到最有价值的客户，增加企业利润。

（二）电子商务客户服务策略

1. 售前客户服务策略

企业通过售前服务，可以使客户在购买到有形商品的同时，还能得到额外的无形知识。售前服务可以帮助客户了解商品，增加商品知识，达到扩大促销的目的。有些企业比较重视售中和售后服务，而对售前服务重视不够。售前服务是企业重要的竞争之举，千万不可忽视。电子商务企业可以通过多种方式，如搞好市场调研、及时掌握信息、介绍商品知识、组织新产品展销、进行广告宣传等，激发客户的购买欲望。

（1）提供商品的搜索和比较服务。每家企业都有许多商品，为方便客户选择商品，企业应提供便捷的搜索服务，同时应提供对比功能和有关商品的详细信息，以便客户比较商品做出决策。

（2）建立客户档案，为老客户提供消费引导服务。客户在网站注册时会填写自己的基本资料，这些资料会保存在档案库，当客户再次光顾时，其浏览或购买的信息也会存入档案库，企业应以此为依据，有针对性地开发或刺激其潜在消费。

（3）多触点、多场景精准推送商品信息。企业应利用短视频、公众号、微信小程序、社群、直播等多种新媒体宣传手段，结合用户画像，精准推送相关商品信息，形成多触点、多场景的营销策略。

2. 售中客户服务策略

售中服务是指企业在商品销售过程中为客户提供的服务，要求服务人员做到尊重客户，主动服务，主要内容具体如下。

（1）确认用户需求，为用户提供定制化服务或完整解决方案等。这样不仅能够提高客户的满意度，还可以及时了解客户需求。

（2）提供订单状态跟踪服务、多种安全付款方式和高效物流配送服务。电子商务企业应该提供订单状态跟踪服务，现在大部分企业都提供这样的服务。为满足客户多种需求，提供至少两种付款方式，以便客户选择。当客户完成在线购物后，服务活动并未结束，此时客户最关心的问题是商品能否及时送达，企业应提供及时安全的配送服务。

3. 售后客户服务策略

售后服务是指企业在客户购买其商品以后，为客户提供各种各样旨在使商品发挥其应有作用、方便客户的服务。

（1）让客户无负担的售后服务，如送货到家、上门安装调试、上门维修、供应零配件、实行退换制度等。客户的购买决策不仅取决于产品质量的优劣，还取决于售后服务。

（2）与客户保持联系的售后服务。对客户的一切投诉都要给予答复，通过在线技术交流、常见问题解答及在线续订服务，帮助客户在购买后更好地使用产品或服务。企业还要进行必要的到期提醒或定期回访了解客户使用情况等。电子商务企业应本着负责到底的态度，与客户保持持续的联系。

（3）让客户信赖和依赖的售后服务。对于多次复购的老客户或 VIP 客户、大客户，企业应该本着让客户可依靠、可信赖的原则，尽可能为客户提供客户服务关怀，如生日、节日问候，纪念日提醒等，以社群话题讨论让客户有归属感，以持续有价值的内容输出提高客户感知价值，还可以通过趣味游戏互动、积分奖励等调动客户情绪，让客户信赖和依赖企业。

此外，在整个服务链中，各环节是紧密联系的，企业应该系统地看待客户服务，不应该把售前、售中和售后服务过于生硬地分割开来。并且，售后服务并非服务的终点，而是企业与客户建立长久关系的起点。

第三节 客户关系管理系统及应用

一、客户关系管理系统的分类及工作流程

客户关系管理系统的产生和发展经历了一个漫长的过程，其分类方法多种多样，按照目前市场上流行的功能分类方法，客户关系管理系统可以分为运营型客户关系管理系统、分析型客户关系管理系统、协作型客户关系管理系统。

其中，运营型客户关系管理系统占据了客户关系管理系统市场的大部分份额。运营型客户关系管理系统解决方案虽然能够基本保证企业业务流程的自动化处理、企业与客户间的沟通及相互协作等问题，但是随着客户信息的日趋复杂，已难以满足企业进一步的需要，因此在现有客户关系管理系统解决方案的基础上扩展业务智能分析能力就显得尤为重要。

（一）运营型客户关系管理系统

运营型客户关系管理系统通过基于角色的关系管理工作平台，实现员工授权和个性化，使前台交互系统和后台的订单执行系统可以实现无缝实时集成连接，使相关部门的业务人员能够在日常的工作中共享客户资源，减少信息流动的滞留点，从而使企业作为一个统一的信息平台面对客户，大大减少客户在与企业的接触过程中产生的种种不协调。它主要包括以下五个模块。

1. 客户关系管理销售模块

客户关系管理销售模块提供了丰富强大的功能，包括销售信息管理、销售过程定制、销售过程监控、销售预测、销售信息分析等。客户关系管理销售模块是销售人员关注客户、把握机会、完成销售的有力工具。客户关系管理销售模块对企业的典型作用在于帮助企业管理跟踪从销售机会产生到结束各销售阶段的信息。

2. 客户关系管理营销模块

客户关系管理营销模块使企业可以自始至终掌握市场营销活动的信息管理、计划预算、项目跟踪、成本明细、效果评估等，帮助企业管理者清楚地了解所有市场营销活动

的成效与投资回报率。

3．客户关系管理服务模块

客户关系管理服务模块能帮助企业以最低的成本为客户提供包括服务请求及投诉的创建、分配、解决、跟踪、反馈、回访等相关服务环节的闭环处理模式，从而帮助企业留住老客户、发展新客户。

4．客户关系管理电子商务模块

客户关系管理电子商务模块是使客户关系管理成为企业商务过程电子化的前台办公室，帮助企业将门户站点或各种商务渠道集成在一起，开拓新的销售渠道及商务处理方式。

5．客户关系管理商务平台模块

客户关系管理商务平台模块是产品的核心平台，实现产品的基础数据维护、安全控制、动态配置与工作流定制等功能。

（二）分析型客户关系管理系统

分析型客户关系管理系统主要是分析运营型客户关系管理系统获得的各种数据，进而为企业的经营、决策提供可靠的量化依据。分析时需要用到许多先进的数据管理和数据分析工具，如数据仓库、OLAP 和数据挖掘等。

1．分析型客户关系管理系统的六大功能

（1）客户分析。客户分析功能旨在让营销人员可以完整、方便地了解客户的概貌信息，通过分析与查询，掌握特定细分客户的客户行为、购买模式、属性及人口统计资料等信息，为营销活动的开展提供方向性的指导。此外，营销人员可以通过客户分析功能追踪营销活动的执行过程，从而了解这类活动的内容和对客户所造成的实际影响。客户关系管理软件使营销人员通过轻松地点击鼠标即可锁定特定客户群、建立新的细分市场。例如，对于银行来说，有的客户突然提取大笔现金，可能使银行处于高风险状态；有的客户虽然归还贷款比较迟缓，但基本上总能在一定的期限内归还，这就是银行最喜欢的客户，因为他总是在为银行带来利息收入。银行的客户关系管理系统对此都应该及时察觉。

（2）客户建模。客户建模功能主要依据客户的历史资料和交易模式等影响未来购买倾向的信息来构造预测模型。例如，根据客户的促销活动回应率、利润贡献度、流失可能性和风险值等信息，为每一位客户赋予适当的评分。从技术方面看，客户建模主要通过信息分析或数据挖掘等技术获得。另外，机器学习和神经网络也是重要的客户建模技术。客户建模的结果可以构成一个完备的规则库。例如，客户如果有大笔存款进入账户，银行则应考虑向其推荐股票或基金等收益更高的投资项目。客户建模还可以帮助企业建立成熟、有效的统计模型，准确识别和预测有价值的客户沟通机会。一旦这种模型得以建立，企业就可以对每一位客户进行价值评估并在适当的时机以适当的方式与该客户进行沟通，从而创造更多的盈利机会。

（3）客户沟通。客户分析的结果可以与客户建模所形成的一系列适用规则相联系，当客户的某个行为触发了某个规则，企业就会得到提示，启动相应的沟通活动。客户沟通功能可以收集来自企业各个层次的各种信息，包括客户分析和客户建模的结果，针对不同部门的不同产品，帮助企业规划和实施高度整合的营销活动。客户沟通还可以帮助企业进行基于事件的营销。根据客户与企业之间发生的貌似偶然的交互活动，企业可以迅速发现客户的潜在需求并做出适当的反应。客户沟通功能支持营销人员设计和实施潜在客户营销、单一步骤营销、多步骤营销和周期性营销等四种不同类型的营销活动。

（4）个性化功能。个性化功能帮助企业根据不同客户的不同消费模型建立相应的沟通方式和促销内容，以非常低的成本实现真正的一对一营销。例如，营销人员可以用鼠标点击的方式建立和编辑个性化的电子邮件模版，以纯文本、HTML 或其他适当的格式向客户发送促销信息。

（5）优化功能。每位营销人员每天应当处理多少个目标客户？每隔多长时间应该对客户进行一次例行联络？各类营销方式对各类客户的有效程度如何？对于这些问题，分析型客户关系管理系统的优化功能都可以提供答案，帮助企业建立最优的处理模式。优化功能还可以基于消息的优先级别和采取行动所需资源的就绪状况来指导和帮助营销人员提高工作效率。

（6）接触管理。接触管理功能可以帮助企业有效地实现客户联络并记录客户对促销活动的反应，将客户所发生的交易与互动事件转化为有意义、高获利的营销商机。例如，当接触管理模块检测到重大事件时，即刻启动特别设计的营销活动计划，针对该事件所涉及的客户提供合适的产品或服务，这种功能又被称作实时事件注入。

2. 分析型客户关系管理系统的四个阶段

一个典型的分析型客户关系管理系统包括四个阶段：进行客户分析；市场区段分析；进行日常市场活动的分析；预报客户行为的事件模型。

（1）进行客户分析。客户分析需要很多可以量化的信息，这些信息通常来自各种不同的数据源。企业对于这些信息必须加以整合，并以合理的方式放到客户数据仓库中，以便对其做分段或挖掘处理。一个结构良好的客户数据仓库应能回答以下问题：①新客户是否比现有的客户更有价值？②最重要的客户最为关注的是什么？③年龄低于 35 岁的客户是否更有价值？④互联网技术是否有助于业务增长？如果答案是肯定的，如何做到这一步？⑤是否吸引了客户的消费？客户分析所需要的信息一般来自三个方面：企业与其客户的主要接触点（客户服务中心、Web 和自动柜员机）；关键收益点（电子商务、订单录入）；外部数据（客户的地域分布、生活方式等信息）。客户分析阶段所需的关键信息包括客户服务历史信息、客户市场历史信息、销售信息、收益信息、客户的地域分布信息及生活方式信息等。为了在客户数据仓库中形成一个完整的视图，必须对这些不同的信息加以整合与清理。在进行分析之前，必须了解信息的可用性、信息的质量、信息的整合与清洗程度是否符合客户数据仓库的要求。这里的侧重点是信息的质量，而不是它的完备。因为任何决策支持系统总在不断得到新的信息、不断地补充新的信息、不断地对信息实施清洗的过程中。另外，这类系统还要求根据当前的业务与市场需要，对原有的信息持续地做出评估。一旦完成了这个过程，则反映产品采购、收益、服务、客户地域分布及生活方式的信息就已具备。这时，就可以对客户的行为及收益率进行统计处理，并借此建立能够预报客户未来行为的种种模型。

（2）市场区段分析。在客户数据仓库准备就绪之后，就可以对当前客户及预期客户群做出市场区段分析，判断不同区段的优势与弱势。市场区段分析中常见的问题：①哪些客户购买产品 A 而不购买产品 B？②对某个特定的市场活动而言，最感兴趣的是哪些客户？③对企业最有价值的是哪些客户？④客户的价值是否因其地域分布和人口学特征的不同而不同？对客户群实施市场区段分析时，可以利用客户数据仓库所积累的大量有用信息，对这些信息进行分析与数据挖掘，有助于发现和评价各种可变因素的不同排列组合会引发的结果。

（3）进行日常市场活动的分析。在找到最具价值的市场区段后，就可以为不同市场区段设计并提交适应其特定需要的成套服务。有针对性的市场开拓工作可以促使企业瞄准更有前景和更有商机的领域。如果能够使企业的产品或服务被本来可能并不需要它们的客户所接受，就可能为本企业赢得更具价值的客户。通过对业务细节的分析，企业可以对那些针对不同领域进行设计的做法进行全局性的考察，将相似的处置策略集中起来并加以提炼。在条件成熟的时候，推广这些做法到新的用户群。当将产品与服务延伸到那些本来并不需要它们的用户群时，企业可以针对这个群体中那些最具可能和最有价值客户的特定需要，制定特定的市场策略。

（4）预报客户行为的事件模型。事件模型是一种技术手段，旨在帮助企业选择正确的市场活动与处理策略，并最终取得成功。事件模型可以刻画客户的行为和客户的反应，还可以预见未来市场活动的结果。事件模型提供了一种可能，让企业能从客户生活中的某些事件 （如过生日、买房、买车等）中找到新的商机。这些事件不仅形成了不同的市场区段，而且也是对客户实施评估并预期未来收益的有力工具。事件模型有助于企业发现使利润最大化的方法，如减少促销活动的次数、提高客户对促销活动的回应率和控制促销活动的费用等。与事件模型有关的一些典型问题：①哪些年龄段的客户对降价处理最感兴趣？②哪些客户更喜欢通过个人渠道购物？③针对高收入客户的市场策略是否达到了预期的目的？提出这些问题的目的在于发现影响客户反应的主要因素，然后将客户按照他们的特征加以标识与分类。在很多情况下，企业可以运用有关购买特征的新发现的知识，对各种不同的处置策略加以检验。如果这方面的工作进一步细化，必然会因这些策略的正确运用而使客户的满意程度提高。

分析型客户关系管理系统把大量的销售、服务、市场及业务数据进行整合，使用数据仓库、OLAP 和数据挖掘技术，将完整的和可靠的数据转化为有用的、可靠的信息，再将信息转化为知识，进一步为整个企业提供战略上和技术上的商业决策，为客户服务和新产品的研发提供准确的依据，提高企业的竞争能力，使企业能够把有限的资源集中到所选择的有效的客户群体中去，与这些客户群体保持长期且富有成效的关系。分析型客户关系管理系统使这一切成为可能，它是一种处理大量客户数据的方法，可以使企业获得可靠的信息支持。

微案例

客户关系管理价值链模型

虽然每位客户都很重要，但并非每位客户都是平等的。根据销售的“二八规则”，通常是 20%的客户提供了 80%的利润。借助客户关系管理价值链模型（见图 6-8），可以为您认为最有价值的客户提供额外的关注和服务。

客户关系管理价值链模型可以被用来实施客户策略，它是一个由五个步骤组成的过程，专注于最有价值的客户。这种类型的客户与其他客户的待遇不同，因为他们产生了更多的销售机会和收入。企业可以使用该模型与最有价值的客户建立优质的长期关系。

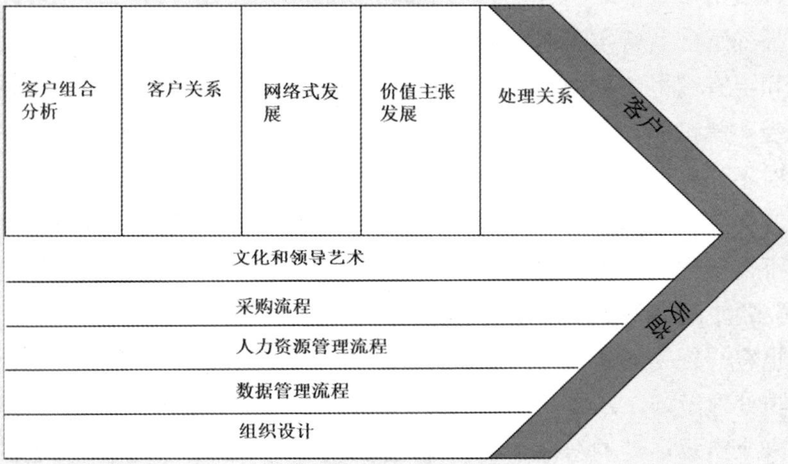

图 6-8　客户关系管理价值链模型

（1）客户组合分析——可帮助企业确定最有价值的客户。

（2）客户关系——整理最有价值的客户列表，找出他们需要什么，以确定如何为他们提供最佳服务。

（3）网络式发展——使最有价值的客户满意是团队的努力方向，通过网络更紧密地连接客户。

（4）价值主张发展——将网络与产品或服务结合起来，并为最有价值的客户提供可观的价值，提供诸如独家资讯及一对一咨询会议等 VIP 服务。

（5）处理关系——有了这些基础，就可以培养长期客户关系。

采用客户关系管理价值链模型并不意味着企业应该忽略其他客户。但是，这确实意味着企业应该付出更多的努力来服务这些最有价值的客户。将这些客户视为企业业务的基础，并与之保持紧密联系，这对企业的利润有着积极影响。

问题：该价值链模型针对哪些客户？企业如何利用客户关系管理价值链模型进行客

户关系管理？

（三）协作型客户关系管理系统

协作型客户关系管理系统更加注重各个部门之间的业务协作，能够让企业员工同客户一起完成某项活动。例如，售后服务工程师通过电话指导客户排除设备故障，因为这个活动由员工和客户共同参与，因此是协作的。协作型客户关系管理系统目前主要有呼叫中心、客户多渠道联络中心、帮助台及自助服务帮助导航等。具有多媒体、多渠道整合能力的客户多渠道联络中心是协作型客户关系管理的发展趋势，其作用是交换信息和服务。借助于多渠道协作、交互式语音响应和计算机电话集成技术，客户能够在任何时候、任何地点，通过方便的渠道了解相应的产品或服务。不仅如此，各机构还可以利用这种交互方式收集现有客户和潜在客户的信息。

（四）客户关系管理系统的工作流程

客户关系管理系统的工作流程如下：首先，运营型客户关系管理系统从客户的各种接触点将客户的各种背景数据和运营数据收集并整合在一起，将这些数据和外来的市场数据经过整合和变换，装进数据仓库；其次，运用 OLAP 和数据挖掘等技术从数据中分析和提取相关规律、模式、趋势；最后，利用精美的动态报表系统和企业信息系统等，使有关的客户信息和知识在整个企业内得到有效的流转和共享。这些信息和知识将用于企业的战略和战术行动，用于提高企业同客户交互的有效性和针对性，把合适的产品或服务，通过合适的渠道，在适当的时候，提供给适当的客户。

客户与企业的互动需要把运营型客户关系管理系统与分析型客户关系管理系统结合在一起。例如，网站的客户先通过运营型客户关系管理系统了解信息，运营型客户关系管理系统就把客户的要求传递给数据仓库，通过数据仓库来拿这些信息，然后返回给客户。运营型客户关系管理系统管理接触点，适应于通过 Web 站点与客户联系；而数据仓库不管理接触点，适应于分析和决策。一个强大的客户关系管理解决方案应该是把接触点的运营型客户关系管理系统和分析型客户关系管理系统结合起来，这也就产生了所谓的协作型客户关系管理系统。而后端和前端走向融合的关键点在于系统是开放的，只有开放的系统才能把各自的优点结合起来。

二、客户数据的类型

（一）基本数据

基本数据（企业信息和个人信息）是否完善和正确，决定了客户数据能否成为企业的有效资产。在很多客户关系管理应用软件中，这些数据都是通用的标准化字段。诸如企业的经营信息，联系人的姓名、电子邮件地址、电话号码、职务等是基本的客户数据。可用于统计的联系人分类数据（如性别和收入）或企业统计数据（如年收入或行业）也是基本数据。当对多个联系人或企业客户进行汇总和分析时，基本数据将为细分受众群奠定基础。

拓展阅读

《演示视频：知客 CRM 直观的 360 度客户视图》

（二）交互数据

交互数据包括客户与企业的接触记录。交互数据对于在整个业务周期中了解客户非常有用。例如，因客户请求而在企业内部发起的流程、销售或客服的沟通记录、购买记录（订单数据）等都是常见的交互数据。交互数据通常用于汇总以生成更高级的数据报告（并且具有“向下钻取”以获得更多见解的能力），如统计一段时间总共给所有客户优惠了多少（从客户请求优惠的申请流程中统计）、客户请求产品演示的次数（从产品演示申请流程中统计）、销售或客服人员对客户的跟进或服务频率（从行动记录数据中统计）、销售报表和产品销售排行榜（从订单数据中统计）等。

拓展阅读

《演示视频：知客 CMR 可钻取数据的多维度销售报表》

（三）行为数据

根据行为数据，企业可洞悉客户对实际产品、销售流程或服务的体验。注意：交互数据和行为数据有细微差别，具体取决于企业的业务和所处的行业。行为数据通常是企业对客户与企业发生业务往来的直观反馈，如主动申请试用注册（积极）、主动沟通需求（积极）、对产品提出合理地改进意见（积极）、拒接电话（消极）、预算减少（消极）等。一家企业的客户群体通常有着相似的行为，维护好这些行为数据对于了解每一位客户的偏好并确定未来的趋势至关重要。例如，某企业只提供远程服务，而某个客户要求必须上门服务，那么该企业就可以为该客户贴上一个“要求上门服务（消极）”的行为标签，从而将该客户的跟进优先度降到最低。

拓展阅读

《演示视频：知客 CRM 如何为潜在客户设置行为和优先级》

（四）反馈数据

反馈数据可帮助企业了解客户对企业或产品的看法。与其他三种类型的数据不同，反馈数据是提供客户实际想法的第一手资料。在线评论和满意度调查是反馈数据的重要来源。但是，对待反馈数据有一个问题：在表达对企业的意见时，某些客户比其他客户更为合理中肯，来自不满意的人的严厉评论是否真正反映了企业整个客户群的情感？可能是也可能不是。这就是企业要在重要的客户群中连续、主动地收集反馈数据的原因。

拓展阅读

《演示视频：如何用知客 CMR 的调查表获得客户反馈》

三、电子商务环境下客户关系管理系统的应用

客户关系管理概念自提出以来，就受到了普遍关注，电子商务环境下客户关系管理系统的应用得到了迅速的发展与推广。运营型客户关系管理系统的应用，使企业内部更加便于共享客户资源，加强联系交流，从而提高工作效率；分析型客户关系管理系统的应用，使企业能更清晰地了解客户，设计出更好的营销策略，从而更深地挖掘客户并更好地服务于客户；协作型客户关系管理系统的应用，如采用计算机电话集成技术的呼叫中心服务、电子邮件服务、Web 站点服务、现场接触服务等，使企业与客户联系更加紧密、客户服务更加完善。客户关系管理系统与各种信息系统集成与整合的应用是客户关系管理系统的发展趋势。客户关系管理系统在营销、物流、政务等方面都有着广泛的应用。

（一）营销方面的应用

随着市场营销观念的发展，关系营销出现了，客户关系管理越来越受到人们的关注。在网络迅猛发展的带动下，网络营销作为一种新兴的营销方式开始兴起。从企业的角度出发，注重与客户之间的双向沟通，与客户建立友好关系已成为网络营销的经营理念，

客户关系管理在网络营销中的应用在很大程度上提升了企业的竞争力。

拓展阅读

大数据增值服务

如今，随着大数据影响力的增加，对大数据的价值挖掘也是企业的兴趣所在。在大数据基础上进行深度挖掘所衍生出来的增值服务，是大数据领域最具想象空间的商业模式。大数据增值服务的核心是什么？是预测。大数据引发了商业分析模式的转变，从过去的样本模式到现在的全数据模式，从过去的小概率到现在的大概率，从而得到比以前更准确的预测结果。目前，形成了以下两种比较成熟的商业模式。

（1）个性化的精准营销。提起垃圾短信，大家都很厌烦，这是因为本来在营销方看来是有价值的、“对”的信息，发到了“错”的用户手里。企业通过对用户的大量行为数据进行详细分析，深度挖掘之后，能够实现给“对”的用户发送“对”的信息。例如，大型商场可以对会员的购买记录进行深度分析，发掘用户和品牌之间的关联。然后，当某个品牌的忠实用户收到该品牌打折促销的短信之后，一定不是厌烦，而是欣喜。

（2）企业经营的决策指导。企业针对大量的用户数据，运用成熟的数据挖掘技术，分析得到企业运营的各种趋势，从而给企业的决策提供强有力的指导。例如，汽车销售公司可以通过对网络上用户的大量评论进行分析，得知用户最关心和最不满意的功能，然后对自己的下一代产品进行有针对性的改进，以提升消费者的满意度。

（二）物流方面的应用

在电子商务的推动下，物流行业正经历着一场向现代化物流转型的变革。对于服务行业来说，客户资源显得尤为重要。物流企业引入客户关系管理体系，实施客户关系管理方案，应用 EDI、GPS、GIS 等现代技术，在原有物流管理网络及系统框架的基础上，可在物流配送的时间尺度、服务内容及形式等方面为客户提供更为精细且具有特色的服务。

（三）政务方面的应用

电子政务是政府应用电子化手段实施政务工作的方式，能够使政务工作优化、信息资源更加透明与合理、服务功能增强、政府工作效率得以提升。电子政务中，客户关系管理系统是连接政府和公民的纽带，很好地提升了政府的公信力，使社会更加和谐稳定。

（四）新一代呼叫中心的应用

呼叫中心，又称客户服务中心，是指企业为了密切与客户的联系，将电话作为交互联系的媒体，为客户提供及时的咨询与技术支持服务。现阶段的呼叫中心是一种基于计算机与通信技术的计算机电话集成技术，具备互联网访问功能，提供处理电话呼叫、基于 Web 站点对客户请求应答的服务，如聊天室等。另外，呼叫中心不只是对客户的服务，也为企业内各部门的合作提供了统一的技术平台，是将企业连成一体的一个完整的综合信息服务系统。

（五）客户关系管理系统的整合应用

在电子商务背景下，客户关系管理系统应该具有与其他企业级应用系统集成的能力。对于企业来说，只有实现了前后端应用系统的完全整合，才能真正实现客户价值的创造。例如，客户关系管理系统与ERP系统的整合应用，客户关系管理与供应链管理系统的整合应用。

拓展案例——开始做私域吧：FITURE魔镜，如何做到35%销量来自转介绍

FITURE魔镜是一家创业才3年多的公司，但是在B轮就已经获得了3亿美元的融资，这是B轮融资非常高的一家公司。通过沟通得知，该公司现在35%的销量都来自老客户的转介绍。在北京国贸的线下店，有一位明星客户，单人就转介绍了20多位客户购买。转介绍较多的客户，一个人已经转介绍了60多位客户。他们是怎么做到的？其实促进转介绍的运营动作有很多，我们就举三个例子。

1. 拼团

就以14天无忧体验这个产品为例，公司会鼓励每一位试用的客户和他的朋友、同事一起来参与试用这个产品。如果三人成团，一起锻炼，完成打卡，公司就会额外送这三个人每人一张200元的优惠券。

2. 分享海报

每位客户在根据公司的计划上完课后，公司就会把一些数据做成海报，使客户打开App直接就可以保存图片，分享给朋友或分享到朋友圈。例如，你在本周这个课程中排第几名；你比你上次做这个课程提高了多少；你本周在这个课程上打败了全国百分之多少的客户。同时，再次参与14天无忧体验的客户，公司人员也会把他们拉入微信群，组织一些分享打卡活动，奖励一些小礼品，如水壶、健康日历等。

3. 打造“超级客户”

对于在FITURE App活跃等级达到5级以上的超级客户，公司会为他们解锁一些特殊权益。例如，公司在2021年10月份举办了首届会员盛典活动FITURE FEST“沸场”，不仅邀请他们到场免费参与，为他们准备了一份精美的纪念品，还为从外地赶往上海的超级客户准备了一份“沸动基金”及提供接机服务，甚至全包了6级客户的机票和酒店费用。在“6·18”“双11”等这些销售的重要节点，公司也会第一时间告诉超级客户各种销售政策，方便超级客户去通知他的朋友、同事们。

为了鼓励超级客户分享，公司还做了F码，类似于华为的V码。新客户通过超级客户分享给她的F码购买，比直接购买更优惠。而且，发给朋友F码，其实也给人一种特权的感觉，让超级客户觉得有面子。

总之，公司精细地设计与客户接触的每一个环节，从第一次触达客户开始打上标签，到他开始试用（拼团、海报分享等）、购买使用后（海报分享、微信群打卡、超级客户）。只要客户在使用过程中获得了好的体验，有点忍不住想分享的时刻，公司就要做好准备，

让客户有东西可以分享。

此外，公司准确地把握了产品售中的流量价值，发挥了售后的产品价值。流量的价值体现在售中，就是我想买一个健身镜或健身器材，而你开的店正好在人气旺盛且是我常去的地方，这就是开店地址的流量带来的价值；而售后的价值，最重要还是在于产品，产品必须给客户带来真实的、好的体验。售中，无论是线下流量还是线上流量，公司都要精细运营，不断把这些流量私有化到私域客户池中；而售后的价值，除企业通过私域运营中的各种策略增加客户的信任，提高客户“转介绍”的顺滑感，以及产品本身足够让客户满意外，很多惊喜时刻也很重要。

创始人张远声说，健身毕竟还是一个被部分人认为“反人性”的事情。所以，公司的产品运营会更注重社交化、娱乐化、游戏化，让健身这个事情更容易开始、更容易坚持。公司设置了基本的积分、勋章系统，就是上了多少课可以获得多少积分、做了什么赢得什么样的勋章。同时，在课程中，设置了一些进度条，你可以看到有多少人在同时上一门课，同时因为是多面镜子联网，你可以看到其他人的分数，与其他人进行实时 PK。公司还设置了周记录，就是你随时点开一节课，下面会有一个目前你排多少名，然后你每做一个动作，就会获得一个分数，于是你可以看到你的进度条在不停地往前，超越前面那个人的排名。

总之，围绕如何让客户更好地体验、更好地坚持健身、更好地学习健身课程，公司设计出了各种各样游戏化、社交化的功能，期望提升客户体验。

思考讨论：

1. 总结 FITURE 魔镜公司主要的私域做法。
2. 总结客户关系管理内容在私域经营中的具体体现。

素质园地

新冠肺炎疫情下的外卖小哥：人世间需要负重前行

当我们反复论证客户关系管理就是以客户为中心的服务理念时，一个不能忽视的情况是，以客户为中心究竟是职责所在还是真情流露？2022 年春季，面对国内又一轮突然爆发的新冠肺炎疫情，外卖小哥能坚持为封闭管理区送餐已属不易，他们甚至还能在各类媒体上看到他们各种各样的好人好事。下面这位外卖小哥的行为又一次证明了这个群体主流“有事真上”的高贵品格。

4 月 2 日的沈阳街头，送餐箱、电动车后座、脚踏板上都装着、挂着大包小包的物资，车上的外卖小哥艰难挪步，缓缓出发（见图 6-9）。日前，一段新冠肺炎疫情下沈阳外卖小哥“负重前行”的视频受到网民的关注、点赞。

图 6-9　外卖小哥“负重前行”

3 月 27 日，沈阳全域纳入防范区及以上管理，防范区内划定购物区域，限制购物时间，实行错峰出门。在这座城市，许多外卖、快递小哥成为城市里流动的血液，奋战在电商保供的第一线，满足居民日常生活的需要。

这样的工作量对外卖小哥唐 × × 来说已是常态。核酸检测、接货、送餐……每天早上 7 点，他就骑着电瓶车，以 40 多千米/小时的速度从一个点赶往另一个点。跑单的时候，他通常会在路上给自己买碗面，送完单，就蹲在路边解决掉。

“这几天送菜也收获了许多爱，不少人挂电话之前会和我说声谢谢。”他说，为大家送菜是一种幸福，他走在路上，总觉得自己像个骑士，在用爱的力量支撑着这座城市运转。“前两天媳妇让我回去，我没吱声。在这里守着这座城市，我也更安心些。”

接受记者采访时，他正在生鲜店门口等待装运，十多分钟后他就又准备启程，前往下一个点。“我是普通人，干的都是普通事。”他说，希望新冠肺炎疫情能快点过去，期待疫情过后我们一边骑行在路上，一边倾听路边欢声笑语的快乐日子。

知识自测

一、名词解释题

客户关系管理；长尾理论；客户满意；客户感知价值；客户细分

二、单项选择题

1．平台属性信息属于用户的（　　）

A．基础信息　　B．行为信息　　C．反馈信息　　D．消费信息

2．分析运营型客户关系管理系统获得的各种数据，进而为企业的经营、决策提供可靠的量化依据，属于（　　）客户关系管理系统。

A．运营型　　B．分析型　　C．协作型　　D．以上都不是

3．（　　）数据可帮助企业了解客户对企业或产品的看法。

A．基本数据　　B．交互数据　　C．行为数据　　D．反馈数据

4．关于客户关系管理含义，描述错误的是（　　）。

A．是企业管理的指导思想和理念

B．是创新的企业管理模式和运营机制

C．是企业管理中信息技术、软硬件系统集成的管理方法和应用解决方案的总和

D．核心不是客户价值管理

5．曾经使用过平台，现在已经连续很长一段时间（如 61 天以上）没有再使用过平台的用户，称为（　　）。

A．留存用户　B．沉默用户　C．流失用户　D．活跃用户

三、多项选择题

1．客户关系管理出现的原因包括（　　）。

A．需求的拉动　B．技术的推动　C．管理理念更新　D．电商行业发展

2．客户关系管理解决的问题包括（　　）。

A．降低维系老客户的成本　B．降低开发新客户的成本

C．挖掘关键客户　D．提高客户满意度和忠诚度

3．电子商务环境下客户关系管理系统的应用包括（　　）。

A．注重客户与企业之间的双向沟通

B．物流配送方面提供更精细化的服务

C．是连接政府和公民的纽带

D．为用户提供及时的咨询与技术支持服务

4．帮助提高电子商务客户满意度的方式有（　　）。

A．提高产品价值　B．提高客户预期

C．提高形象价值　D．降低客户时间成本

5．培养客户忠诚的方法有（　　）。

A．提供更好的客户体验　B．持续性的客户沟通与联系

C．避免用户产生糟糕的购物体验　D．定期举办促销活动

E．依托数据库精准营销

四、判断题

1．客户关系管理应以客户为中心，以客户价值管理为核心。（　　）

2．伴随大数据的发展，电子商务行业的客户关系管理对客户数据的分析与管理更加科学化和精准化。（　　）

3．长尾理论告诉我们，人们小而个性化的需求可以忽略掉。（　　）

4．最有价值的客户是企业服务的重点，企业应把有限资源集中在最有价值的客户上。（　　）

5．售后服务仅仅是提供服务，对于企业来说不再产生其他价值。（　　）

6．共享客户资源，减少信息流动的滞留点，从而使企业大大地减少客户在与企业的接触过程中产生的种种不协调，指的是协作型客户关系管理系统。（　　）

7．通过行为数据，企业可洞悉客户对实际产品、销售流程或服务的体验，通常是客户的主要联系人与企业发生业务往来的直观反馈。（　　）

8．客户关系管理系统只有实现了与企业后端应用系统的完全整合，才能真正实现客户价值的创造。（　　）

9. 电子商务客户满意度与客户感知价值成正相关。（　　）

10. 当电子商务企业的服务质量与客户感知价值趋于一致时，客户忠诚度较低。（　　）

五、简答题

1. 客户关系管理的概念是什么？核心思想是什么？解决了哪些问题？
2. 互联网时代，电子商务企业如何提升客户满意度？
3. 简述客户关系管理对于企业管理和企业发展的意义。

拓展训练

任选一家有代表性的电子商务企业（或互联网企业），分析该企业的客户分类，并针对客户特点设计一个较完整的客户关系管理方案（涉及客户信息管理、客户满意与忠诚管理、客户服务管理等方面）。

第七章

电子商务应用

学习目标

知识目标

1. 掌握跨境电子商务的概念；
2. 掌握不同的跨境物流方式和跨境支付方式；
3. 了解不同跨境电子商务平台的特点；
4. 掌握农村电子商务的概念和内容；
5. 掌握工业电子商务发展的情况与应用知识。

技能目标

1. 能够根据不同跨境电子商务平台的特点选择适合自己的跨境电子商务平台；
2. 能够在跨境电子商务平台上开店，完成平台注册流程；
3. 通够运用社交电子商务模式开展农产品电子商务业务；
4. 能够分析工业电子商务的主要应用场景。

素质目标

1. 培养学生树立“四个自信”意识；
2. 培养学生电子商务运营中的品牌和知识产权意识。

知识导图

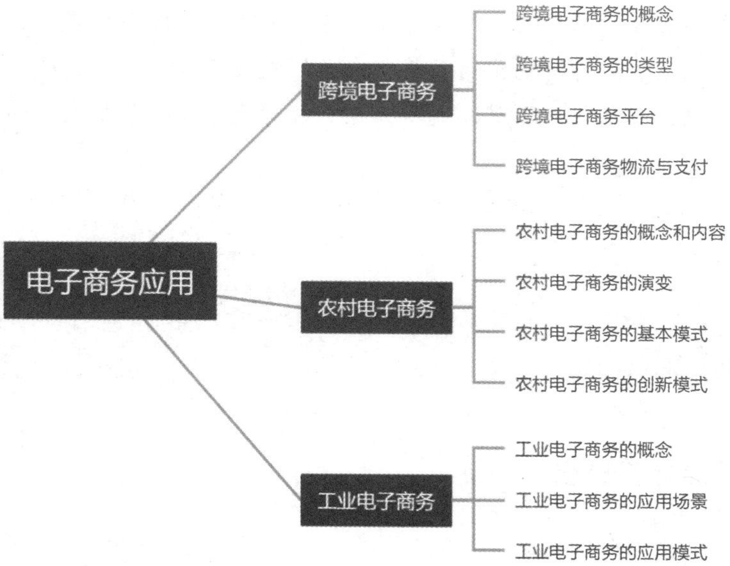

开篇案例

国新办举行 2021 年全年进出口情况新闻发布会

2022 年 1 月 14 日，中华人民共和国国务院新闻办公室（以下简称“国新办”）举行 2021 年全年进出口情况新闻发布会，海关总署新闻发言人、统计分析司司长李魁文介绍，2021 年我国跨境电子商务进出口 1.98 万亿元，增长 15%；其中出口 1.44 万亿元，增长 24.5%。跨境电子商务、市场采购等新业态、新模式是我国外贸发展的有生力量，也是国际贸易发展的重要趋势。李魁文指出，新冠肺炎疫情以来，我国跨境电子商务发挥在线营销、在线交易、无接触交付等特点优势，积极培育参与国际合作和竞争的新优势，进出口规模持续快速增长。

在跨境电子商务方面，B2B 出口试点全面铺开，“中欧班列”“集拼转口”等新模式融合发展。2021 年下半年，跨境电子商务 B2B 出口监管试点在全国海关正式复制推广，配套政策不断完善。与此同时，“上合示范区—明斯克”、“义新欧”、“苏新欧”、合肥至德国汉堡及威廉港等跨境电子商务专列先后开通并常态化开行，实现了“中欧班列”与跨境电子商务模式的融合。

案例思考：

1. 什么是跨境电子商务？
2. 跨境电子商务与传统电子商务相比，有什么不同？
3. 跨境电子商务为什么能够有效抵御新冠肺炎疫情冲击，助推消费回暖？

案例启示：

当今世界，新冠肺炎疫情肆掠、毒株变异，世界经济政治格局正因此而慢慢改变，各国经济都受到不同程度的冲击。跨境电子商务推动了全球经济的发展，并逐渐成为重要的国际贸易形式之一。跨境电子商务是一个新的发展突破，也是新的发展契机，尤其是对我国经济来说，推动作用显著，所以必须加快跨境电子商务发展，助推高质量构建新发展格局。

（案例来源：国新办举行 2021 年全年进出口情况新闻发布会，新华社，2022-01-14。）

第一节　跨境电子商务

一、跨境电子商务的概念

跨境电子商务是指分属不同关境的交易主体，在电子商务平台上进行洽谈并达成交易、进行支付结算，通过跨境物流及异地仓储送达商品、完成交易的一种国际商业活动。具体来说，跨境电子商务又有广义和狭义之分。

广义的跨境电子商务基本上等同于外贸电子商务，即分属于不同关境的交易主体，利用网络将传统外贸中的展示、洽谈及成交等各环节电子化，并借助跨境物流运送商品、完成交易的一种国际商业活动。因此，广义的跨境电子商务实际上就是把传统的进出口贸易网络化、电子化、数字化。

狭义的跨境电子商务是指分属于不同关境的交易主体，借助计算机网络达成交易、进行支付结算，并采用快件、小包等方式通过跨境物流将商品送达买家手中的交易过程。跨境零售的交易对象主要针对一部分小额买卖的 B 类商家和 C 类个人消费者，由于现实中 B 类商家和 C 类个人消费者很难区分和严格界定，所以狭义的跨境电子商务相当于跨境零售。

（一）跨境电子商务与境内电子商务的区别

与境内电子商务相比，跨境电子商务的业务环节还需要经过海关通关、检验检疫、外汇结算、出口退税、进口征税等多个环节。在商品运输上，跨境电子商务的商品需要通过跨境物流出境。与境内电子商务相比，跨境电子商务的商品从售出到送到买家手中所用的时间更长。两者在以下方面存在着明显区别。

1. 业务环节不同

与境内电子商务相比，跨境电子商务需要增加海关通关、检验检疫、外汇结算、出口退税、进口征税等多个环节，业务环节更加复杂。

2. 遵循规则不同

与境内电子商务相比，跨境电子商务需要遵守的规则更复杂也更多。例如，首先，需要遵守交易场所——第三方交易平台的规则；其次，需要以国际通用的贸易协定或双边贸易协定为基础，这也是跨境电子商务能实现在不同国家及地区之间进行贸易的基础；最后，跨境电子商务具有很强的政治敏感性，跨境电子商务企业必须了解当前的国际贸易形势、贸易体系，具体国家的进出口管理制度、关税及政策的变化等。

3. 交易主体不同

境内电子商务的交易主体一般都在境内，而跨境电子商务的交易主体一般在不同的关境内，他们有着不同的文化背景、社会风俗和消费习惯。所以，想要做好跨境电子商务，就要对境外目标消费人群的消费偏好、境外广告推广营销、境外商品分销体系、境外目标市场的品牌等有深入的了解，培养本土化思维。

4. 承担风险不同

相对于境内电子商务，跨境电子商务环节繁多，供货风险、运输风险、汇率风险和法律法规风险等都要更高。

（二）我国跨境电子商务的发展历程

1. 进口跨境电子商务的发展历程

2005 年是进口跨境电子商务 1.0 时代。这一时期是个人代购时代，以境外留学生代购为主体。这是进口跨境电子商务的发展初期，消费者一般为留学生的亲戚朋友，消费群体还比较小众，跨境网购普及度不高。消费者主要通过境外买手、职业代购购买进口产品。这一消费模式周期长、价格高，而且产品的真伪及质量难以保障。一些留学生、空姐等经常出国的群体，初期会为自己身边的亲朋好友代购一些境外产品。随着代购需求的增加，这些人群开始专门购买境外产品，并在淘宝上开店铺售卖。

2007 年是进口跨境电子商务 2.0 时代。这一时期是海淘时代，形成了常规的买方市场和卖方市场，跨境网购用户的消费渠道逐渐从代购转向进口跨境电子商务平台（如天猫国际等）。

2014 年是进口跨境电子商务爆发的一年，流程烦琐的海淘催生了进口跨境电子商务。2016 年，随着政策变更及社会经济的发展，进口跨境电子商务加速发展，跨境购物开始走向规范化，进口跨境电子商务进入 3.0 时代。

2019 年，《电子商务法》正式实施，进口跨境电子商务迎来合规化发展阶段，行业发展环境不断优化。

2. 出口跨境电子商务的发展历程

出口跨境电子商务已步入稳健增长阶段，供应链升级是出口跨境电子商务发展的重要推动力量。出口跨境电子商务脱胎于跨境贸易，最早的跨境贸易基本上是通过线下交易形式完成的。随着互联网普及到社会生活的各个层面，各种基于商务网站的电子商务业务和网络公司开始涌现。现今，跨境电子商务平台流量红利期已经过去了，卖家面临着同质化竞争、一次性购买和规则限制增加等挑战。

二、跨境电子商务的类型

（一）按交易模式分类

按交易模式的不同，跨境电子商务可分为 B2B 跨境电子商务、B2C 跨境电子商务和 C2C 跨境电子商务三种类型。

1. B2B 跨境电子商务

B2B 跨境电子商务是指分属于不同关境的企业通过电子商务平台达成交易、进行支付结算，并通过跨境物流送达商品、完成交易的一种国际商业活动。B2B 跨境电子商务的代表性企业有阿里巴巴国际站、敦煌网、中国制造网和环球资源网等。在 B2B 跨境电子商务、B2C 跨境电子商务和 C2C 跨境电子商务三种模式中，B2B 跨境电子商务交易占比占据绝对优势。B2B 跨境电子商务平台主要有“交易佣金+服务费”和“会员制+推广服务”两种经营模式。

（1）“交易佣金+服务费”模式。

平台采取注册免费、商品信息展示免费，只收取交易佣金的方式。平台按照类目设定固定佣金比例来收取佣金，并实施“阶梯佣金”政策。另外，平台还为卖家提供了一系列的服务，如开店、运营和营销推广等，但使用这些服务要支付一定的服务费。

（2）“会员制+推广服务”模式。

在这种模式下，平台主要为卖家提供贸易平台和资讯收发等信息服务，通过收取会员费和服务费的方式进行运营。

2. B2C 跨境电子商务

B2C 跨境电子商务是指分属于不同关境的企业直接面向个人买家在线销售商品和服务，通过跨境电子商务平台达成交易、进行支付结算，并通过跨境物流送达商品、完成交易的一种国际商业活动。速卖通、网易考拉、兰亭集势、米兰网等都属于此类平台。B2C 跨境电子商务平台主要有“保税进口+境外直邮”、“自营”和“自营+招商”三种经营模式。

（1）“保税进口+境外直邮”模式。

该模式的典型平台主要有亚马逊、天猫和 1 号店等。亚马逊在各地保税物流中心建立了跨境物流仓储，在全球范围内拥有自己的物流配送系统。天猫与宁波、上海、重庆、杭州、郑州、广州六个城市的试点跨境电子商务贸易保税区签约合作，全面铺设网点，在保税区建立了自己的物流中心。

（2）“自营”模式。

该模式中，跨境电子商务企业直接参与采购、物流、仓储等境外商品的买卖流程，对物流监控和支付都有自己的一套体系。典型的“自营”模式如聚美优品，其通过整合全球供应链，直接参与采购、物流、仓储等境外商品的买卖流程。

(3)“自营+招商”模式。

该模式发挥了企业的内在优势，并使企业通过招商的方式来弥补自身的不足。苏宁是“自营+招商”模式的典型平台。苏宁在发挥其供应链和资金链内在优势的基础上，通过全球招商来弥补其国际商业资源的不足。

3. C2C 跨境电子商务

C2C 跨境电子商务是指分属于不同关境的个人卖家对个人买家在线销售商品和服务，个人卖家通过第三方电子商务平台发布商品和服务售卖信息等，处于不同关境内的个人买家进行筛选，最终通过电子商务平台达成交易、进行支付结算，并通过跨境物流获取商品、完成交易的一种国际商业活动。

（二）按进出口方向分类

按进出口方向，跨境电子商务可分为进口跨境电子商务和出口跨境电子商务。

1. 进口跨境电子商务

进口跨境电子商务是指境外卖家将商品直销给境内买家，一般流程是境内买家访问境外卖家的购物网站选择商品，然后下单购买并完成支付，由境外卖家发国际物流给境内买家。在跨境进口贸易中，海淘是一种典型的 B2C 模式。海淘是指境内买家在境外的 B2C 网站上购物，然后境外卖家通过直邮或转运的方式将商品运送至境内的购物方式。

除了海淘模式，进口跨境电子商务模式还包括进口零售电子商务平台的运营模式、海外代购模式、直发/直运平台模式、自营 B2C 模式、导购/返利平台模式和境外商品闪购模式等。

2. 出口跨境电子商务

出口跨境电子商务是指境内卖家将商品直销给境外买家，一般流程是境外买家访问境内卖家的网店，然后下单购买并完成支付，由境内卖家发国际物流给境外买家。中国电子商务研究中心监测数据显示，2018 年上半年，中国跨境电子商务的进出口结构中，出口占比为 77.1%，进口占比为 22.9%。从进出口结构上来看，在一定时期内，出口跨境电子商务贸易额的比例将持续高于进口跨境电子商务。

我国出口跨境电子商务商品的品类主要有手机和手机附件、服装、健康与美容用品、母婴用品、家居用品、消费类电子商品、运动与户外商品、计算机和网络商品等。

三、跨境电子商务平台

在跨境电子商务产业链中，第三方跨境电子商务平台和跨境电子商务服务平台是重要组成部分。卖家可以通过入驻第三方跨境电子商务平台来拓展线上销售渠道，实现跨境商品交易。各大跨境电子商务平台都有各自的优势和特点，企业和个人可以根据自身的产品优势和区位特点，选择合适的平台。下面将简单介绍全球速卖通、亚马逊、eBay、Wish、Shopee、敦煌网、阿里巴巴国际站等主流跨境电子商务平台。

（一）全球速卖通

全球速卖通是阿里巴巴帮助中小型企业接触终端批发零售商，进行小批量、多批次快速销售，拓展利润空间而全力打造的集订单、收款、物流于一体的外贸在线交易平台。

1. 全球速卖通概况

全球速卖通于2010年4月正式上线。经过多年的发展，全球速卖通已成为全球领先的跨境在线交易平台。2016年8月，全球速卖通完成了从跨境C2C平台向B2C平台的转型升级，同时全球速卖通规定入驻的企业必须有品牌。也就是说，卖家入驻全球速卖通的标准连上两个台阶：企业身份和品牌。2018年年底，全球速卖通累计买家数已经超过1.5亿名，支持18种语言。目前，全球速卖通是我国较大的B2C跨境电子商务平台；俄罗斯、西班牙、法国是全球速卖通的重点市场。全球速卖通的买家以个人买家为主，约占平台买家总数的80%，还有20%为境外批发商和零售商。

2. 全球速卖通平台的店铺类型

全球速卖通卖家账号后台的页面操作简单，便于新人上手。因此，全球速卖通比较适合跨境新人，特别是商品符合新兴市场需求的卖家。卖家以自有品牌或由权利人独占性授权（仅商标为R商标且非中文商标）入驻全球速卖通开设店铺，目前全球速卖通的账号包括官方店、专卖店、专营店三种。

（1）官方店。卖家以自有品牌或由权利人独占性授权（仅商标为R商标且非中文商标）入驻全球速卖通开设的店铺。单店铺只可申请1个品牌，同一品牌（商标）仅允许开通1家店铺，店铺名称采取“品牌名+Official Store（默认店铺名称）”或“品牌名+自概念内容+Official Store”。

（2）专卖店。卖家以自有品牌（商标为R商标或TM状态），或者持他人品牌授权文件在全球速卖通开设的店铺。单店铺只可申请1个品牌，同一品牌（商标）允许开通多家店铺，店铺名称采取“品牌名+自定义内容+Store”。

（3）专营店。经营1个及以上他人或自有品牌（商标为R商标或TM状态）商品的店铺。单店铺可申请多个品牌，同一品牌（商标）允许开通多家店铺，店铺名称采取“自定义内容+Store”。

3. 全球速卖通盈利模式

全球速卖通采取“保证金+交易佣金”的模式。卖家入驻全球速卖通需要按要求缴纳保证金，在申请入驻经营大类时，需指定缴纳保证金的支付宝账号，并保证其有足够的余额。平台会在交易完成后，根据卖家订单成交总金额（包含产品金额和运费）收取交易手续费（即交易佣金）。其中，交易佣金按订单成交总金额（包含商品金额和运费）的一定比例收取。另外，全球速卖通还提供付费营销工具，如速卖通直通车和联盟推广。

（二）亚马逊

1. 亚马逊概况

亚马逊的总部位于美国西雅图，其旗下的站点分布于美国、中国、澳大利亚、新西兰、巴西、加拿大、法国、德国、印度、墨西哥、意大利、日本、英国、西班牙和挪威等国家或地区。亚马逊在 2012 年通过“全球开店”项目，对中国卖家开放出口跨境电子商务服务。2014 年 11 月，亚马逊中国正式上线亚马逊海外购商店，这是亚马逊第一个本地化的全球商店。在 2016 年至 2017 年两年时间内，亚马逊海外四大站点——美国站、英国站、日本站、德国站先后接入亚马逊海外购。和其他跨境电子商务平台相比，亚马逊有以下几项优势。

（1）国际货源丰富，买家遍布全球。亚马逊在全球运作多年，其平台上已经聚集了大量的境外供应商和买家。

（2）物流全链条的系统性。亚马逊通过布局大型仓储运营中心，建立了较为完善的物流体系，降低了整个供应链的运行成本。

（3）利润高。亚马逊平台的买家对商品价格的敏感度相对较低，大部分买家更在意商品品质，因此商品利润较高。全球较大的电子商务平台的单价比较：平均客户价格为 10 美元，eBay 平均客户价格为 12 美元，Wish 平均客户价格为 12 美元，亚马逊平均客户价格超过 17 美元。

2. 亚马逊卖家账户类型

在亚马逊平台上，卖家账户分为三大类，即亚马逊供应商平台（Amazon Vendor Central，简称 VC）账户、亚马逊卖家平台（Amazon Seller Central，简称 SC）账户，以及亚马逊商业卖家（Amazon Business Seller，简称 AB）账户。

（1）亚马逊供应商平台账户。亚马逊供应商平台账户是亚马逊为品牌制造商和分销商创建的，卖家需要收到亚马逊的邀请后方可入驻。卖家将商品直接销售给亚马逊，亚马逊购买和储存卖家的商品，并负责商品的定价、运送、销售等，商品在亚马逊自动注册，并显示为“亚马逊销售（Sold by Amazon）”。

（2）亚马逊卖家平台账户。亚马逊卖家平台账户是指零售商作为第三方卖家在亚马逊上销售商品，亚马逊在这里是第三方电子商务平台，属于 B2C 模式。卖家在商品定价上享有更多的自主权，而且可以更好地管理库存，访问后台“帮助中心”，在商品页面上添加信息时更加轻松。然而，卖家在销售时可以使用的促销工具较少，需要自己处理所有的物流问题，包括库存、运输、退货等，除非卖家使用亚马逊物流服务。

（3）亚马逊商业卖家账户。亚马逊商业卖家账户是亚马逊第三方卖家平台账户（B2C 账户）的升级版，面向企业提供一站式服务。卖家以第三方卖家身份注册亚马逊账户后，满足亚马逊业务相关要求即可在卖家平台直接开通亚马逊商业卖家账户。

3. 亚马逊的服务模式

亚马逊平台能够为卖家提供包括物流、推广、商业顾问在内的一系列服务。

（1）物流服务。利用亚马逊物流服务，亚马逊将自身平台开放给第三方卖家，将其库存纳入亚马逊的物流网络，为其提供拣货、包装及终端配送的服务，并收取相关服务费用。

（2）推广服务。亚马逊提供免费的站内推广服务，卖家的商品可以在主题活动中得到免费推广；亚马逊也提供付费推广服务，包括关键词搜索、页面广告推广等。

（3）商业顾问服务。亚马逊拥有专业的顾问团队，向平台卖家免费提供技术支持和咨询服务，并定期向卖家提供网络培训服务。

（三）eBay

1. eBay 概况

eBay 成立于 1995 年。成立之初，eBay 定位于全球网民买卖物品的线上拍卖及购物网站。1998 年，eBay 在纳斯达克成功上市；2003 年，eBay 在中国开展跨境电子商务业务。面对巨大的国际市场，eBay 平台的优势主要体现在以下几个方面。

（1）门槛较低。卖家只需注册 eBay 账户，就可以在 eBay 设立的全球各个站点上开展外贸销售。

（2）平台交易的商品具有独特性。eBay 是一个成熟的二手商品交易平台，卖家销售的商品只要不违反法律和 eBay 平台的规定，均可在 eBay 平台上销售。卖家销售的商品可以是稀有且珍贵的物品，也可以是个人收藏的小物品。

（3）销售方式灵活。eBay 平台为卖家提供了多种销售方式，包括拍卖方式、一口价方式及“拍卖+一口价”方式，让卖家和买家有了更多的选择。

2. eBay 卖家账号类型

（1）个人账号。如果卖家想要临时销售一些商品，如销售一些自己不再需要的商品，可以选择注册个人账号。

（2）商业账号。如果卖家想要销售大量商品，可以选择注册商业账号。

3. eBay 的销售方式

在 eBay 平台上，卖家发布的商品主要采用拍卖和一口价两种销售方式。拍卖就是通过竞拍的方式进行销售，卖家设置商品的起拍价格和拍卖时间，对商品进行拍卖，最后中标者拍得商品；一口价就是以定价的方式来销售商品。卖家采用的销售方式不同，eBay 向卖家收取的费用也不同。卖家在 eBay 上开店铺、刊登物品进行销售并不是免费的，需要支付一定的手续费。eBay 平台的手续费主要包括刊登费、成交费、特色功能费、店铺费等。

（四）Wish

1. Wish 概况

Wish 于 2011 年成立于美国旧金山，是一个基于移动端的商业平台。起初，Wish 只是向买家推送信息，并不涉及商品交易；2013 年，其升级成为购物平台。Wish 的系统通过对买家行为等数据的计算，判断买家的喜好，并且选择相应的商品推送给买家。与多数电子商务平台不同，Wish 上的买家一般不会通过关键词搜索来浏览商品，更倾向于无目的地浏览。Wish 对每笔交易收取 15%的佣金。Wish 的主要销售类目是服装服饰，尤其是时尚类服装服饰，其他销售类目还有母婴用品、家居用品、3C 配件、美妆用品、配饰等。Wish 上的商品具有种类丰富、使用更换频率高、具有话题性等特点。

2. Wish 的特点

（1）专注移动端。

Wish 是一个专注移动端的平台，通过了解买家的偏好，智能地将买家想要的商品展现给对应的买家，极大地提高了买家由于感兴趣下单的可能性。

（2）独特的推荐算法。

Wish 拥有一套自己的推荐算法，根据买家在 Wish 上的购买行为和买家的喜好，以瀑布流的形式向买家推荐其可能感兴趣的商品，以最简单、最快捷的方式帮助卖家将商品销售出去。相比而言，亚马逊、eBay、全球速卖通虽然都推出了自己的 App，但都只是对电脑端的补充。

（3）图片质量较高。

不少 Wish 的买家并不看重商品的描述，而是更加关注商品的图片，图片的精美度和清晰度决定了转化率。因此，在 Wish 上销售的商品以图片展示为主，而且图片清晰度要高，并应从多角度拍摄。此外，商品要具有差异性和独特性。Wish 在同一页或同一推送下，会将重复或相似度高的商品自动屏蔽。

（4）标题和标签匹配。

Wish 弱化了搜索功能，做的是个性化推送，Wish 会给平台上的所有产品都打上很多标签，再将标签与买家一一匹配。也就是说，Wish 上所有商品的标题、标签都会和买家匹配，所以做好 Wish 的一个关键点就是写好标题和标签。

（五）Shopee

1. Shopee 概况

Shopee 成立于 2015 年，是一个主要面向东南亚市场的电子商务平台。自 Shopee 成立之日起，加入的卖家数量一直处于增长状态，平台总订单数也呈增长趋势，成为很多卖家开拓东南亚市场的必选平台之一。

2. Shopee 的特点

（1）专注于移动端。Shopee 专注于移动端，顺应东南亚地区电子商务移动化的发展趋势。

（2）市场前景广阔。东南亚市场是 Shopee 的主要市场之一，东南亚市场人口基数大，具有较大的人口红利。同时，随着互联网技术的发展和智能手机在东南亚地区的普及，以及经济的发展，人们对跨境商品的需求不断加大，这为 Shopee 带来了庞大的客户基础。同时，东南亚地区距离中国较近，东南亚地区的人们对中国商品有较高的认可度，这也为中国卖家创造了更多的发展机会。

（3）具有较强的社交属性。除即时聊天功能之外，Shopee 还具有社交分享功能，卖家和买家可以将商品分享在各种社交媒体平台上。

（六）敦煌网

1. 敦煌网概况

敦煌网是全球领先的在线外贸交易平台，是国内首个为中小型企业提供 B2B 网上交易的网站。敦煌网于 2004 年创立，致力于帮助国内中小型企业通过跨境电子商务平台走向全球，让在线交易变得更加简单、安全、高效。作为 B2B 跨境电子商务的创新者，敦煌网采用电子邮件营销模式，低成本、高效率地拓展境外市场，其自建的平台为境外客户提供了高质量的商品信息。客户可以自由订阅英文电子邮件，第一时间了解市场最新供求情况。

2. 敦煌网的盈利模式

（1）交易佣金模式。敦煌网采用统一佣金率，实行“阶梯佣金”政策。当单笔订单金额小于 300 美元时，平台佣金率为 12.5%～21.5%（中国品牌手机平台佣金率为 5.5%）；当单笔订单金额大于等于 300 美元且小于 1000 美元时，平台佣金率调整至 4.0%～8.0%；当单笔订单金额大于等于 1000 美元时，平台佣金率调整至 0.15%～3.5%。

（2）服务费模式。敦煌网为卖家提供物流、金融、代运营等一系列服务，并从中收取相应的服务费。基本服务费：敦煌网为卖家提供入驻开店、平台运营、营销推广、资金结算等一系列服务，并收取一定的费用。营销推广费：为了帮助卖家提高商品曝光度，平台提供了多种营销工具，包括定价广告、竞价广告、展示计划等，收取一定的费用。代运营服务费：平台为卖家提供培训、店铺装修及优化、账号托管等服务，并根据服务类型收取相应的费用。一体化外贸服务费：平台能够为卖家提供跨境交易一体化服务，包括互联网金融服务，境内和境外仓储服务，通关、退税、质检等服务，并收取相应的服务费。

（七）阿里巴巴国际站

1. 阿里巴巴国际站概况

阿里巴巴国际站成立于 1999 年，是阿里巴巴集团的第一个业务模块，现已成为全球领先的 B2B 跨境电子商务平台之一。其主要特点如下。

（1）访问流量大，在境外颇具知名度。阿里巴巴国际站成立于国际电子商务发展早期，目前已经成长为极具实力的跨境电子商务平台之一。阿里巴巴国际站的销售范围覆盖全球 200 多个国家和地区，注册会员数超过 1.5 亿名，拥有 2000 多万家活跃的境外采购商。

（2）功能完善，服务系统化。阿里巴巴国际站不仅能为卖家提供一站式的店铺装修、商品展示、营销推广、生意洽谈等服务和工具，还能提供较新的行业发展和交易数据信息，以及专业和系统的培训。

（3）大数据优势明显，形成数字化格局。借助阿里系数字分析工具，阿里巴巴国际站能够为卖家进行客观、详细的行业动态数据分析，帮助卖家实现更加精准的营销。2019年6月，阿里巴巴国际站正式启动“数字化出海2.0”计划，对既有商品和服务进行全面的数字化升级，为卖家提供数字化交易、营销、金融服务及供应链服务等一系列数字化外贸解决方案。

2. 阿里巴巴国际站的服务内容

（1）商机获取服务。阿里巴巴国际站通过构建数字化及多元化营销场景，帮助卖家获取海量买家。在获取商机方面，阿里巴巴国际站提供的服务包括出口通、金品诚企、顶级展位、外贸直通车、明星展播和橱窗等。

（2）交易履约服务。在交易履约方面，阿里巴巴国际站为卖家提供信用保障服务、外贸综合服务、国际物流服务和金融支付服务等一系列跨境供应链的解决方案，保障交易能够安全、可靠地进行。

（3）业务管理服务。在业务管理方面，阿里巴巴国际站为卖家提供客户通和数据管家服务，帮助卖家实现高效的数据化运营，提升客户管理能力。

3. 阿里巴巴国际站的入驻要求和费用

目前，阿里巴巴国际站只接受合法注册的生产或销售实体商品的企业加入（对企业的进出口权没有要求），暂不接受服务型企业，如物流、检测认证、管理服务等企业加入。此外，离岸公司和个人也无法加入阿里巴巴国际站。阿里巴巴国际站按年收费，费用由基础服务费和增值服务费组成，基础服务费为29 800元/年。

四、跨境电子商务物流与支付

物流与支付作为电子商务不可分割的组成部分，每一笔交易能否顺利完成都离不开便捷的物流配送和安全方便的支付。

（一）跨境电子商务物流方式

在跨境电子商务交易中，物流是连接卖家和买家的桥梁，是实现商品高效配送、提升买家购物体验的重要保障。从事跨境电子商务的卖家越来越多，每当有订单时，卖家必须要考虑的问题就是怎么把商品发到境外去。目前，商家可选择的物流方式如下。

1. 邮政物流

邮政物流是指邮政部门所属的物流系统，邮政具有覆盖全球的特点，是较常使用的一种跨境物流运输方式。目前，常用的邮政运输方式包括EMS、ePacket（e邮宝）、e特快、中国邮政小包、新加坡邮政小包和一些特殊情况下使用的邮政小包。相对而言，邮政物流投递网络广、通关能力强、价格低，但限重要求严格、速度较慢。

邮政包裹不运输含电、粉末、液体的产品，且邮政包裹需要挂号才能跟踪物流信息，运送的周期也较长，通常要15～30天。

2. 国际商业快递

国际商业快递也称国际快递，是指在两个或两个以上国家（或地区）之间所进行的快递、物流业务。在国际电子商务中，使用国际商业快递是非常频繁的。目前，市场上较为主流的国际商业快递主要有 TNT、UPS、FedEx、DHL。国际快递具有速度快、服务好和丢包率低等优点，但货物限制多且价格较昂贵，一般只有在消费者要求时才会使用该方式发货，且费用一般由消费者承担。

具体来说，TNT 的优势领域在西欧，到达西欧仅需 3 个工作日。UPS 主力打造美国专线，可 48 小时到达美国。FedEx 到中南美洲和欧洲的价格较有竞争力。而 DHL 到达欧洲和东南亚地区速度较快，到达欧洲需 3 个工作日，到达东南亚地区仅需 2 个工作日。

3. 专线物流

专线物流一般通过航空包舱的方式运输到境外，再通过合作公司进行目的国的派送，具有送货时间基本固定、运输速度较快和运输费用较低的特点。

目前，市面上普遍的专线物流产品是美国专线、欧洲专线、澳洲专线和俄罗斯专线等，也有不少物流公司推出了中东专线、南美专线和南非专线等。从整体来说，专线物流能够集中大批发往某一特定国家或地区的货物，能够通过规模效应降低成本，但专线物流具有一定地域限制。

4. 海外仓

海外仓是指建立在境外的仓储设施。在跨境电子商务中，海外仓是卖家为了提升订单交付能力而在接近买家的地区设立的仓储物流节点，通常具有货物储存、流通加工、本地配送及售后服务等功能。当消费者通过网上下单购买所需物品时，商家可以第一时间做出响应，通过网络及时通知海外仓进行货物的分拣、包装，并且从该国仓库运送到其他地区或国家，能够大大减少物流的运输时间，保证货物安全、及时和快速地到达消费者手中。

海外仓包括头程运输、仓储管理和本地配送三个环节。海外仓的成本也分为头程费用、仓储及处理费用和本地配送费用。海外仓成本构成图如图 7-1 所示。

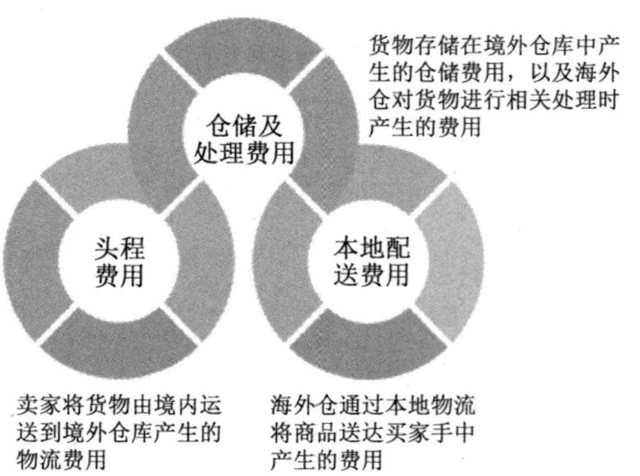

图 7-1 海外仓成本构成图

此外，海外仓还有商品检测维修、二次包装、退换货等增值服务，因此海外仓不仅是在境外建仓库，还是对现有跨境物流运输方案的优化和整合。

微调查

跨境物流对消费选择的重要性

跨境购物的物流链路较长，跨境电子商务平台为了给消费者提供与其在本国消费接近的消费体验，往往会对跨境物流服务商的时效、包裹纠纷等物流服务质量较为关注。Ipsos 和 PayPal 联合发布的相关报告显示，接近 1/4 的全球网购消费者认为配送速度是影响他们选择平台的关键因素。可见，随着网络购物的持续渗透，消费者对于跨境购物消费体验的要求越来越高，快速配送，甚至接近本地化电子商务平台的配送体验与过长的跨境物流链路间的矛盾愈发凸显，这对跨境物流企业本身的综合运营能力提出了更高的要求。

（二）跨境电子商务支付方式

随着全球国际化程度越来越高，跨境电子商务交易额也在不断增加。跨境交易与传统境内交易相比，其支付更加复杂，因为买卖双方在不同的关境，其银行、制度都不同，特别是还涉及汇率的问题。

1. 进口跨境电子商务的支付

境内买家只需要拥有具有国际支付功能的银行卡，如万事达卡、VISA 卡，就可以在境外网站、平台消费，用人民币兑换外币，平台将自动折算出相应的金额。进口跨境电子商务的购物流程和在境内购物差不多，境内买家到境外网站、平台采购商品或服务，用国际信用卡支付，支付信息会传达到第三方支付平台。第三方支付平台收到信息后，和发卡的合作银行确认信息，得到可以扣款的回复后，将信息反馈给卖家，卖家发货，买家收货后，打款给银行。

2. 出口跨境电子商务的支付

以 B2C 出口跨境电子商务为例，B2C 出口跨境电子商务交易具有订单频率高、单个订单金额较低的特点。因此，在 B2C 出口跨境电子商务交易中，卖家通常通过线上渠道收款，最常用的收款方式包括信用卡支付、网络银行支付和第三方支付等。

（1）信用卡支付。

信用卡是商业银行或信用卡公司对信用合格的客户发行的信用证明。目前，在 B2C 出口跨境电子商务交易中，被广泛使用的信用卡有万事达卡和 Visa 卡。

在欧美市场，信用卡是一种比较流行的支付方式，使用人数众多，它以银行信用做担保，有利于保障买卖双方的权益。但是，对于卖家来说，使用信用卡的方式比较复杂，卖家需要预存保证金，并且信用卡的付款额度偏小。

（2）网络银行支付。

网络银行是指通过建立自身的互联网系统，向客户提供开户、销户、查询、对账等金融服务的虚拟电子银行。

（3）第三方支付。

第三方支付是指具备一定实力和信誉保障的独立机构，通过与银联或网联对接而促成交易双方交易的网络支付方式。由于第三方支付具有操作成本低、办理手续方便、支持多平台等优势，目前已占据跨境支付的主流地位。

目前，比较常用的第三方支付工具：支付宝国际版、PayPal、Payoneer、连连支付、PingPong 和 WorldFirst。

① 支付宝国际版。支付宝国际版是由阿里巴巴与支付宝联合推出的第三方支付担保平台，是支付宝为从事跨境交易的卖家建立的资金管理平台。支付宝国际版的服务模式：在交易中，先由买家将货款打到卖家在第三方担保平台支付宝国际版的账户中，然后由支付宝国际版通知卖家发货，买家收到商品后确认，支付宝国际版再将货款放于卖家，至此完成一笔网络交易。

② PayPal。PayPal 是目前使用较为广泛的第三方支付工具，它与较多电子商务平台进行合作，成为这些电子商务平台的主要支付方式之一。PayPal 的注册和认证都是免费的，并且 PayPal 没有任何月租费或最低消费额限制。PayPal 账户分为个人账户和企业账户两类。其中，企业账户支持 25 种货币收款，可以享受 PayPal 卖家保障。

③ Payoneer。Payoneer 是万事达卡组织授权的具有发卡资格的机构，能够为跨境电子商务卖家提供灵活、快捷、低费率的跨境收款服务，是全球速卖通、亚马逊、eBay 等跨境电子商务平台推荐使用的支付方式之一。Payoneer 账户支持美元、英镑、欧元、日元等多种币种，其账户类型分为公司账户和个人账户两类。Payoneer 在全球拥有 400 多万名客户，覆盖全球 200 多个国家和地区，可以为跨境电子商务卖家提供电汇转账服务，款项在 1～5 个工作日即可进入收款人当地的银行账户内。

④ 连连支付。连连银通电子支付有限公司（以下简称“连连支付”）是浙江省高新企业，成立于 2003 年，是专业的第三方支付机构。连连支付支持亚马逊、eBay、Wish 等数十家跨境电子商务平台，支持十多种币种的自由结算。卖家使用连连支付账户可以直接缴纳增值税。

⑤ PingPong。PingPong 于 2015 年成立，是中国首家获得欧洲支付牌照的新一代金融科技公司，是中国本土的跨多区域收款品牌，致力于为中国跨境电子商务卖家提供低成本的全球收款服务。PingPong 支持美元、英镑、欧元、日元、加元、新加坡币等多币种收款，支持亚马逊、Wish、eBay、Shopee 等多平台统一收款。PingPong 的收款费率最高为 1%，最快 2 小时到账。

⑥ WorldFirst。WorldFirst 是全球知名的国际支付平台之一，是蚂蚁金服旗下的全资子公司，支持亚马逊、全球速卖通、eBay 等全球多个电子商务平台的接入和收款，支持英镑、美元、加元、日元、欧元、新加坡元等多币种收款。WorldFirst 的提现费率最高为

0.3%，从 WorldFirst 账户提现至支付宝或提现至银行卡能够实现即刻到账。

微知识

人民币国际化

人民币国际化是指人民币能够跨越国界，在境外流通，成为国际上普遍认可的计价、结算及储备货币的过程。尽管人民币的境外流通并不等于人民币已经国际化了，但人民币境外流通的扩大最终会使其成为世界货币。

人民币跨境支付系统（Cross-border Inter-bank Payment System，CIPS）是一个支付系统，提供人民币跨境和离岸支付清算服务。

第二节　农村电子商务

一、农村电子商务的概念和内容

2022 年中央一号文件，对农村电子商务发展进行了系统谋划和安排。随着县城商业建设，以及农村直播电子商务的兴起，农村电子商务将迎来一场大变局，蕴含广阔的发展机遇。

（一）农村电子商务的概念

农村电子商务是指利用互联网、计算机等现代信息技术手段，为从事涉农领域的生产经营主体提供在网上进行产品或服务的销售、购买和电子支付等业务交易的过程，包括农产品电子商务、农资电子商务、农村日用工业品电子商务和再生资源电子商务。农村电子商务通过网络平台嫁接各种服务于农村的资源，拓展农村信息服务业务、服务领域，使网络平台成为遍布乡、镇、村的三农信息服务站。

农村电子商务平台配合密集的乡村连锁网点，以数字化、信息化手段，通过集约化管理，市场化运作，成体系的跨区域、跨行业联合，构筑紧凑而有序的商业联合体，降低农村商业成本、扩大农村商业领域，使农民成为平台的最大受益者，使商家获得新的利润增长。从 2014 年起，“农村电商”就被正式写入中央一号文件，成为推动农业农村经济发展的新引擎，帮助贫困地区实现跨越式发展的重要手段。农村电商在我国迅速发展普及，在带动就业、农民增收和精准扶贫等方面都发挥了重要作用。

（二）农村电子商务的内容

农村电子商务包含网上农产品销售、特色旅游、特色经济、数字农家乐和招商引资等内容。

1. 网上农产品销售

迅速传递农林渔牧业供求信息，帮助外商出入属地市场和属地农民开拓国内市场、走向国际市场；进行农产品市场行情和动态快递、商业机会撮合、产品信息发布等内容。

2. 特色旅游

依托当地旅游资源，通过宣传推介来扩大对外知名度和影响力，从而全方位介绍属地旅游线路和旅游特色产品及企业等信息，发展属地旅游经济。

3. 特色经济

通过宣传、介绍各个地区的特色经济、特色产业和相关的名优企业、产品等，扩大产品销售通路，加快地区特色经济、名优企业的迅猛发展。

4. 数字农家乐

为属地的农家乐（有地方风情的各种餐饮娱乐设施或单元）提供网上展示和宣传的渠道。通过运用地理信息系统技术，制作全市农家乐分布情况的电子地图，同时采集农家乐的基本信息，使其风景、饮食、娱乐等各方面的特色尽在其中，一目了然。既方便了城市百姓的出行，又让农家乐获得了广泛的客源，实现了城市与农村的互动，促进了当地农民增收。

5. 招商引资

搭建各级政府部门招商引资平台，介绍政府规划发展的开发区、生产基地、投资环境和招商信息，更好地吸引投资者到各地区进行投资生产经营活动。受地形或人口分布情况的影响，尤其是在很多贫困地区或偏远山区，农村居民居住分散，造成了物流投递成本的增加；优质农副产品多产自较偏远的农村，农产品的生产分散、农村流通网络体系不健全、农村基础设施薄弱等问题，导致各方面成本较高，也使农产品生产和销售难以形成规模集群和完整的产业链。招商引资可以促进农村全产业链的资源整合，加强基础设施建设，从而提高优质农产品资源的流通效率。

二、农村电子商务的演变

依据农村电子商务发展的阶段性特征并结合与之相关的政策文件发布时间，我国农村电子商务发展演化历程可以划分为涉农电子商务阶段（1994—2004 年）、农产品电子商务阶段（2005—2012 年）、农村电子商务阶段（2013 年至今）三个阶段。

（一）涉农电子商务阶段（1994—2004 年）

20 世纪 90 年代正是我国计划经济转型时期，政府在各项工作中仍然居主导地位。该阶段是农村商务的基础阶段，中心任务是电子商务基础设施建设，包括农村信息化建设和农村道路建设。我国信息化建设开始于 20 世纪 80 年代，落后欧美国家二十多年，而城乡发展二元化导致农村的信息化建设起步更晚。农村信息化初级阶段，政府在政策和经济投入上发挥主导作用。1994 年，我国开始实施“金农工程”，到“十五”末（2005 年），“村村通电话工程”取得阶段性成果，累计投资 159 亿元，使 5.28 万个行政村新开通电话，有 11 个省市实现所有行政村通电话。此后随着互联网技术和电子商务应用的发展，一大批涉农电子商务网站从无到有地发展起来，提供政策、科技和产品等信息服务。

良好的交通设施是电子商务物流发展的基础条件。“十五”期间实施了大规模农村公路建设，实现了 99.9%的乡镇、96%的建制村通公路，分别比 2000 年提高了 0.7 和 5.2 个百分点。

（二）农产品电子商务阶段（2005—2012 年）

中央从 2004 年起每年下发关于农业、农村的一号文件，为农村现代化发展战略指引了方向。信息化是农村现代化的重要组成部分，有关部门先后出台了旨在提升农村信息化水平的系列政策并配套资金予以支持，该阶段农村信息基础设施、农产品电子商务都快速发展。

农村互联网快速发展。该阶段农村基础设施建设投入巨大、农民收入不断增长、农村“触网”比例快速提高。“十五”重点实现“95%以上行政村通电话”，“十一五”重点实现“村村通电话，乡乡能上网”。到“十一五”末，99%的乡镇和 80%的行政村已具备宽带接入能力。这为农村地区电子商务的发展提供了良好支撑。

农产品电子商务迅速扩张。2005 年被广泛认为是中国农产品电子商务发展元年。当年，中国第一家农产品网络零售商“易果生鲜”上线，目标市场是城市中高收入家庭，为他们提供进口水果。该阶段与前一阶段对比，从信息服务转为交易服务。企业开始涉足农产品电子商务领域，创新了商业模式，促进了农产品网上交易量的增长。

农产品电子商务是图书、服装、3C 电子商务之后的新热点，2009 年起，大量资本、企业进入农产品电子商务行业，制造了行业泡沫。截至 2015 年，国内农产品电子商务商家接近 4000 家，但仅有 1%盈利，另外的 7%巨亏，88%略亏，4%持平。

农产品物流体系建设。2004 年，中央一号文件提出改善农产品流通环境，中央各部委发布系列文件，涵盖政策支持、资金支持到降低农产品物流行业税费，全面建设生产—流通—销售的农产品物流体系。我国农产品物流总额 2012 年达到 1.77 万亿元，同比增长 4.5%，农产品物流初具规模。我国的农产品流通体制已经从计划经济模式向市场经济模式发展，并随着我国整体经济体制市场化改革的深入，市场化程度不断提高。

（三）农村电子商务阶段（2013 年至今）

农村电子商务是电子商务在农村地区发展的第三阶段，也是演化的高级阶段，从原来侧重经济意义，转向助力农村经济社会的全面转型。

1. 政策支持

从 2010 年中央一号文件第一次出现发展电子商务的表述开始，连续几年的一号文件都强调了发展电子商务，2015 年，中央一号文件第一次有了“农村电子商务”词语，并确定了农村电子商务示范工程。2016 年，中央一号文件界定了农村电子商务的内容包括农产品进城、农资和消费品下乡。2022 年，中央一号文件强调加强县域商业体系建设，加快实施“互联网+”农产品出村进城工程，推动建立长期稳定的产销对接关系。

2. 农村电子商务增长迅速

2015 年，实施电信普遍服务的“补偿机制”，加大财政补贴，由中央、地方、企业共同承担推动农村宽带建设，进一步缩小了城乡数字鸿沟。至 2017 年，行政村通宽带的比例超过 96%，贫困村宽带的覆盖率已经达到 86%，农村信息基础设施的完善促进了农村电子商务的迅速增长。

3. 淘宝村镇的发展

农村电子商务的快速发展有区域聚集效应，带动了地方经济的发展。2009 年，只有 3 个淘宝村，2014 年全国才有符合条件的 19 个淘宝镇。到 2017 年全国已有 2118 个淘宝村、242 个淘宝镇。

4. 精准扶贫作用

电子商务精准扶贫就是借助电子商务，通过改善电子商务的发展环境，促进贫困地区农村电子商务及相关产业的发展，带动网络创业和网络消费，提升贫困户自我发展能力，最终直接或间接增加贫困户收入的精准治贫方式。2014 年，电子商务进村综合示范工作逐渐加大向贫困地区和欠发达革命老区的倾斜力度，成为推进脱贫攻坚的重要组成部分。2014—2016 年，三批共 496 个电子商务进农村综合示范县实现网络零售额 1699.4 亿元，同比增长 45.4%，高出农村增速 7.3 个百分点；其中 262 个国家级贫困县实现网络零售额 343.4 亿元，同比增长 67.7%，高出全国 832 个国家级贫困县网络零售额增速 7.6 个百分点。现在，上亿件贫困县产品在淘宝、天猫电子商务平台上销售，平台帮助它们触达世界各地的消费者，电子商务对减少贫困发挥了重要作用。

5. 企业行为

政策的导向支持、农村基础设施和经济条件的不断提高，让大型电子商务平台将资源投向了农村，重点在渠道下沉、产地服务和电子商务培训。阿里集团 2014 年宣布，3～5 年内投入 100 亿元人民币进行农村的电商基础设施建设，在全国的 1000 个县，100 000 个行政村形成农村电子商务体系。2015 年，京东也提出了农村电商发展的“3F 战略”，包括工业品进农村战略、农村金融战略和生鲜电商战略，建设县级服务中心、帮服店。2016 年，苏宁成立农村电商学院，开展线上线下农村电商培训 700 场，培养农村电商人才超过 10 万人。

三、农村电子商务的基本模式

我国农村地区电子商务在长时间的发展过程中，已经基本上构建了三种电子商务模式，并且不同的模式所产生的效果不尽相同。

（一）“农户+网络+公司”模式

“农户+网络+公司”的电子商务模式主要是指在发展电子商务经济的过程中，农户自主加强对电子商务平台的利用，在此基础上带动地区范围内农产品加工制造和其他相关产业的发展，进而借助对市场元素的合理利用，逐步构建将公司作为主体、多业态并存的全新发展模式。该模式将公司作为重要的基础，体现出市场化新生态服务的特征，能够为农户和电子商务的成长提供有效的支撑。

以山东寿光批发市场为例，其在建设过程中采用“农户+网络+公司”电子商务营销模式，专门面向公司开展农产品批发业务和农产品电子拍卖业务，涵盖了针对农产品的生产、采摘、储存、加工与出口等重要经营信息，且能基于多家农产品批发市场行情进行网络观察分析，绘制省内农产品价格变动K线图，通过分析K线图来总结经验，实现自我发展改良。目前，山东寿光批发市场所提供的是从信息、交易、结算到交收的一条龙电子商务服务内容，它的电子商务发展全程不受任何污染，可保证农产品的绿色健康，且物流运输也相对顺畅，大量减少了物流中间环节，可批量完成农产品本地或跨域交易。从总体来讲，山东寿光批发市场将自身电子产业商务链作为重要节点保障，基本构建了“农户—网络批发市场—经销商”的简易交易环节，保证了“农户+网络+公司”模式下农产品电子商务交易与服务过程的信息畅通。

（二）“市场+网络商务”模式

部分城市由于靠近郊区货源市场，交通相对较为便利，物流费用相对较低，能够形成集中的电子商务基地，因此在发展过程中积极探索了“市场+网络商务”的服务模式，并形成了相应的电子商务竞争力。“市场+网络商务”模式可充分发挥货源和运输等方面的地区优势，促进农村电子商务经济的建设，提升电子商务建设活动的整体效果。

以菜管网的发展模式为例，菜管网在发展过程中以市场为核心，将市场和网络商务的结合作为主要发展渠道，形成了从生产者到消费者的集成发展模式。菜管网以电子商务平台作为基本营销形式，所涉及的农产品类型包括8个大类、40个小类，其中包含了2500余种蔬菜、水果、畜禽、水产、粮油、调料和土特产等产品。目前，菜管网接受网上单笔订单，安排物流上门服务，可提供从生产者到消费者的一站式一条龙服务。

菜管网所采用的是自由农产品基地生产配合农产品基地专供模式，旨在以农产品集中种植配合采摘、分拣、加工、仓储与配送一体化建设为基础，构建专业化一体产业链，有效控制物流流通环节，以此降低营销成本与供应成本。菜管网还拥有自己独立的全程冷链系统，保证生鲜产品从生产到运送至消费者期间始终保持高品质。菜管网旗下的“菜管家”拥有超过5000平方米的冷链物流中心，从农产品生产上游到配送终端下游提供一体化服务项目，因此相对于单独品种类型的专门电子商店，其更具有实用性，为地方农业生产及农产品消费市场体系的构建开辟了新路径。

（三）“产业+网络销售”模式

该电子商务模式构建的基础条件是地区已经形成相应的电子商务和农产品加工销售

产业，特别是要求在地区范围内某种农产品的生产和销售已经形成相应的发展规模，能够支撑“产业+网络销售”模式的构建，确保建设活动的整体效果。在传统销售渠道的基础上构建线上和线下协同发展的工作模式，可使农村电子商务模式的建设质量得到全面、系统的提升。

以东三省地区的北大荒米业集团为例，其拥有35家稻米加工厂，有7个国内主要销售区，已经建立了自己的产业链品牌，是我国大米加工行业的50强企业。目前，集团也采用电子商务发展模式，基于ERP系统，配合网站及B2B、B2C模式来构建电子商务营销采购系统，希望以此来提升自身在粮食市场中的信息传播速度、扩大营销规模，最大限度地减少人工传输环节。目前，该集团已经基于网络价值链整合实现了农产品产业链全程网络控制，构建了“原粮贸易”“离岸金融及金融衍生产品”两大经营板块，进一步扩大了集团增产增收效应，也实现了米业电商产业链的上中下游互动。

四、农村电子商务的创新模式

（一）特色农产品电子商务模式

依托原产地优势，以特色农产品自身的品牌影响力打造特色农产品电子商务模式。这种模式比较典型的有丰县大沙河苹果、陇南成县核桃（中国核桃之乡）、阳澄湖大闸蟹、清河县东高庄村的羊绒、通榆县葵花（葵花之乡）等。其中，2019年丰县服务业增长7%；电子商务交易额达52亿元，增长8.3%，成为首批农村物流示范县。2020年，陇南成县围绕核桃产业发展大融合电子商务，组建电子商务直播团队，采取“专业+业余+各级领导”直播带货等模式，鼓励电子商务企业组建电子商务直播团队，依托本地“网红”培育扶持其做大、做强、做优、做精、做细。清河县东高庄村有“中国羊绒之都”“中国羊绒纺织名城”之称。这些电子商务模式是借助电子商务平台做好本地特色农产品营销，在短时间内培育一批以销售为主的电子商务公司。如果农村有本地特色农产品，且知名度和规模都有一定优势，可以借鉴该模式发展电子商务。

（二）“政府+创业青年”淘宝村模式

政府通过政策吸引青年回乡创业，从而快速形成农村电子商务小集群，俗称“淘宝村模式”。该模式成功的主要因素在于政府发挥的作用比较突出。该模式成功的有沙集镇模式（江苏省徐州市睢宁县沙集镇）、泰州姜堰模式、浙江遂昌模式。这些模式属于“政府+创业青年”模式、“区域电子商务服务中心+青年网商”模式。

2020年，淘宝村、淘宝镇名单上，泰州共有30个村、15个镇上榜。2020年，泰州市农村电子商务销售额超过100亿元，其中螃蟹、肉脯、调味品、粮油全网销售量较大，该区的大学生村官电子商务创业孵化基地面积达2100平方米。遂昌又创建了浙江赶街电子商务有限公司，在村里建立“赶街”电子商务服务站。目前，“淘宝村模式”在我国农村复制推广较多，适应面较广，成功经验易复制，但是要求较高，是以政府为主导型的农村电子商务创新模式。

（三）“网红”直播带货模式

随着近几年自媒体和直播的兴起，抖音等网络直播平台已经诞生了大量头部“网红”，并且农村“网红”也在崛起，直播带货已经成为获得流量的主要方式。“网红”带来的经济效益超过了绝大多数实体店的收益，背后隐藏着巨大的商业空间。大量电子商务发展较好的农村，如义乌的北下朱电子商务村被称为中国“网红”直播第一村，“网红”直播带货成为其有别于其他电商村的一大特色。

微案例

丁真背后，一个贫困县低调的努力

丁真珍珠（汉语名：丁真），藏族，四川文化旅游宣传推广大使、中国内地男歌手，生活在四川省甘孜藏族自治州理塘县。2020 年 11 月，一名摄影师在短视频平台上发布的短视频中，丁真因为一脸纯真朴素的笑容意外走红网络。11 月 18 日，丁真与理塘县国资委下属的一家国有公司理塘仓央嘉措微型博物馆签约，成为理塘县的旅游大使，为当地旅游贡献力量。11 月 25 日，丁真为家乡拍摄的宣传片《丁真的世界》正式上线。丁真蹿红的背后，其实是一个贫困县低调的努力，更是一次成功的政府营销。11 月 26 日，同一天内，“粉丝寄给丁真的书堆成小山”“以为丁真在西藏”“丁真亮相理塘旅游推介会”三条热搜同时跻身微博热搜榜前十。11 月 27 日，热搜榜前十中相关数量变成了 5 条。11 月 28 日，全国各地官微“下场抢人”，甚至引来国际上一些国家的喊话。上一个与理塘有着如此紧密联系的名字，是写下“洁白的仙鹤，请借我一双翅膀，我不会远走高飞，只到理塘转转就回”的仓央嘉措。如今，丁真站在升起白白月亮的东山顶上，带着“野性又纯朴”的笑容，向着全世界的人推荐，“欢迎来到我的家乡，理塘”。此时，距离让丁真爆红的 10 秒视频发布，还不到 20 天。

在之前，理塘就曾经有意识地发掘康巴汉子的“美色”资源。早在 2020 年 7 月，四川甘孜文化旅游节就曾在丁真的家乡理塘县举办过“最美康巴汉子选拔大赛”。选出来的康巴汉子各个条件都不错，可惜没有一个“走红”。理塘县用力推的康巴汉子没有激起多大水花，看起来不那么典型的康巴汉子丁真却走红了。

如果按照以往的剧本，丁真应该签约 MCN 公司，入驻各大平台，成为带货红人，进入快速变现环节。但谁都没想到的是，当地旅游投资公司直接跑到丁真家里，说服了丁真的爸爸，签下了丁真。转眼，丁真成了一名拿着固定薪水、每个月有五险一金的国企正式员工。很多人都在说，理塘用几千块工资收下了“全国第一流量”，实在是一笔划算的生意。人人都说，理塘撞了大运。

就在丁真爆红一个礼拜之后，很多人预测丁真很快会和曾经火起来的“小吴”及“小马云”等人一样快速消失在大众视野。但令人大感诧异的是，这个刚刚脱贫的贫困县城以“快准狠”的姿态迅速接住了流量。先是当机立断签下了丁真，在各平台开通丁真账号，以年轻活泼的方式运营；后又策划出了《丁真的世界》这样自然又具备吸引力的纪录片。据纪录片拍摄团队“时差岛”介绍，当时理塘的融媒体团队一再强调“不要旅游宣传片”，要展现丁真视角下真实的理塘。这样的事情发生在一个刚摆脱贫困的藏区县城，似乎有些不可思议。在丁真爆火的某条微博下面，在藏区任教了8年的赵辉评论道：“一个浮出水面的巧合，背后是无数的基层人员默默的准备。”所有的巧合，都是有备而来的。理塘为了等待这次千载难逢的机会，已经做了太多的准备。

丁真事件之后，“甘孜州70周年庆，67个A级景区门票全部免费、住宿半价”的资讯在网络上传开，在朋友圈，不少人晒出机票表示今年元旦锁定理塘，“要实现去看丁真的愿望”。其实，早在丁真爆火之前，理塘就已经公布了这条消息，这意味着，理塘在脱贫之后，就已经在发力推广旅游。随后，“理塘”这个名字，很快唤起了人们的另一段互联网记忆。

从2020年6月起，微博作家“大V”桑格格频繁收到一些风景及美食的照片。一开始，她以为只是普通读者的日常分享。持续了一段时间之后，桑格格忍不住询问对方。结果发现这个“90”后女孩是四川某贫困村的第一书记。网上曾经有过“背包书记”的报道，但在丁真之前，鲜少为人关注。因为工作的时候总是背着一个双肩包，所以这位女书记又被当地称为“背包书记”。除了介绍当地的风景，这位“背包书记”还会给她邮寄一些当地高原的特产：牦牛肉、绿萝花、雪菊、贝母、黑枸杞、藏香、藏浴药草、野生蘑菇、牦牛奶檀香皂、牦牛奶润唇膏。对方还会和她交流扶贫中遇到的困难：高原脱贫的工作千头万绪，人手经常不够。除此之外，“背包书记”还想对特产包装进行升级，改进当地的邮寄时间长、邮费贵的问题。桑格格既震惊又感动，一个“90”后年轻女孩在以这样的方式付出自己、改变自己的家乡。最后，桑格格干脆表示，“今年618，我别的广告都不发了，就给你们推广宣传”。

这位年轻的“背包书记”，就是四川省甘孜州理塘县濯桑乡下汝村第一书记任敏。理塘县，也就是丁真那个县。很多人联想起了那个没有红起来的康巴汉子选美大赛。据当地融媒体工作人员说，“已经策划好了，通过打造康巴汉子的IP形象开发文创衍生品、建造影视基地来带动文旅体验”。也就是说，流水线都预备好了。虽然真正的康巴汉子没能火起来，但是理塘等到了丁真。

理塘的反应之所以如此迅速，很大的原因在于原本给当时康巴汉子选美大赛后续用的安排计划，在迭代后可以第一时间应用。这也许可以说明，在丁真之前，理塘县扶贫干部们就已经完全熟悉互联网运作。“背包书记”在与桑格格的对话中，还透露了当地农特产品的包装、推广、运营准备，甚至是快递问题。丁真事件，最有意义的地方在于，透过丁真这个康巴汉子，人们看到了一个贫困县的默默努力和所有参与其中的人的善意。

第三节　工业电子商务

当前，互联网由消费领域、虚拟经济加速向生产领域、实体经济深度拓展，数据驱动、软件定义、平台支撑、个性化定制、体验式消费、分享制造等新模式、新业态层出不穷，工业电子商务作为新一代信息技术与工业生产、商业流通深度融合的产物，应运而生，正成为驱动新一轮科技革命与产业变革的重要力量。

一、工业电子商务的概念

（一）工业电子商务的定义与参考架构

1. 工业电子商务的定义

《电子商务法》第一章第二条中，明确将电子商务定义为通过互联网等信息网络销售商品或者提供服务的经营活动。2017 年发布的《工业电子商务发展三年行动计划》（工信部信软〔2017〕227 号），将工业电子商务定义为电子商务在工业流通、生产、服务全流程的深化应用，是工业领域基于网络交易的新型经济活动。由此可以将工业电子商务理解为以服务于工业企业的供应链管理为核心，既包括工业企业、供应链上下游企业及客户等主体间基于互联网等信息网络进行的各类经济活动，又包括工业企业内不同部门间基于数据横向传递、交换或共享开展的各类经济活动。

2. 工业电子商务的参考架构

工业电子商务的参考架构包括工业企业电子商务、工业行业电子商务、工业电子商务支撑服务及工业电子商务发展环境等四部分。其中，工业企业电子商务包括工业企业面向上游供应链、下游供应链、内部供应链及全供应链管理的典型活动场景；工业行业电子商务包括直接物料、间接物料、制造能力、跨境类和综合类等工业电子商务平台载体；工业电子商务支撑服务包括信息技术、物流、支付、信用和安全等服务类别；工业电子商务发展环境则包括社会、经济、技术、法律和政策等主要维度。

（二）工业电子商务的作用

工业电子商务作为数字经济与实体经济深度融合的焊接点，其本质就是要发挥工业电子商务在汇聚工业全要素、优化工业资源配置中的作用，推动实体经济转型升级。工业电子商务的具体作用表现在以下三个层面。

1. 微观工业企业层面

工业电子商务可以创新交易方式，推动企业采购销售模式的在线化、网络化和协同化发展；创新经营模式，实时感知客户需求，参与订单信息驱动生产制造全流程；创新组织形态，推动企业流程变革，形成开放、协作和共享的组织形态；创新管理体系，促进数据、技术、业务流程和组织结构等要素的互动优化和协同创新。

2. 中观供应链层面

工业电子商务可构筑安全可靠、敏捷高效的现代供应链，推动供应链上下游企业订单、生产、库存等信息的实时交互与协同合作；助力企业加快融入全球供应链体系，面向全球客户需求，为打造一体化全球供应链体系提供高效平台；发展制造业共享经济，构筑社会化协作体系，推动生产加工、计量检测、物流配送等能力的在线发布与协同。

3. 宏观国民经济层面

工业电子商务是现代化经济体系的重要组成部分，自身体量大，是我国电子商务现阶段发展的主体；是做大、做强、做优实体经济的重要驱动力，实现供应链全流程透明、高效及进度可控，成为工业企业转型的突破口；是发展“互联网+先进制造业”的重要抓手，促进了网络化协同、个性化定制和服务型制造等新模式的发展。

二、工业电子商务的应用场景

（一）大型工业企业面向上游的供应链管理：网络采购

相比于联合采购和自主采购，集中采购成为当前大型工业企业网络采购更为关注的焦点，即在统一的集中采购目录、流程及供应商资源管理等基础上，依托信息网络和网络采购平台，推动企业内外协作完成集中采购全流程，充分获取规模效应，实现降本增效。

1. 直接物料网络集中采购

直接物料为直接用于产品生产并构成产品实体的物料，包括原材料、半成品及有助于产品形成的辅助材料等，具备较重要、需求量大、计划性强和高金额、高要求、高波动性等特征，是企业控制采购成本的关键对象，在实践中可采取询价、竞价、招标等多种采购方式。

以统一询价为例。首先，各成员单位根据统一的采购管理制度及销售、生产与仓储等部门间相关信息的交换和共享，形成各自的集采直接物料需求计划并报至集团总部。其次，集团总部汇总各成员单位需求后编制询价单，并依托网络采购平台统一向供应商发布询价和接收报价。再次，经报价汇总、比价和评审后，集团总部可在平台正式发布结果通知并形成采购订单。复次，供应商即可按单组织生产、检验和配送等，并依托平台及时反馈关键进度等信息，助力集团总部实现订单全过程跟踪、监督与协调。最后，集团总部依托平台到货通知和发票等信息流有序驱动内部质检、库存和财务等部门协同完成原材料检验、入库和结算等环节，并向上游供应商及时反馈相应信息，从而实现网络集中采购全过程的高效协作。

2. 间接物料网络集中采购

间接物料是指生产运营中发生的损耗，是保证生产进行所需要的辅助产品或服务，不直接构成产品实体，如设备、备品备件和 IT 软硬件等，具有种类多、类型杂和采购周期不确定等特征。当前部分企业采用超市化采购方式，有力推动了间接物料采购的网络化和集中化。首先，在集团总部的统一协调下，根据集采目录，针对部分标准化程度高、通用性强、采购频次多、供应丰富的间接物料（如备品备件、办公用品和商旅服务等），集中遴选优质供应商，签订框架协议，确定相关供应目录和价格体系。其次，供应商可入驻网络采购平台并进行商品上架，形成网上超市。各成员单位则可根据内部实时采购需求，依照相应采购制度，通过平台直接开展所需产品或服务的在线选购、下单和跟踪，并驱动有关部门协同完成验收、入库和结算等环节，实现间接物料的一站式集中化按需采购。

（二）大型工业企业面向下游的供应链管理：网络销售

销售是驱动工业企业运营的引擎和连接终端用户及目标市场的关键纽带。当前，在经济运行稳中有变、变中有忧，外部环境复杂严峻，经济面临下行压力的形势下，我国工业企业在销售上也面临诸多挑战。围绕产品、服务和能力的销售目标，工业企业应依托 EDI、互联网和移动互联网等信息网络，推动销售报价、订单、跟踪、发货、退货、开票和收款等销售全流程的在线化、网络化，有效应对销售挑战，加快构筑全面覆盖、动态感知、敏捷高效的销售新体系。大型工业企业开展网络销售，需要企业基于信息网络实现内部与外部、B2B 与 B2C、线上与线下销售活动的全方位融合，构筑全资源整合、全流程贯通、全渠道覆盖的销售新体系。

一是建设面向下游经销商的网络销售平台：在客户关系管理等信息系统基础上，在企业与经销商间及上下级经销商间按需搭建网络销售平台，提供产品的集中展示、政策发布、订单交互、支付结算和物流配送等一体化在线销售服务体系。

二是建设面向终端用户的网络销售平台：利用自建商城和第三方平台等，建设面向终端用户的网络销售平台，按需搭建产品直销、新品推广、个性化定制等在线服务体系。

三是开发面向经销商的云化经营管理软件：通过面向经销商的网络销售平台向下游提供并推广使用销售管理、库存管理、出货管理和财务管理等云化软件，提升下游经营管理及信息共享水平。

四是推动网络销售平台与企业内部生产经营管理系统的信息共享：推动网络销售平台与企业内部销售管理、生产管理、质量管理和仓库管理等信息系统对接，促进企业内部销售订单执行关键环节信息与下游经销商和终端用户的及时共享，加强企业对下游库存和需求信息的动态感知。

五是集成并深入分析销售全流程数据、经销商数据及终端用户数据，动态优化销售制度、决策、资源管理和用户开发。

（三）大型工业企业面向内部的供应链管理：内部协同

网络采购和网络销售等工业电子商务活动的逐步推广，带动工业企业上下游供应链运营效率不断提升，这对工业企业内部供应链管理——销售、生产、采购、仓管和财务等业务环节的协同运作和快速响应也提出了更高要求。两化融合服务联盟平台数据显示，2018 年，我国重点骨干工业企业实现产供销集成的比例仅为 22.0%，企业普遍存在关键业务环节间信息不畅、协同不足的难题，如销售端信息无法及时传递到生产端并进行反馈，采购端无法及时获取库存信息以开展有效采购，库存端无法及时获取质检验收信息以快速更新库存，财务端与业务不同步、计算周期长、准确性低等，影响企业运营效率。

内部协同是通过推动企业内不同环节及部门间依托数据、基于互联网等信息网络的横向传递、交换和共享而开展各类经济活动，打通关键环节间的壁垒，推动建立以销售订单为驱动的，集销售、研发、生产、采购、质检、仓管、交付、售后和财务等核心环节为一体的企业内部高效协同运作体系，有效提升企业运营效率。

面对实时动态的用户需求，企业可以以关键数据横向传递、交换和共享为牵引，以销售订单—研发设计—生产计划—原料采购—生产作业—质量检验—成品出库等核心流程为主线，以各业务环节和财务实时集成为依托，全面打造敏捷、高效、均衡的内部协同运作体系，有效提升市场响应水平。

工业企业应以销售环节客户需求数据为触发点，推动研发部门开展产品研发设计，进而以产品结构和工艺路线数据等为输出，结合销售订单数据共同驱动生产部门制订主生产计划及相应的采购计划和生产计划，推动原材料采购和车间生产作业。采购方面，待原材料到货后，通过检验申请，驱动质检部门开展采购检验，检验合格则以质检单信息为基础驱动仓管部门执行原材料入库，形成采购入库单。生产方面，一方面根据生产作业数据和原材料入库信息等驱动生产领料，另一方面待产品完成后通过检验申请驱动产成品检验及入库等环节。进而，通过产成品入库信息的共享，及时驱动销售部门发货及仓管部门销售出库。与此同时，通过各环节销售发票、采购发票及各类原材料和产成品的入库、出库单据数据与财务部门的快速交换和共享，有效驱动财务应收账款、应付账款和存货核算等流程。

由此，通过各关键环节的无缝衔接和内部资源的有机整合，实现从销售订单到计划排产、从生产计划到原料采购、从原料入库到车间领料生产、从成品验收入库到销售出库、从业务到财务等经营全过程的集成优化和内部物流、信息流与资金流的三流合一，切实形成以客户需求为核心的跨环节、跨部门协同响应体系。

（四）大型工业企业面向全供应链的管理：供应链协同

在当前的经济发展和市场竞争形势下，供应链的整体资源整合水平和运营效率已成为决定企业、产业乃至一国经济竞争力的重要因素。随着上游、下游及内部供应链管理在线化和网络化水平的不断提升，全供应链的协同发展也迎来了新的挑战和新的发展契机。

1. 面临的挑战

（1）供应链结构复杂，协同难度大。主供应链涉及产品、服务和能力供应商，核心工业企业，多级经销商及终端用户等各类主体，覆盖研发、设计、采购、生产、销售、服务和回收等产品全生命周期环节，场景复杂、体系庞大、动态变化多，导致整体协同运转难度较大。

（2）供应链信息不对称，响应效率低。供应链信息复杂多变，但由于传统供应链管理多注重单一节点最优，而对供应链整体关注度不足，从而易形成信息孤岛，阻碍信息在各环节、各主体间的及时传递、共享及信息流、物流与资金流的协同，影响供应链整体运行的敏捷性和效率。

2. 发展契机

供应链协同借助互联网等信息网络在企业内部及与供应链各相关主体间实现产品全生命周期环节信息的横向传递、交换和共享，推动供应链内各项活动、资源及优势的有序整合与动态优化，形成以市场需求为中心的全供应链高效协同运作体系，有效提升供应链整体运行效率。供应链协同以终端用户个性化需求的快速采集、响应和交付为目标，以工业电子商务平台为载体，以全供应链信息迅速采集、交换和共享为纽带，推进全供应链主体在产品全生命周期环节的协同运作，实现以个性化需求为中心的精准响应和价值创造。

（1）面向下游供应链，以从感知需求到实现需求的全流程环节信息交换与共享为牵引，实现下游供应链交易协同、产品协同和服务协同。

（2）面向企业内部供应链，以订单信息为牵引，实现内部供应链各环节协同。

（3）面向上游供应链，以下游供应链和企业内部各环节信息的快速传导为牵引，实现上游供应链交易、研发、设计、制造、加工、检测、配送和服务等活动协同。

综合来看，供应链协同的全景在于同时实现下游、内部和上游供应链协同，从而促进终端用户—经销商—工业企业—供应商的全连通，形成以市场需求为驱动、以工业企业为核心、以全供应链主体协同响应为支撑的拉动式供应链价值网络。

三、工业电子商务的应用模式

在数字化阶段，工业电子商务平台的主要任务是服务于用户供应链管理活动和过程的数字化，推动其供需资源的互联互通。在网络化阶段，工业电子商务平台的主要任务是服务于用户供应链管理活动和过程的集成、互联和社会化协同，推动供需资源的开放合作和协同。在智能化阶段，工业电子商务平台基于大数据、人工智能等新一代信息技术，系统化变革或创新产品和服务，推动用户供应链管理活动和过程进行智能化创新，尤其是随着工业互联网的逐步兴起和发展，工业电子商务的基础设施体系更为完备，部分传统工业电子商务平台通过借鉴工业互联网平台的基础架构和生态体系，不断加快平台在设备或产品泛在接入、云化软件、开放数据接口和开源社区等方面的建设与拓展，从而加快打造以全供应链数据采集—流动—集成—分析—应用为核心的共建共享生态体系，助力行业提升整体运行效率和综合运营水平。

（一）直接物料工业电子商务平台

直接物料为直接用于产品生产并构成产品实体的物料，包括原材料、半成品及有助于产品形成的辅助材料等。直接物料工业电子商务平台是围绕特定行业工业企业及其合作伙伴对直接物料的交易需求，提供多元化、精细化服务的电子商务平台。

直接物料工业电子商务平台可以扮演第三方中介、贸易商及采购方价值共同体等三种不同角色，各角色的发展模式也不尽相同。

1. 平台的主要角色为第三方中介

此类平台以 ICT 企业、互联网企业和服务商等运营主体的原有供应商资源和商品资源为切入点，旨在解决行业信息不对称的问题，搭建开放、透明的第三方平台。此类平台的盈利模式以收取会员费、交易佣金等为主，以收取金融中介、货物运输、质量异议处理、技术咨询和行情资讯等各项增值服务费为辅。

微案例

上海找钢网信息科技股份有限公司

在仓储方面，上海找钢网信息科技股份有限公司（以下简称“找钢网”）提供仓库管理系统和三方仓储信息平台系统，以深度管理提单、加工单为核心业务，实现仓库与货主、司机等订单执行人的高效在线化互动；在交易方面，其提供 SaaS 化交易管理系统，实现代客搜索、报价，以及智能客户管理，包括在线客户创建、客户维护、客户分级、阶梯定价等全生命周期管理服务；在生产优化方面，其提供工业智能系统，实现从下单、审核、打款、排产、生产、入库、提货、物流的全流程可追溯等信息技术服务。2017 年，找钢网实现销售收入 500 多亿元，净利润超亿元，找钢网商城日均交易量约为 1 万吨。2017 年，订单中约 80%来自复购客户。

2. 平台的主要角色为贸易商

此类平台以线下已有销售网络或销售区域资源整合为切入点，旨在拓展交易渠道的广度和深度，加强对供应链网络的控制，提高物流效率，提升供应链整体协同水平。此类平台的主要盈利模式以通过交易赚取商品差价为主，并收取直接物料仓储、加工、物流等服务费用。

3. 平台的主要角色为采购方价值共同体

此类平台由多个工业企业联合运营，快速集合行业内主要大中型买方企业，形成规模订单优势，为作坊式管理的下游供应商提供云化服务与整体解决方案。此类平台以促进采购共同体的降本增效为主，旨在高效推动行业整体信息化水平的提升，加强供应链管理与协同。

（二）间接物料工业电子商务平台

间接物料包括品类丰富的机电设备、零配件、电子元器件、办公用品等物料，通常可分为运营资源管理类和维护维修运营类，本章中的间接物料主要是指维护维修运营类。间接物料工业电子商务平台是围绕工业企业碎片化、动态化和多样化的间接物料采购需求，提供标准化、超市化服务的电子商务平台。

间接物料工业电子商务平台在面向中小型企业和面向大型企业时有着不同的发展模式。

1. 面向中小型企业的一站式、超市化采购服务

此类平台通过整合聚集海量供应商资源，旨在解决中小型企业间接物料采购需求零散、品类繁杂等问题，为中小型企业提供一站式、超市化采购服务。此类平台的盈利模式以收取会员费及为中小型企业提供云化软件的服务费为主。

2. 面向大型企业的定制化采购系统解决方案

此类平台为大型企业提供定制化采购系统解决方案，旨在帮助大型企业降低采购与平台服务成本，提升供应链管理与协同水平，并且基于此拓展产业链上下游相关合作渠道，积累供需双方数据与需求等助推平台发展的关键资源。

微案例

京东企业购

京东面向中小型企业进行了技术、场景和平台的三大创新，从而真正地实现了对中小型企业的全方位赋能。在技术实力方面，京东企业购提出以六大通用技术标准，结合八大智能化支撑平台，对采购中心的七大环节实现改造。例如，京东企业购能够基于大数据进行智能化推荐，洞察客户需求，使厂商精准定位到每个中小型企业。

在场景化服务方面，京东企业购推出了具备综合解决能力的场景化智能采购新方式，通过“软硬件+服务一体化”，深度满足中小型企业在各种场景下的多元化需求。

在中小型企业平台方面，京东为中小型企业打造了专属的会员权益体系，使中小型企业可以享受到专属采购服务、专属金融服务、成长赋能三大权益，帮助中小型企业获得场景化全周期采购经营解决方案，面向中小型企业对接集团物流、大数据、企业登记等优势资源，并可提供移动办公、企业培训、财税服务、京东云等全方位支持。针对大型企业，京东有专门的大客户部专为政企客户提供解决方案和服务，包括政企客户的办公采购、渠道奖励、市场活动、商务旅行、员工福利等定制化解决方案，有效提升企业的效率。

（三）制造能力工业电子商务平台

制造能力工业电子商务平台是围绕制造资源和制造能力的均衡配置，提供制造能力在线化、网络化、协同化服务的电子商务平台。

1. 实现研发设计、检验检测等多元化能力在线对接

制造能力工业电子商务平台以智能数控设备为基础，以高端工业服务为途径，整合

广泛社会资源，为工业企业和个人用户提供研发设计能力、测试实验能力、生产制造能力等能力交易与一站式服务，通过企业互联、业务协同，既能大幅降低使用端企业的设备采购成本，减少重复投资，又能显著提升供应端企业的装备使用保养能力，解决实际运行忙闲不均，甚至负效运行的难题，提高资源利用效率。

2. 通过智能匹配、个性化定制提供精准服务

制造能力工业电子商务平台基于地理位置、装备、工艺、人员、原材料、物流等多维度数据挖掘分析与智能筛选匹配，成为连接企业计划层与生产过程控制层的生产信息集成纽带，并支持订单的交付与支付及双向评价，沉淀生产制造全流程与交易数据，进而促进产业整体协同优化，实现资源的竞争性配置与增效。

（四）跨境工业电子商务平台

跨境工业电子商务平台是满足分属不同关境的工业企业及其用户和合作伙伴的跨境贸易需求，提供便利化、集成化服务的电子商务平台。

1. 信息撮合服务模式

该模式通过跨境工业电子商务平台，围绕跨境供应链，进行信息发布或信息搜索完成交易撮合，提供在线信息检索、产品展示、营销推广、生意洽谈、点击付费、展览展示等增值服务。其主要盈利模式包括收取会员服务费和增值服务费。

2. 在线交易服务模式

该模式面向国内中小型制造商的销售需求，基于跨境工业电子商务平台海量的海外采购商资源，打造定制化跨境门店，提供定制化门店建设、装修与管理、询报价、订单交互、支付结算等一站式在线交易服务。其主要盈利模式包括收取佣金、进销差价和营销推广费等。

3. 外贸综合服务模式

该模式围绕跨境贸易买卖双方精准匹配、品牌营销、信用担保、支付金融、基础物流和跨境供应链等环节，通过构建全球采购商数据库、全球供应商数据库、生产管理系统、数字支付系统、智能物流系统等为一体的全球供应链数字化协同服务模式，并整合海关、商检、金融、产业园区等线下资源，形成“线上交易平台+线下增值服务”相融合的全球供应链生态，满足跨境买家从订单到轻定制和现货等不同场景需求。其主要盈利模式包括收取会员费、信用审核服务费、增信撮合服务费、数字平台租赁费和供应链金融风控服务费等。

（五）综合类工业电子商务平台

综合类工业电子商务平台是围绕不同行业工业企业及其用户和合作伙伴对不同物料和制造能力的交易需求，提供一体化、协作化服务的电子商务平台。

1. 面向大型企业在线采购需求的服务模式

通过“1+*N*”模式，在一个主平台基础上培育和打造 *N* 个定制化采购平台，对接企业内部信息系统，整合内外部供应商资源，提供在线询价、在线竞价、电子招标、超市化采购等多样化、一体化采购服务，从而满足大型工业企业阳光、透明、高效的集中采购需求，助力其实现内部流程再造与外部资源协同。

2. 面向中小型企业在线销售需求的服务模式

针对中小型企业在线销售需求，通过“1+*N*”及 O2O 模式，打造定制化门店，提供门店装修、维护、管理，门店和产品信息展示、推荐，用户、物流等资源对接，基于数据的经营决策支持，以及培训、展会等服务，帮助中小型企业精准对接上游海量采购需求，提升其下游分销商的招商、铺货、渠道管理和营销效率，降低渠道管控和市场推广成本。

3. 面向特定行业或产业链多样化需求的服务模式

一是面向特定行业，围绕生产制造企业、研发设计企业、创客、终端消费者等主体，汇集产品交易能力、设计研发能力、制造能力，打造按需定制平台，支持与企业内部及外协制造企业中的有关生产管理系统的集成，提供按需研发、设计、生产和个性化采购与直销服务。二是面向特定产业链，集聚整合供应商、制造商及客户等全链条主体，围绕产业链内的资源对接、信息共享和协同合作，提供在线交易、支付结算、资金融通及宣传推广等一体化服务，推动产业链整体协作水平与综合竞争力的持续提升。

素质园地

人民币跨境支付系统深度融入全球金融市场

作为人民币国际支付清算主渠道，人民币跨境支付系统（以下简称“CIPS 系统”）已深度融入全球金融市场。截至 2021 年 5 月 18 日，CIPS 系统已有 1171 家参与者，覆盖 100 多个国家和地区，业务实际覆盖近 200 个国家和地区的 3400 多家银行法人机构。

“参与者数量不断增加，业务量稳步攀升。”2021 年 5 月 17 日，跨境清算公司总裁许再越在该公司主办的跨境支付清算论坛暨 CIPS 系统参与者会议上介绍称。此次会议是 CIPS 系统建立以来首次邀请系统参与者及全球行业相关机构共谋业务发展的会议。

2015 年，为进一步整合人民币跨境清算渠道，提高人民币跨境支付结算效率，人民银行决定组织建设 CIPS 系统。

当前，人民币已是全球第五大支付货币和第五大储备货币。与此同时，境外主体持有人民币资产稳步增长。截至 2021 年 2 月末，境外主体持有人民币股票、债券、贷款及存款等金融资产余额合计 9.58 万亿元，同比增长 49.7%。

随着人民币国际化继续向前推进，CIPS 系统作为重要金融基础设施，作用不容小觑。在上海清算所运营部负责人公成看来，基础设施互联互通、建立起境内机制和境外机制之间的相互衔接，是在跨境金融服务上取得突破的关键。而 CIPS 系统就在为人民币国际化铺设“高速公路”。

人民币国际化向前一步，也将进一步促进 CIPS 系统的发展。城银清算副总裁奚波表示，随着人民币国际化的加快和跨境业务的普及，会有越来越多城市商业银行主动加入 CIPS 系统。同时，引导更多城市商业银行加入，可以将人民币跨境业务与传统清算业务更深地整合，有助于进一步扩大业务生态。

就当前而言，CIPS 系统发展仍有不少想象空间。“如何更好地解决非面对面的跨境资金需求，对于市场参与者来说，是难题也是机遇。”中国银联首席运营官鲁志军认为，CIPS 系统作为跨境业务主渠道，在支持整个系统互联互通、提高跨境业务支付效率上，还能发挥更重要的作用。

中国银行跨境人民币清算中心总经理薛广义表示，以人民币进行跨境支付清算的需求日益旺盛。作为商业银行，应当在以 CIPS 系统为核心的基础设施的支持下，不断扩大人民币清算网络。同时，围绕数字化转型，做好支付能力的提升。

知识自测

一、名词解释题

跨境电子商务；农村电子商务；工业电子商务；人民币跨境支付系统；淘宝村；内部协同；供应链协同

二、单项选择题

1．下面不属于跨境电子商务与传统电子商务的区别是（　　）。

A．业务环节不同　　B．交易主体不同

C．遵循规则不同　　D．智能化不同

2．下面不属于农村电子商务的是（　　）。

A．网上农产品销售　　B．特色旅游

C．特色经济　　D．农村创业

3．按照交易模式进行划分，跨境电子商务可分为 B2B 跨境电子商务、B2C 跨境电子商务和 C2C 跨境电子商务，其中 C 是指（　　）。

A．客户　　B．财务　　C．采购　　D．老板

4．下面最符合工业电子商务的作用的是（　　）。

A．推动互联网、大数据、人工智能和实体经济深度融合

B．推动城市化进程

C．推动当地经济发展

D．以信息流带动技术流、资金流、人才流、物资流，促进资源配置优化

5．大型工业企业面向下游的供应链管理方式是（　　）。

A．门面店铺销售　　B．上门推销销售

C．网络销售　　D．电话销售

三、多项选择题

1．跨境电子商务按照出口方向，可分为（　　）。

A．进口跨境电子商务　　B．引入跨境电子商务

C．出口跨境电子商务　　D．跨国电子商务

2．下面是跨境电子商务与境内电子商务明显区别的是（　　）。

A．业务环节不同　　B．遵循规则不同

C．交易主体不同　　D．承担风险不同

3．下面属于跨境电子商务主要支付方式的是（　　）。

A．信用卡支付　　B．网络银行支付

C．第三方支付　　D．现金支付

4．我国农村电子商务创新模式主要包括（　　）。

A．特色产品电子商务模式　　B．“政府+创业青年”淘宝村模式

C．“网红”直播带货模式　　D．直播带货模式

5．间接物料工业电子商务平台中的间接物料包括（　　）。

A．机电设备　　B．零配件　　C．电子元器件　　D．办公用品

四、判断题

1．eBay 平台卖家的销售方式是拍卖和一口价。（　　）

2．跨境电商的商品必须通过跨境物流才能最终实现交易，因此它属于一种国际商业活动。（　　）

3．邮政物流是指邮政部门所属的物流系统，邮政具有覆盖全球的特点，是较常使用的一种跨境物流运输方式，运送的周期也较短，通常要 2～5 天。（　　）

4．跨境电子商务交易具有订单频率高、单个订单金额较高的特点。（　　）

5．直接物料为直接用于产品生产并构成产品实体的物料，包括原材料、半成品及有助于产品形成的辅助材料等。（　　）

五、简答题

1．跨境电商遇新冠肺炎疫情，物流成生死关键。为什么？

2．如果你是阿里巴巴其中一个跨境电子商务商家，在新冠肺炎疫情情况下，你将如何自救？

3．新冠肺炎疫情给电子商务带来哪些影响？又有哪些机遇值得我们抓住?

4．你的家乡在哪里？有什么特产或者不一样的人文风俗？如果想要发展家乡农村电商，你觉得难点是什么？应如何攻克？

5．简述农村电子商务的特点。

6．简述典型跨境电子商务平台的特点。

7．简述工业电子商务网络采购的应用场景。

拓展训练

1．如果你打算与几位同学合作利用跨境电子商务平台开拓新兴市场，需要完成以下任务。

（1）界定新兴市场的范围，并查阅资料分析新兴市场的消费特点。

（2）选择可以在新兴市场开展业务的电子商务平台，分析这些平台的特点和入驻条件。

（3）结合团队的条件，分析不同平台的优劣势。

（4）尝试在合适的跨境平台上注册销售本地商品，或者与当地企业合作，协助其开拓新兴市场。

2．网上查找农村电子商务的相关资料，整理一份农村电子商务运营的典型案例。

3．在本地开展工业电子商务应用情况的调查，撰写调查报告。

反侵权盗版声明